中国城市居民广告观研究

黄升民　陈素白　康　瑾　主编

中国传媒大学出版社

“中国城市居民广告观研究”研究机构

中国传媒大学广告学院

厦门大学新闻传播学院广告学系

央视–索福瑞媒介研究公司

“中国城市居民广告观研究”项目组成员

厦门大学项目组成员：

张菁凤 曹雪静 耿桦君

陈颖艳 翟　星 梁玉麒

高诗劼 邵　舒

中国传媒大学项目组成员：

钱丽丽 刘馨烛 文　宪

傅采杏 闫　然 胡　慧

谢若琳 李亚璐

序　一

2012年年底，在厦大召开中国广告协会学术委员会年会之际，我与康瑾、陈素白两位年轻学者言及广告学的一些基础性研究，认为中国广告业从1979年恢复以来已经走过三十个年头，在国际市场超越日本排行第二，具有相当的市场规模，也有一定的社会影响。当下，国家的经济发展模式在转型，媒体经营和大众消费也在转型。那么，站立转型潮头的广告业会有什么样的变化呢？我提议两位学者分别代表南方的厦门大学和北方的中国传媒大学进行广告观的合作研究。

关于广告意识和观念的研究，在我的印象中，国内最早开展中国人广告态度和广告意识研究的，是上世纪80年代的中国人民大学的倪宁、李海容、王建刚和刘志明等一批年轻学者。我在1987年师从日本一桥大学的山本武利教授，跟着他做的第一个科研项目就是NHK文化基金资助的“京沪穗三地居民的媒体接触与广告意识调研”。90年代归国之后，我一直想延续这个研究主题，然而为生计忙碌，心有余而力不足。

三十年时光弹指一挥间，在世界广告业发展史中，三十年算不上长久，但对于中国广告业来说，却充满了奇迹与挣扎。奇迹的是改革开放以来广告业从无到有、从小到大的极速发展过程；挣扎的是中国广告业在此间呈现出的种种失衡、浮躁甚至扭曲。在高速转型的过程中，我们的产业、我们的媒介、我们的消费者都经历了怎样的变化，学界、业界从微观角度切入的各类研究可谓汗牛充栋，但是，能够从“广告－社会”，“广告－公众”宏观视角进入的却是凤毛麟角。

中国广告业亟需了解的是来自民意层面的真实声音：老百姓究竟是喜欢还是厌恶广告？究竟是信任还是怀疑广告？广告究竟在日常生活中扮演着什么

角色？发挥着多大作用？似乎没有人給出一个确凿的答案，于是政界对广告常常胡乱干预，学界对广告也是糊里糊涂，许多场合只能在似是而非中去揣度、瞎猜，甚至强奸民意，致使我辈广告学人感到一种莫大的悲哀。

在这样一个背景下，虽然没有得到任何的资助，我们仍然自主发起了此次研究。两位年轻学者带着各自的研究团队进行了长达一年多的跨地合作，海量的数据挖掘，其间滋味自是不言而喻。本次研究着重从中国老百姓的角度展现他们的种种广告观念，以及在人群、地域和经济水平上显现出来的差异。研究后期，特地对国内的12位广告教育界和业界专家学者进行了深访，他们对广告观研究独到和犀利的解读，构成了研究中的研究，为此也特地将这部分一并呈现給诸君。

任何行为都是观念的产物，任何现象背后都体现着价值观的烙印。广告观的提出，是一次立足于广告态度研究的本土化探索。就研究本身来说，尚有很多不甚完善之处。但不积跬步，无以至千里。就广告学研究而言，如果缺乏基础的广告受众态度观念研究，所谓宏观也就无处落脚，所谓微观也就失去了标杆，所以很重要，应该做；没条件，三五年筹钱做一次；有条件，年年做。

必须的。

黄升民

2013年12月

序　二

三十多年来，精彩而喧嚣的广告，让人们惊奇、激动、兴奋、冲动、感叹、厌烦、愤怒、谩骂、诅咒、鄙视、拒绝、麻木、沉默……各种情感、态度长期交织在一起，慢慢地也就形成了人们当前的广告观。

那么，人们对广告究竟是恨多一些还是爱多一些呢？是谁在恨广告？又是在谁爱广告呢？是什么广告可恨？又是什么广告可爱呢？

中国两所开展广告教育最早的高校——厦门大学和中国传媒大学——的学者们试图通过此书给出自己的答案。

书中的答案也许不尽正确、不尽完美，但相信有助于您了解中国城市居民是如何看待和对待广告的，有助于您考虑如何做好广告。

黄合水

2013 年 12 月 31 日于厦门大学新闻传播学院

目 录

导言　从广告态度到广告观

一、聚焦"广告观"

1996年1月，北京广播学院（现中国传媒大学）的黄升民教授出版了《广告观——一个广告学者的视点》[①]。书中以历史为镜，描绘出中国广告业的兴替；以理论为鉴，用西方研究成果反思当代中国广告实务；以时事为照，对广告业发展、广告价值功能变迁等问题做出了精辟分析。时隔七年，黄教授又出版了一本《新广告观》[②]，书中收集了多篇关于广告评论的文章、杂谈以及数篇海外广告评论翻译。该书站在世纪之交的国家产业高度，解析中国广告市场的发展与问题，其中对未来发展趋势的一些洞察（如媒介产业化和数字化）更是具高瞻远瞩之眼光。

不论是《广告观》还是《新广告观》，谈的都是作为广告学者对广告市场、广告发展、广告实务等各方面的观点，这也是现今大多数人对"广告观"的理解。只要在网络上搜索，出现的即是某某品牌主的广告观、某某名人的广告观。学界研究也秉承了此路线。如"邹奋韬的广告观"[③]、"革命导师的广告观"[④]、"松下电器的广告观"[⑤]、"品牌杂志的广告观"[⑥]……不胜枚举。2007年，丁俊杰、黄

---

① 黄升民：《广告观》，中国三峡出版社1996年版。

② 黄升民：《新广告观》，中国物价出版社2003年版。

③ 李江苏、程绍林：《从邹奋韬的广告观谈起》，《新闻业务》1985年第7期。

④ 刘云峰：《革命导师的广告观》，《现代传播》1994年第6期。

⑤ 艾辅仁：《松下电器公司的基本广告观》，《广告大观》1996年第10期。

⑥ 唐海荣：《品牌杂志的广告观：个性——高档女性杂志的灵魂》，《大市场·广告导报》2003年第8期。

河发表了两篇论文:《观察与思考:中国广告观》①和《为广告重新正名》②,以内容分析数据展示出中国主流媒体上的广告形象,认为广告业生存在不利的舆论环境之中,由此发出"为广告重新正名,还广告一个公正、客观的生存空间"的呼声,更"从消费、行业、区域经济、品牌、创意产业、媒体及社会沟通等多个角度出发",探讨广告的积极功能与角色,提出中国广告观发展的土壤来自于大国经济、大国崛起和大国意识,所承载的乃是国家的民族理想。2011 年,南楠的《美国 20 世纪 60—70 年代广告观研究》③清晰定义了广告观,并着重从"广告人"的作业观来看在当时美国主流价值观背景下的广告观。

但是,广告观的概念却依然模糊。丁俊杰通过内容分析揭示出的广告观,确切地说是国家主流媒体上的广告形象,是对广告功能和角色的价值判断;南楠所研究的美国 20 世纪 60—70 年代广告观更接近于广告人的作业观,指的是广告人在广告从业过程中的一种奋斗精神和价值观念。而本研究所聚焦的"广告观"概念,则完全不同于以往的"广告观",而是继承了广告态度的研究方法、广告意识的研究视角,从受众的角度出发,对当下中国城市居民的受众观念、行为及互动关系进行探讨。

作为服务产业,中国广告业急需了解广告受众对广告的观念,不仅是某几个核心城市的广告受众,更涉及全国大部分地区的城市居民;不仅是对具体广告活动的心理反应,更是在宏观上把握中国城市居民对广告这一事物的观念;不仅是短期的、个别主题的研究,更是长期的连续的全国民意调查。如果说丁俊杰等人的研究已经完成了考察国家主体角度的广告观的任务,那么新的研究所要完成的,就是以个体为主体,探究中国各地区、阶层、人群的广告观的宏大任务。因此,承载着从受众的角度描绘中国广告发展轨迹与未来蓝图的使命,"中国城市居民广告观"研究应运而生。

---

① 丁俊杰、黄河:《观察与思考:中国广告观——中国广告产业定位与发展趋势之探讨》,《现代传播》2007 年第 4 期。

② 丁俊杰、黄河:《为广告重新正名——从主流媒体的广告观开始》,《国际新闻界》2007 年第 9 期。

③ 南楠:《美国 20 世纪 60—70 年代广告观研究》,湖南师范大学 2001 年硕士学位论文。

二、定义"广告观"

"广告观"一词在英文中并未有完全对应的概念,较为接近的概念是广告态度(Advertising Attitude)。从20世纪80年代中期开始至今,欧美学者对消费者的广告态度给予了极大的关注。"广告态度"是人们通过日常生活不断接收信息而相对固定下来的对广告总体表现的赞同或不赞同的倾向,它是由广告唤起的各种积极和消极的认知和情感的反映①。

大量的研究表明,消费者对广告的接受水平因国别而异。Zanot发现,美国年轻人对广告的负面态度最强。但在英国,学者们发现那些年纪在15—24岁之间的人比年纪大的人对广告更趋于正面的评价②。Pollay等人对中国三大城市中123位消费者的调查发现,中国消费者比西方消费者对广告持有"更积极的态度",并且认为"外国产品广告更有吸引力"③。但Zhao和Shen的研究则表明,大多数居民"对电视广告反感","对广告有抱怨"④。Zhou和Zhang在对中国城镇居民广告态度的研究中得出结论,大多数中国城镇居民对广告持有积极的态度并喜欢广告⑤。

已有的研究表明,消费者对广告的总体态度可能随时间的推移而有所变化。Zanot回顾了美国20世纪30年代以来所进行的38项民意调查,发现在60—70年代之间,美国人对广告的态度越变越消极;随后的研究表明,20世纪60—90年代的30年间,人们对广告的某些负面评价基本没有太大好转⑥。因此,广告总体态度应当是一个受到多方因素影响的综合体。有人发现,对广告

---

① Zanot E.,"Public Attitudes toward Advertising: The American Experience", *International Journal of Advertising*, 1984, 3(1).

② 张红霞、王晨、李季:《青少年对广告的态度及影响因素》,《心理学报》2005年第5期。

③ Pollay R. W., Tse D, Wang Z. Y.,"Advertising, Propaganda, and Value Change in Economic Development: The New Cultural Revolution in China and Attitude toward Advertising", *Journal of Business Research*, New York, 1990, May.

④ Zhao X., Shen F.,"Audience Reaction to Commercial Advertising in China in the 1980s", *International Journal of Advertising*, 1995, 14.

⑤ Zhou D., Zhang W., Vertinsky I.,"Advertising Trends in Urban China", *Journal of Advertising Research*, 2002, May/June.

⑥ 同①。

信息真实性的怀疑会影响消费者对广告的总体看法①；还有学者认为，关于广告的批评言论（如认为广告提供虚假及误导信息、广告宣扬了不良的价值观、广告劝说人们购买他们并不需要的东西等）会实际损害广告的效果，甚至导致人们对广告采取更严厉的态度和行动——要求对广告实施更严厉的管制②。

西方实证研究不仅提供了大量有关广告态度的研究结论，也为广告观量表的形成提供了丰富的理论基础。自哈佛的 Bauer 和 Greyser 提出用“经济”和“社会”两个维度来测量人们的广告态度以来，许多学者都运用这两个维度的量表对不同人群进行测量③。Sandage 和 Leckenby 提出，在测量广告态度时有可能需要对“一般意义上的广告”和“具体的广告”加以区分，并提出了广告态度具有制度性态度和工具性态度之说④。Reid 和 Soley 通过被调查者对自己和对他人的方式，提出了“个人”的和“一般”两个维度⑤，比如，广告带来的低价和较好的产品是对别人而言，而非对自己而言。Pollay 和 Mittal 区分了作为工具和制度的广告及个人的和一般化的态度，提出了作为“个人效用”和“社会效应”两个维度的测量模型。在个人效用层面中包括了“产品信息、社会形象信息和娱乐性”三个内容；在社会经济层面包括了“对经济发展有利、助长物质主义、堕落价值、一无是处”四个内容⑥。

国内学界对广告观问题的关注，最早可以追溯到 20 世纪 80 年代广告态度研究。1987 年，上海市抽样调查组曾在调查中问及民众对广告的评价，通过考察受众对广告的接受程度来简略衡量广告态度⑦。1989 年，日本学者山本武利

---

① Carl Obermiller, Eric Spangenberg & Douglas L. MacLachlan, “Ad skepticism: The consequences of disbelief”, *Journal of Advertising*, 2005, 3.

② A. J. Bush, R. Smith, C. Martin, “The influence of consumer socialization variables on attitude toward advertising: A comparison of African-Americans and Caucasians,” *Journal of Advertising*, 1999. 3

③ Bauer R., Greyser S, *Advertising in America: The Consumer View*. Boston, MA: Harvard University Press, 1968/

④ Sandage C. H., Leckenby H. D., “Student Attitudes toward Advertising: Institution vs. Instrument,” *Journal of Advertising*, 1980, 9(2).

⑤ Reid, Soley, “Generalized and Personalized Attitudes toward Advertising's Social and Economic,” *Journal of Advertising*, 1982, 11(3).

⑥ Pollay, R. W., and B, Mittal, “Here's the Beef: Factors, Determinants, and Segments in Consumer Criticism of Advertising”, *Journal of Marketing*, 1993, 11(3).

⑦ 陈友庆：《对消费者广告态度的调查与思考》，《江苏教育学院学报（社会科学版）》，2000 年第 4 期。

在“京沪穗三地居民的媒体接触与广告意识调研”中发现，改革开放初期的中国人对广告显示出很强的兴趣，但随着时间的推移却逐渐降低了对广告的兴趣[①]。1995 年开始，《IMI 消费行为与生活形态年鉴》以 5 分量表的形式定期收集中国城市居民对广告的认知态度，但受问卷主题和规模所限，关于广告的问题只是作为研究消费者生活态度和价值观的一个子主题，无法细致探究。之后产学界的许多调研都采取类似的调查方式，同时学界开始借鉴西方理论成果，从广告引发个人认知和情感的角度出发，探讨广告带来的效果（品牌态度、购买欲望、购买行为）[②]，建构关于中国民众广告态度的一系列理论。主要成果包括以下几个方面：

（1）关于广告态度的一般性研究：通过语义量表和因子分析确定广告态度中的不同因素，张红霞等通过对北京青少年广告信念的因子分析，提取出“决策信息”、“娱乐性”、“购买体验” 和“个人伤害”等四个因子[③]，吴垠将其归纳为“消极性”、“活力性”、“可信赖性”、“和谐性”和“娱乐性”五个因素[④]。

（2）关于受众对广告效果的态度：从广告作为信息的效果和广告作为社会传播力量的效果等方面来衡量受众对广告的信任程度[⑤]，这方面 IMI 研究所和舒咏平等人均有相当研究成果。

（3）关注受众对广告的回避态度及影响因素，尤其是新媒体时代的广告回避行为，引进西方的广告回避理论模型[⑥]：雷攀的研究借用广告回避模型分析了大学生对网络广告的回避态度，阐明了“任务干扰”、“恼怒感”、“个人效用”、“网络广告激励”、“涉入度”及“消极态度”等因素与网络广告回避反应的相互关系[⑦]。

（4）关于广告受众对广告的参与意识和行动能力：张金海从消费者的“策略行为”、“现实差距辨识”和“说服技巧辨识”三方面构建广告素养概念的三大因子[⑧]。

---

① 〔日〕山本武利：《现代中国的消费革命——改革开放下中国市民的消费》，《广告意识》（日本广告研究所）1989 年 12 月。

② 饶立安：《基于受众评价的广告社会效果研究》，华中科技大学 2007 年硕士学位论文。

③ 张红霞、王晨、李季：《青少年对广告的态度及影响因素》，《心理学报》2005 年第 5 期

④ 吴垠：《广告态度的解构与区域及分群特征的研究》，2005 年中国经济学年会论文集。

⑤ 舒咏平、饶立安：《基于受众评价的广告社会效果研究》，《新闻大学》2009 年第 1 期。

⑥ 刘荣：《我们为什么“不看”广告——广告回避研究综述》，《中国广告》2011 年第 6 期。

⑦ 雷攀：《大学生网络广告回避反应主观影响因素的实证研究》，重庆工商大学 2011 年硕士学位论文。

⑧ 张金海：《广告素养的概念框架与影响因素》，《新闻与传播研究》2008 年第 4 期。

但广告作为社会关系的产物，其存在并非是孤立的，所牵涉的关系更是庞大和复杂。因此，一些学者开始转向宏观的广告社会态度和意识研究，通过社会学的视角，在与现实的积极对话中就广告本体展开深入反思和探讨。黄升民、陈素白在《社会意识的表皮与深层——中国受众广告态度意识考察》一文中，通过梳理已有研究数据，发现中国受众广告态度意识的变化反映出的是不同时期消费意识与社会主流价值观的冲突与张力。[①] 陈素白在《转型期中国城市居民广告意识变迁》一书中明确提出了广告意识概念，将广告意识纳入社会意识的范畴，剖开广告态度的外壳，关注受众内隐的深层心理特质，从社会环境和广告环境的角度解答广告、个体与社会的互动关系。[②]

广告意识与广告态度有着深刻的关系。广告态度是具有明确方向的价值判断，而广告意识则与社会意识相对应，属于意识形态层面的概念。因此，广告态度为外延，广告意识为内涵。研究者通过对广告态度的基础测量，上升提炼出广告意识。广告意识与社会意识相对应，两者之间存在双向互动的关系，广告意识折射出的是社会环境、思想、态度的变化，因而能解读广告态度形成的原因。可以说，对广告意识的研究是对广告态度在社会学意义上的重要提升。

由于广告意识概念边缘模糊，处于动态变化中，因此，对广告意识的测量具有极大的困难。如此宏大的社会研究，需要长期的社会调研和足够优质的数据支持，由于当时的研究能力所限，这样的大规模实证数据未能获得。本书正是在广告意识研究的基础上再向前推进一步，提出清晰而固化的"广告观"概念，弥补广告意识过于动态以至于难以解释细微差异的问题。

广告观与广告意识是一体两面的关系，广告观具有更加清晰、固化、方向性明确的特征。广告观受到广告意识的影响，是广告意识的凝练与固化，形成了方向性明确的趋势和价值判断。广告观也是广告意识的表层，是其具有方向性的外延。本书在前人研究的基础上，提出区别于以往任何字面意义的"广告观"概念，以期将中国的广告受众研究向前更推进一步。广告态度、广告意识和广告观的关系见图0－1。

---

① 黄升民、陈素白：《社会意识的表皮与深层——中国受众广告态度意识考察》，《现代传播》2006年第2期。

② 陈素白：《转型期中国城市居民广告意识变迁》，厦门大学出版社2011年版。

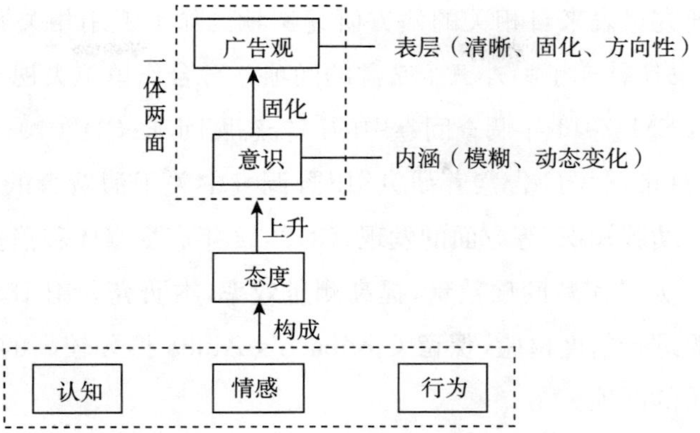

图 0—1　广告态度、广告意识和广告观的相互关系

通过梳理中西方广告观相关研究文献，本书从“态度—认知—行为意向”三个层面考察消费者的广告观，每个层面又包含若干具体问题(见图 0—2)：

◎ 态度层面：包括消费者的广告总体评价、消费者对广告活动的经济影响的评价、消费者对广告活动的社会影响的评价；

◎ 认知层面：消费者的广告素养，即消费者有关广告策略的认知与处理能力；

◎ 行为意向层面：广告对消费者日常行为的影响、消费者的广告回避倾向。

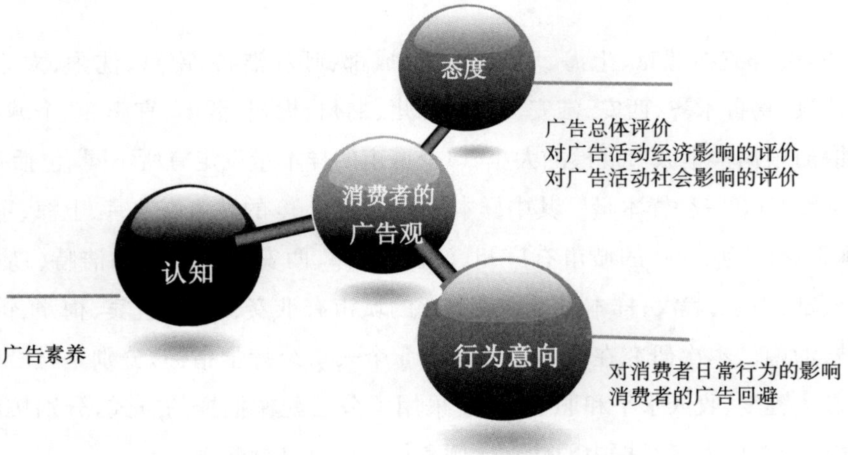

图 0—2　广告观的维度

广告观研究量表来自相关的西方研究文献。除了引用相关研究文献中的量表以外,本书还补充了另外三个来源的问项:(1)合作单位央视一索福瑞收视率调查公司(CSM)2011年调查问卷中的广告态度问项;(2)2010—2012年中国传媒大学"北京市居民广告素养研究"田野调查中关于消费者的"广告联想"、"广告使用"、"劝服知识"等方面的发现;(3)2012年广受媒体和消费者关注的广告监管举措。为了缩减问项数量,提高测量效率,本研究利用185名便利样本对最初的量表进行信度检验,保留Cronbach's Alpha得分较高的、对核心概念进行有效测量的问项。

综上所述,本次研究不仅包含了经典的广告态度量表,同时还增加了新的维度,对广告素养、广告回避、虚假广告判断等主题进行了测量。受资金和操作方式所限,我们的调研以搭车方式进行,问卷容量非常有限。因此本次研究的定位不在于全面解析广告观的完整构建,而是聚焦于我国城市居民广告观中的重要维度。在后续的研究中我们将对此进行完善。

三、研究设计

(一)调查执行情况概述

本次研究在北京、上海、广州、重庆、成都、呼和浩特、南京、沈阳、太原、天津、武汉、乌鲁木齐、西安、淮安、晋城、锦州、荆州、梅州、渭南、宜宾20个城市进行抽样,根据样本城市规模的大小,单个城市的样本量设定有所不同,包括500、1000和1500三种样本量。其中样本量设定为1500的城市有北京、上海、重庆;样本量设定为1000的城市有广州、沈阳、天津、西安、太原、呼和浩特、乌鲁木齐、成都、南京、武汉;样本量设定为500的城市有淮安、荆州、宜宾、梅州、锦州、晋城、渭南。本次研究在样本中设定了5个人口统计学指标,分别是:性别、年龄、教育程度、收入水平和职业,调查采用了分层配额抽样的方式,分别按所调查城市的总体人口数据中的性别比例和年龄比例进行配额。

本次研究由中国传媒大学广告学院、厦门大学新闻传媒学院与央视一索福瑞公司(CSM)合作,借助央视一索福瑞公司的调研平台完成数据调查工作。调查全部采用入户问卷调查方式进行,实地执行时间为2012年3—9月。

(二)问卷设计思路

本次研究的问卷内容由两部分组成:受众的广告接触情况调查和受众的广告观调查。

受众广告接触情况的调查包括两个方面:(1)被调查者媒体昨日接触情况调查:采用接触或没接触一项指标,对被调查者前一天是否接触问卷中提及的媒体广告进行测量;(2)被调查者媒体广告接触状态调查:由被调查者根据自己的情况,选择最符合其接触媒体广告时的状态选项进行测量,问卷设置了"没有接触过这类广告"、"忽略或回避广告"、"伴随性阅听"、"主动阅听"四个选项。

受众广告观的调查则将广告观细化为一系列具体的子概念进行调查,包括受众对广告的总体评价、广告的社会影响、广告的经济影响、广告对个人的影响、广告回避、广告素养及受众对虚假广告的判断等方面的内容。问卷采用5级量表,被调查者根据自己的情况,就问卷中的广告观问题选择最符合其认可程度的选项。

(三)调查样本构成

本次研究在抽样设计的基础上,根据调查过程中的实际情况,最后完成有效样本18041份,其中男女比例为50.1∶49.9;在年龄构成上按15－24岁、25－34岁、35－44岁、45－54岁、55岁及以上分为5组,各年龄组所占比例分别为17.4%、19.9%、22.3%、18.7%、21.7%。关于个人月均收入情况,在问卷设计中细分为49项进行调查,在最后统计时,统分为无收入、低收入、中等收入、高收入4组。分组方法为:取各个城市有效样本,首先将无收入的样本划分出来,再将其余样本进行3等分,归入高收入、中等收入、低收入3组。由于不同城市的收入水平不同,因此各个城市收入分组的绝对值有所不同。

四、数据使用说明

在数据处理的过程中,本次研究对所调查数据进行了一定的归类比较,下面从两个方面来说明本次研究对数据的归类划分依据。

(一)城市合并的依据

目前中国的地理区划和经济区划标准众多,侧重点各有不同,本次研究采用相对传统简洁的行政区划方式,更便于读者记忆和理解。本次研究在对所调查的城市进行区域比较分析的过程中,采用了两种区域归类比较的方法:第一种归类方法是结合我国的行政区划及城市国内生产总值(GDP),将20个城市划归为一、二、三线城市进行区域比较,一线城市为2012年国内生产总值在10000亿以上的省会或直辖市;二线城市是除一线城市以外的省会城市或直辖市;三线城市则为地级县市城市。其中,北京、上海、广州、重庆归为一线城市;成都、呼和浩特、南京、沈阳、太原、天津、武汉、乌鲁木齐、西安归为二线城市;淮安、晋城、锦州、荆州、梅州、渭南、宜宾归为三线城市。第二种归类方法是将20个城市划归为七大区域进行区域比较,这是根据我国1958年设置的七大经济协作区(东北区、华北区、华东区、华中区、华南区、西南区和西北区)来划分的。其中,沈阳、锦州归入东北区;北京、太原、天津、西安、晋城、渭南归入华北区,上海、南京、淮安归入华东区;武汉、荆州归入华中区,重庆、成都、宜宾归入西南区,广州、梅州归入华南区;呼和浩特、乌鲁木齐归入西北区。

(二)媒体分类的理由

本次研究分别调查了受众对电视常规广告、报纸广告、广播广告、杂志广告、网页广告、网络视频广告、电子邮件广告、手机广告、直投广告、电影广告、车载电视广告、楼宇电视广告、数字电视平台点播广告、户外电子屏广告、车体广告、站牌/灯箱广告和商店店面广告这17种媒体广告的接触情况。在数据分析的过程中,为更深入地研究媒体广告接触情况,根据媒体特性,本次研究将这17种媒体广告划分为传统媒体广告、网络媒体广告、分众媒体广告和户外媒体广告4类进行比较。

在具体归类上,电视、报纸、广播、杂志是传统四大媒体,故将电视常规广告、报纸广告、广播广告和杂志广告归入传统媒体广告类。

网页、网络视频、电子邮件依靠互联网络的连接而传播,手机依靠通信网络的覆盖而收发信息,故将网页广告、网络视频广告、电子邮件广告、手机广告归入网络媒体广告类。

户外广告指消费者在“家庭之外”(包括室外和公共场所等)能接触到的广告媒体载具①。因此,根据户外广告的定义,本次研究在分析过程中将具有较强户外媒体特性的户外电子屏广告、车体广告、站牌/灯箱广告、商店店面广告归入户外媒体广告类。

分众媒体广告的概念是相对于传统大众媒体广告提出的,分众媒体广告的投放是根据受众的生活习惯,兴趣爱好和消费能力而制定相应的广告内容,选取投放场所,因此分众媒体广告具有投放更有针对性、样式更加多样化的特点。② 根据分众媒体广告的特点,楼宇广告的受众目标锁定在经常进出楼宇的人群,属于典型的分众媒体广告。数字电视平台点播广告相比传统的电视广告,受众需开通相应的数字电视平台点播节目才会收看到广告,具有很强的分众性特点,属于分众媒体广告。而直投广告、电影广告、车载电视广告相对于其他媒体广告而言,受众都具有更强的针对分众的特点,均划归分众媒体广告。因此,本次研究将直投广告、电影广告、车载电视广告、楼宇电视广告和数字电视平台点播广告等具有较强分众特点的媒体广告划归分众媒体广告类。③

五、研究意义与贡献

(一)研究意义

自 1979 年以来,中国广告业经历了从零开始的复苏,伴随着国家政策的鼓励扶持和城市化进程的加快,消费产业不断升级,中国广告业持续增长,广告已经成为消费者日常生活中最普遍的事物。2012 年,中国广告业进入发展平缓期,增速放缓,内外张力加大,CTR 媒介智讯称其为“变局前夜”④。新媒体的挑

① 杜国清、邵华冬:《中国户外媒体发展趋势研究报告》,社会科学文献出版社 2008 年版。

② 沈国爱:《从大众到分众——从广告形态变化看传媒发展趋势》,《科技风》2009 年 17 期,第 33—34 页。

③ 关于分众媒体广告的划分,主要参考了沈国爱的《从大众到分众——从广告形态变化看传媒发展趋势》一书中的观点。

④ CTR 媒介智讯:《大消费时代市场新趋势》2012 年 11 月。

战、国际化程度的提高，使得本土广告呈现出集约化发展的趋势。[①]“十二五”期间，国家工商行政管理总局将支持广告业发展基础比较好的地方建成15个以上国家广告产业园区，并出台了相应的扶持鼓励政策。可以说，目前国家相关部门已经把对广告产业的扶持和整体规划放到了核心地位。[②]

当今受众对待广告社会角色的认知日趋复杂多样，中国广告行业同时面临着机遇与挑战。因此，作为服务业的中国广告业需要权威的研究报告来探析中国广告受众的广告观念，这是广告业寻求发展的基础。除此之外，对中国城市居民整体广告观的探析，对于广告主和广告媒介合理利用广告，对于政府科学地宏观调控广告行业、制定合理的政策法规具有重要借鉴意义。

此外，本研究在一定程度上填补了广告观大型研究的空白。首先，本研究明确了“广告观”的概念，即社会主体对广告客体的整体性认知与观念，这一概念强调将广告作为一个整体（而非具体单独的广告作品）来考察社会主体对这一客体在社会生活中的多重角色的认知以及主客体之间的互动关系。其次，本研究改善了现阶段与广告观主体相关研究较为零散的现状，借鉴中外研究成果，从广告总体态度、广告效果评价、广告回避、广告素养等多方面进行综合研究，提供了涉及全国大部分地区城市的数据，且将调研延伸至国内部分三线城市，关注范围更为广阔，因而有助于开展更为全面的横向比较，从宏观上把握中国各地区、阶层、人群的广告观。

最后，当前学界相关实证研究在时间跨度上多为一次性研究，缺少在时间跨度上对广告观变迁的纵向比较，而随着“中国城市居民广告观”调研的推进，本研究将提供长期连续性的调研数据，有助于研究者更好地纵向把握中国城市居民广告观的变迁问题，并为推断广告观的未来发展提供借鉴。

（二）主要结论

本书主要从三个方面来阐述中国城市居民广告观的现状、差异与联系。

（1）中国城市居民的媒介行为

数据显示，传统电视广告仍然是所有媒体中最有优势的广告形式，其高普

---

① 丁俊杰、王昕：《中国广告观念三十年变迁与国际化》，《国际新闻界》2009年第5期。

② 黄升民：《广告产业园：但愿不是种下龙种收获跳蚤》，《中国广告》2012年第6期。

及率、高接触率、低回避率和高伴随性及主动阅听率使它在17种媒体数据中占有绝对优势。新媒体广告中的网页广告、网络视频广告、电子邮件广告和手机广告也有较好的表现，但这几种较为“传统”的网络广告的接触率和阅听率却不够理想，说明目前网络广告最有效的发展方向不是硬广告，而是软广告，如内容营销、企业社会化媒体平台建设等。分众媒体的接触率和阅听率都很低，尤其是电影广告。户外媒体仍然保持着其自身固有的优势，在所有媒体广告形式中占有不可或缺的一席之地。

(2)中国城市居民的广告观。

本书在第二章中详细考察了中国城市居民的广告观总况和差异。

在第一节中，本书考察了全国总体数据和20个城市的数据，并比较了一线、二线和三线不同城市的广告观情况。研究结果表明，一线城市的广告观总体上最为积极，而二线城市比其他城市更倾向于回避广告。在研究中，一些城市展现出广告的独特之貌，如山西晋城在广告的总体评价、广告对个人影响程度和广告素养等方面的分值都位于20个城市中的第一位，值得研究人员进一步关注当地的社会状况和广告心理。

在第二节中，本书主要从性别、年龄、受教育程度、收入水平和职业五个方面考察不同的人口统计学特征对广告观不同方面所产生的影响。研究结果显示，“年龄”和“受教育程度”这两个人口统计学特征对广告观的影响最大，对广告观的各项指标都产生了显著影响。研究结果显示，女性的广告观比男性更积极；低年龄层(如15—24岁、25—34岁)居民的广告观更鲜明、更矛盾，在正面和负面评价上都较高，而高年龄层(如45—55岁、55岁以上)居民的广告观较为消极和缓和；受教育程度越高，广告观越积极，尤其是受过本科及以上教育的受众；收入水平与广告观积极程度有正相关关系，但广告观最为消极的群体是低收入群体，而非无收入群体；职业方面，退休后的受众在广告观上表现最为消极，而干部/管理人员、初级公务员/雇员和学生群体的广告观最为积极。

在第三节中，本书主要关注地域对广告观的影响。本章从两个角度来考察中国城市居民广告观的地域差异，以获得更全面、更有价值的研究结论。

整体的视角是关注全国七大地域之间的广告观差异。研究结果显示，华南地区的广告观最为积极，表现为较高的广告正面评价、受广告影响较大、对广告负面效果认同较低以及较弱的广告回避行为；华东地区在广告观的各个方面分值都很高，即对广告的正面和负面评价都较强烈，并有较强的广告回避行为；西北地区受广告的影响最小，对广告的正面、负面以及个人生活层面的影响感知最弱，有较强的广告回避行为；而东北地区虽然在广告观分值上也较低，但与西北地区不同的是，其对广告的负面社会影响感知较强烈。

部分的视角即"区域内部城市差异分析"。数据显示，三线城市在某些媒体的广告接触上甚至优于一、二线城市，对广告的回避倾向也较低。在广告观方面：华东区域，上海对广告持积极支持的态度，南京则较为偏向抵制和批判，淮安相对中立；西南地区，重庆作为一线城市，其广告观反而较为消极，成都则对广告持积极支持的态度，宜宾对广告的抵制则表现得最为强烈；华北地区，北京在不同的广告观群体中分布较为均匀，天津或支持或抵制，观点明确，太原呈中立偏向抵制的趋势，晋城地区的广告观则较为积极。由此可见，借助对区域内部的分析，有助于打破我们一线城市优于二线城市，二线城市领先于三线城市的思维惯性，并为整个广告产业的发展提供有价值的借鉴。

(3)广告观与媒介接触状态的关系。

在第三章中，本书尝试通过广告总体评价分值划分出高中低三个层次，从而以广告观积极程度为指标，分出广告观的"积极群体"、"中立群体"和"消极群体"，并进一步考察这三类人群在媒介接触率上的差异。研究结果显示，广告观对广告行为有重要影响：在18种不同类型的媒介中，除了电视常规广告的日常接触率，杂志广告、数字电视平台点播广告和电影广告的回避率出现个别情况以外，其他媒体的不同接触状态都呈现出"广告观越积极，媒介阅听率越高，回避率越低"的态势。从群体间媒介行为的差异程度上来说，积极群体在主动阅听率上有较强的表现，消极群体则在广告回避率上有更强的表现。

由此，本研究认为中国城市居民的广告观业已成形，展现出其较为理性的一面，注重广告的道德约束和舆论导向功能，虚假广告已成为较为严重的问题。全国不同地区、人群的广告观有较大差异：经济较发达的东部沿海地区，广告观最积极、超前，将不断辐射影响中西部地区，西部地区目前受广告的影响仍然较小，而中部地区和二线城市由于正处在经济高速发展的阶段，广告业的发展也暴露出中国转型期中的种种问题，如虚假广告泛滥、广告市场不够规范等，导致受众在广告的“负面效益”和“广告回避”上给出了较高的分值。从人群来看，受过高等教育、收入高的中青年群体是广告观最为积极的人群，而广告从业人员需要给予关注的是低收入、退休后的高龄群体，他们的广告观尤为消极。

在未来的调研中，本研究将吸取各界经验、批评、建议，不断完善广告观量表，采取更为科学的研究方法，以求展现出更为真实的中国城市居民广告观面貌，并通过数据纵向比较，梳理中国城市居民广告观发展变化的脉络，为相关的国家政策制定、行业发展规划、学术研究方向和商业项目决策提供更好的参考和建议。

第一章 中国城市居民广告接触行为

一、媒体广告接触情况

目前，广告媒体渠道正朝着多样化的方向发展，本书从“曾接触”和“昨日接触”两个角度，对受众的各类媒体广告接触情况进行调查。其中，受众对各媒体广告的昨日接触情况是对曾接触情况的补充。

（一）区域间媒体广告接触情况差异

本书涉及的研究一共对全国 20 个城市居民的广告观进行了抽样调查，调查城市跨越我国七大区域，不同区域表现出不同的媒体广告接触情况，通过对比不同区域间的媒体广告接触情况，希望对不同区域的媒体接触异同情况有一定了解。

1. 传统媒体广告接触情况

从全国数据来看，在四大传统媒体（电视、报纸、广播、杂志）广告中，电视常规广告的接触情况最好，远远超过其他媒体，拥有最高的接触率；报纸作为较为权威的传统纸媒，在新媒体发展的环境中也保持了一定的广告接触率。这两类媒体广告的曾接触率均在 50％以上，广播广告及杂志广告的接触情况则稍显不佳（见图 1－1）。

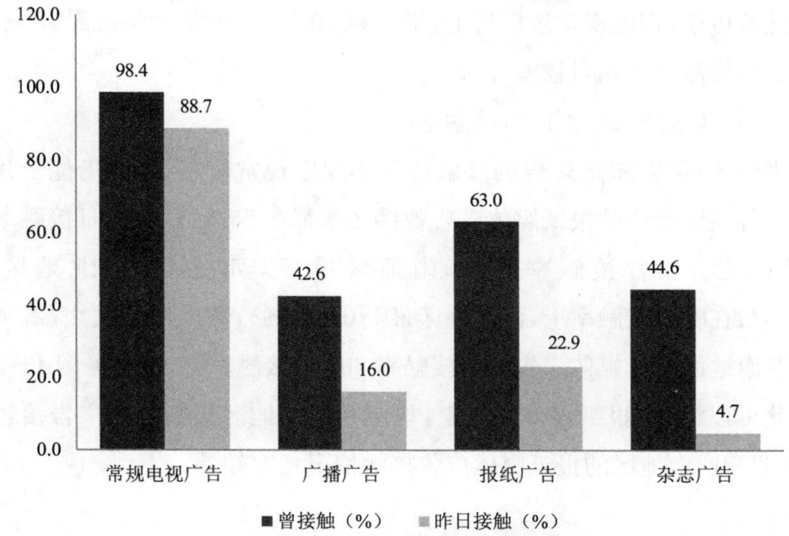

图 1—1　全国传统媒体广告接触情况

(1)不同区域受众电视常规广告接触情况

电视作为传统媒体中最具权威性的媒体，在全国各地区的电视常规广告曾接触率和昨日接触率都居于最高，各地区受众对电视媒体广告的曾接触率都在97.7%以上，昨日接触率则都在82.9%以上。在曾接触率上，华东地区最高(99.3%)，华南地区次之(98.9%)；而在昨日接触率上，华南地区最高(95.4%)，西南地区次之(91.5%)，华东地区再次之(91.0%)。东北和西北地区的电视常规广告曾接触率和昨日接触率都很低(见图1—2)。

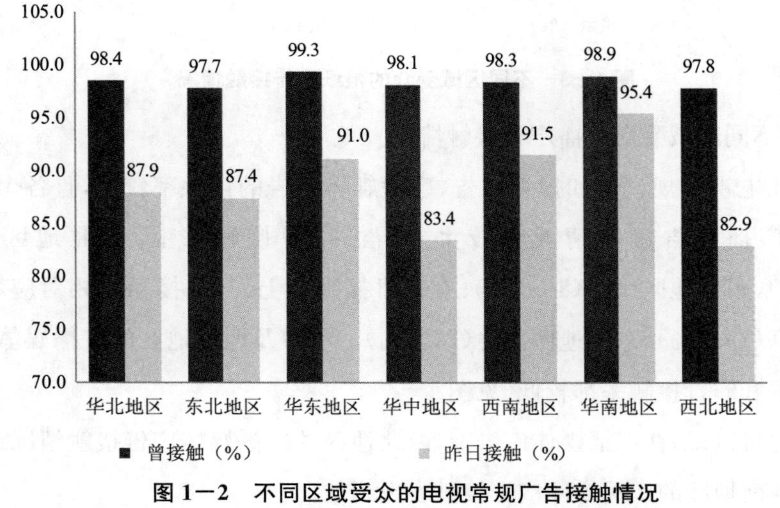

图 1—2　不同区域受众的电视常规广告接触情况

因此可以说，在电视常规广告上，华东和华南地区的接触情况最好，东北和西北地区的接触情况相对较差。

(2)不同区域受众报纸广告接触情况

作为传统媒体，报纸广告的接触情况不及电视常规广告，但仍优于其他媒体广告。各地区受众的报纸媒体广告曾接触率都在50%以上，昨日接触率则都在16%以上。在曾接触率上，华南地区最高(71.7%)，西北地区次之(69.35%)；在昨日接触率上，西北地区最高(28.8%)，华南地区次之(27.1%)。东北和西南地区报纸媒体广告的曾接触率和昨日接触率都较低(见图1—3)。

因此可以说，在报纸媒体广告上，华南和西北地区报纸媒体广告接触情况最好，东北和西南地区的报纸媒体广告接触情况相对较差。

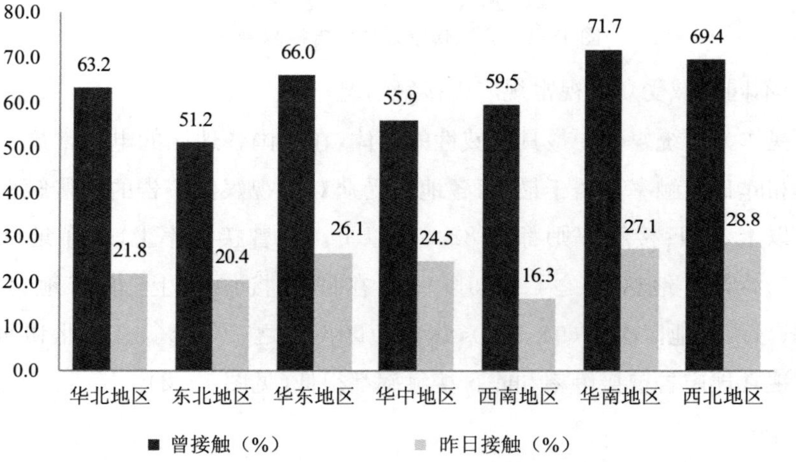

图1—3 不同区域受众的报纸广告接触情况

(3)不同区域受众广播广告接触情况

相比电视常规广告和报纸广告，广播媒体广告的接触率较低，且各个地区受众的广播广告接触情况有较大差异。在曾接触率上，西北地区最高(57.6%)，东北地区次之(46.7%)；在昨日接触率上，与曾接触率相对应，西北地区最高(29.0%)，东北地区次之(21.1%)。华中及西南地区的广播媒体广告曾接触率和昨日接触率都较低(见图1—4)。

因此可以说，在广播媒体广告上，西北地区的广播媒体广告接触情况最好，华中及西南地区的广播媒体广告接触表现不佳。

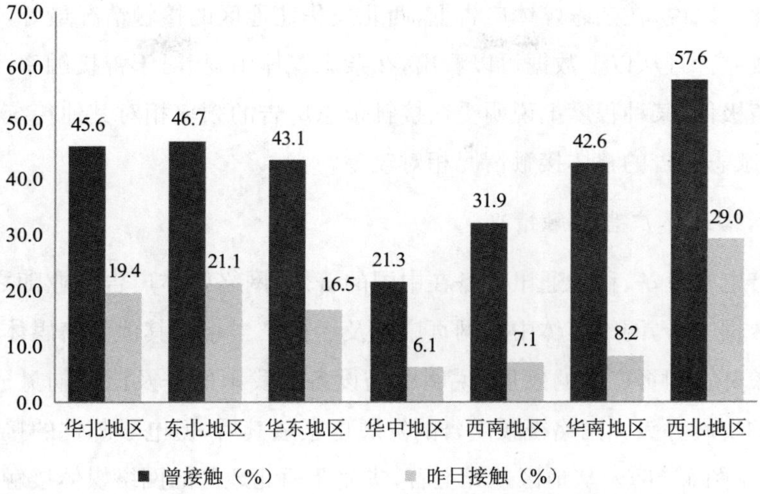

图 1—4　不同区域受众的广播广告接触情况

(4)不同区域受众杂志广告接触情况

相比广播广告，杂志广告的受众显得更为小众，杂志广告的整体接触情况都相对较差。在曾接触率上，各地区受众接触杂志媒体广告的比例基本保持在50%及以下，而受众昨日接触杂志媒体广告的比例则在7.5%以下。在曾接触率上，西北地区最高(50.2%)，华北地区次之(50.0%)；在昨日接触率上，与曾接触率相对应，也是西北地区最高(7.5%)，华北地区次之(6.1%)。东北地区的杂志媒体曾接触率和昨日接触率都很低(见图 1—5)。

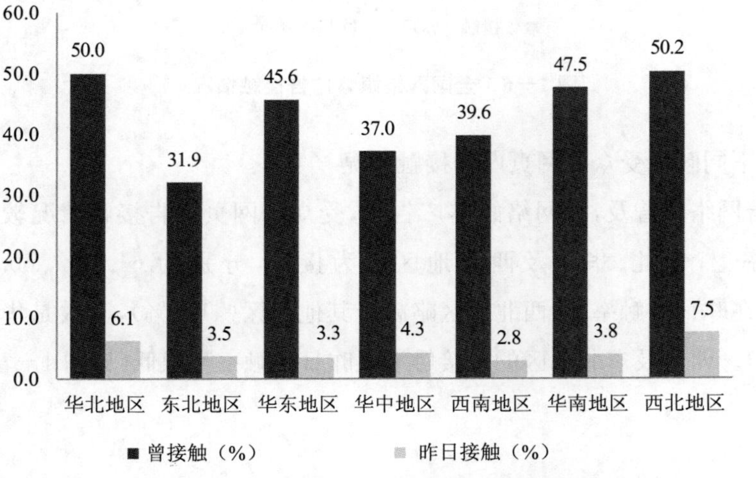

图 1—5　不同区域受众的杂志广告接触情况

因此可以说，在杂志媒体广告上，西北及华北地区的接触情况最好，东北地区相对较差。且从以上数据可以看出，在杂志媒体中，相对于曾接触率，昨日接触率数值极低，某种程度上说明受众接触杂志广告的频率相对其他传统媒体较低，因此杂志广告的整体接触情况相对较差。

2. 网络媒体广告接触情况

随着电脑设备、移动通讯设备在中国的普及，网络媒体广告产业随之崛起。从全国数据来看，网络媒体中的网页广告及手机广告相较其他网络媒体广告接触情况较好。网页广告的发展，说明电脑设备在我国的普及已经初见成效，并有强劲的发展势头。网络视频广告的发展也紧随其后，但电子邮件的接触情况则较差（见图 1—6）。从地区差异上看，华北及西北地区的网络媒体接触情况较好，东北及西南地区的接触情况相对较差。

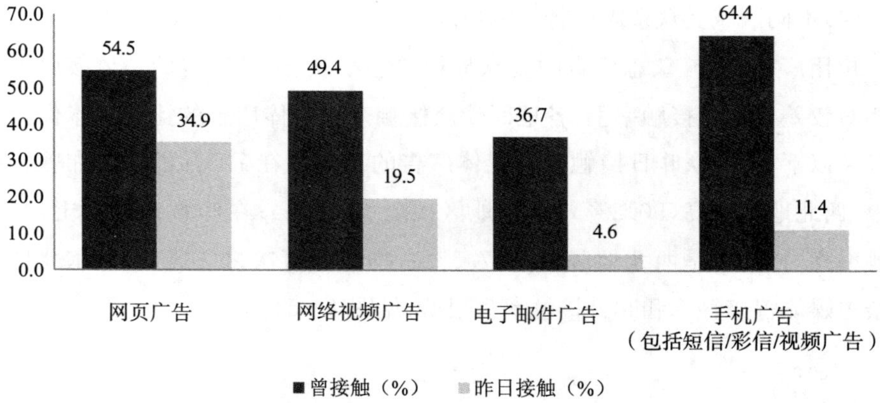

图 1—6　全国网络媒体广告接触情况

（1）不同区域受众的网页广告接触情况

随着网络的普及，在网络媒体广告中，受众的网页广告接触情况较好。在曾接触率上，华北、华南及西北地区较为接近，分别为 61.3%、60.7% 和 60.3%；在昨日接触率上，西北地区略高于其他地区（41.1%），其次是华北地区（37.4%）。西南及东北地区的曾接触率及昨日接触率都很低（见图 1—7）。

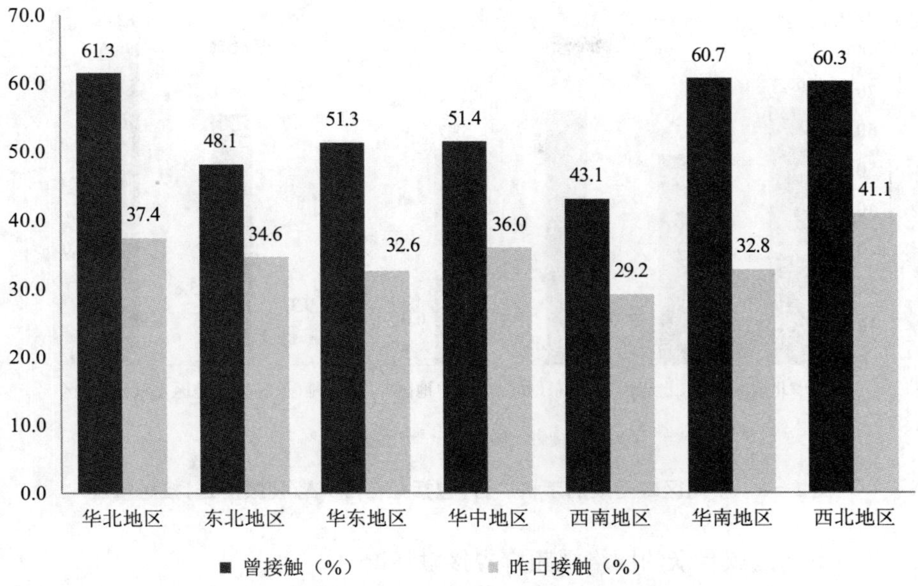

图 1—7　不同区域受众的网页广告接触情况

因此可以说，在网页媒体广告上，华北及西北地区的接触情况较好，西南及东北地区的接触情况相对较差。

(2)不同区域受众的手机广告接触情况

由于手机在现今社会已高度普及，加之手机上网功能不断完善，在网络媒体广告中，手机广告的曾接触情况最好，各地区受众的手机广告曾接触率比例均在50%以上，但受众手机广告的昨日接触率与曾接触率落差较大，昨日接触率情况不佳。在曾接触率上，西北地区最高(82.4%)；在昨日接触率上，西北地区相对较高(24.0%)。华中地区手机广告的曾接触率及昨日接触率都很低(见图1—8)。

因此可以说，在手机媒体广告上，西北地区的接触情况较好，华中地区的接触情况相对较差。

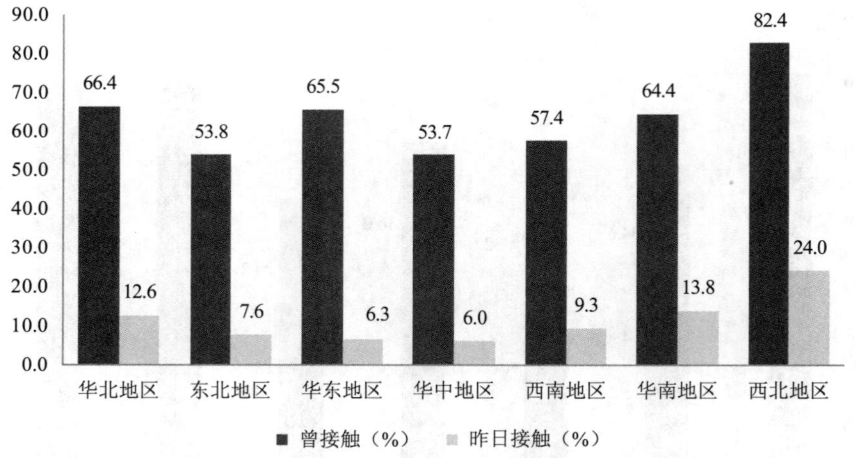

图 1—8　不同区域受众的手机广告(包括短信/彩信/视频广告)接触情况

(3)不同区域受众的网络视频广告接触情况

相比网页广告和手机广告，网络视频广告的接触情况相对较差，各个地区的受众接触情况也相差不大。在曾接触率上，华北及西北地区相对较高且较为接近，分别为55.6%和55.4%；在昨日接触率上，华中地区相对较高(26.6%)，西北及华北地区次之。东北地区网络视频广告的曾接触率及昨日接触率都很低(见图1—9)。

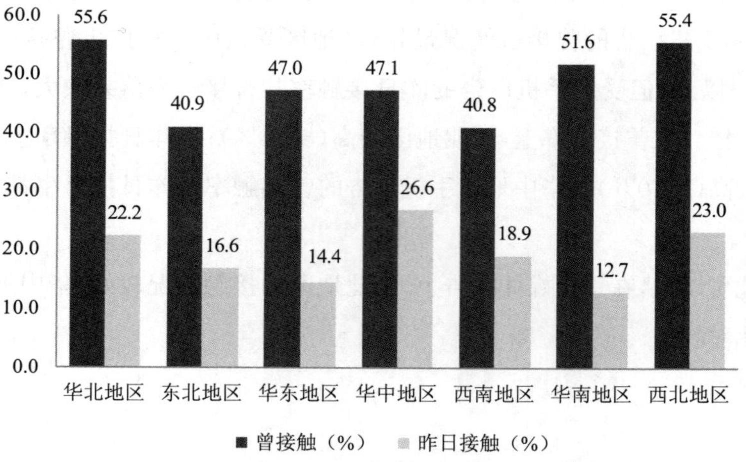

图 1—9　不同区域受众的网络视频广告接触情况

因此可以说，在网络视频广告上，西北、华北及华中的接触情况相对较好，东北地区的接触情况相对较差。

(4)不同区域受众的电子邮件广告接触情况

相比其他网络媒体广告，受众的电子邮件广告接触情况相对较差。各个地区电子邮件广告的曾接触率均在42%以下，昨日接触率均在8%以下。在曾接触率上，华北及华东地区相对较高且较为接近，分别为41.7%和40.1%；在昨日接触率上，西北地区相对较高(7.3%)，华北地区次之(5.4%)。东北地区受众电子邮件广告的曾接触率及昨日接触率均相对较低。华南地区电子邮件广告的曾接触率较高(39.8%)，仅次于华北及华东地区，但昨日接触率却最低(1.1%)，即华南地区电子邮件广告的昨日接触情况与曾接触情况反差较大(见图1—10)。

因此可以说，在电子邮件广告上，华北、华东及西北地区的广告接触情况相对较好，东北及华南地区的接触情况相对较差。

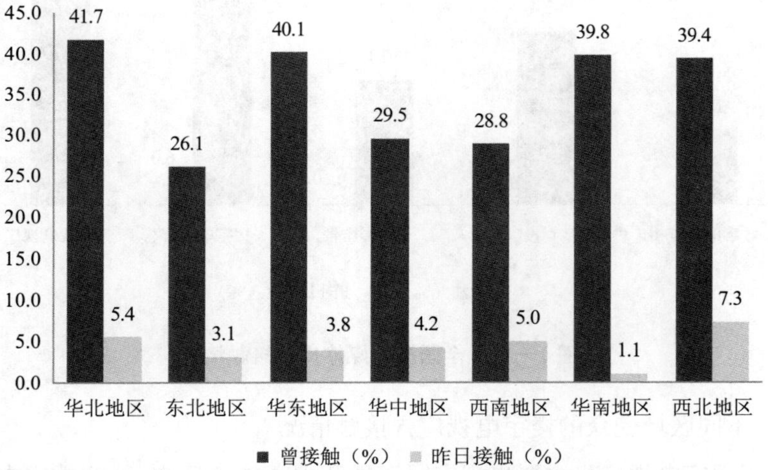

图1—10　不同区域受众的电子邮件广告接触情况

3.分众媒体广告接触情况

相较于传统大众媒体广告，分众媒体广告具有市场更细分、投放更精准等优势。如本次调查中涉及的直投广告、电影广告、车载电视广告、楼宇电视广告，它们均可以在相对更封闭的空间内更好地获得受众注意力，理论上具有更好的广告效果。但从全国数据来看，分众媒体广告的接触率明显低于其他类型的媒体广告。这一方面反映出分众媒体尚未广泛普及，其发展空间仍然巨大；另一方面也说明分众媒体广告在发展的现阶段存在一些问题尚待探讨。另外，由于分众媒体的特性，广告信息进入了部分大众媒体不能触及的受众空间，保证了一定的曾接触率，但同时又因其普及问题，导致日常接触频率较低。因此，分众媒体广告出现了曾接触率远高于昨日接触率的现象，其昨日接触率普遍较低，除车载电视广告（12.0%）外，均在10%以下（见图1—11）。

分众媒体中，接触情况最好的是车载电视广告和楼宇电视广告，电影广告及数字电视点播广告接触情况较差，且数字电视点播广告的地区差异较大，其在东北地区的昨日接触率甚至为零。这在某种程度上表明数字电视虽然在大范围推进普及率，但数字电视点播广告仍然处在导入期。

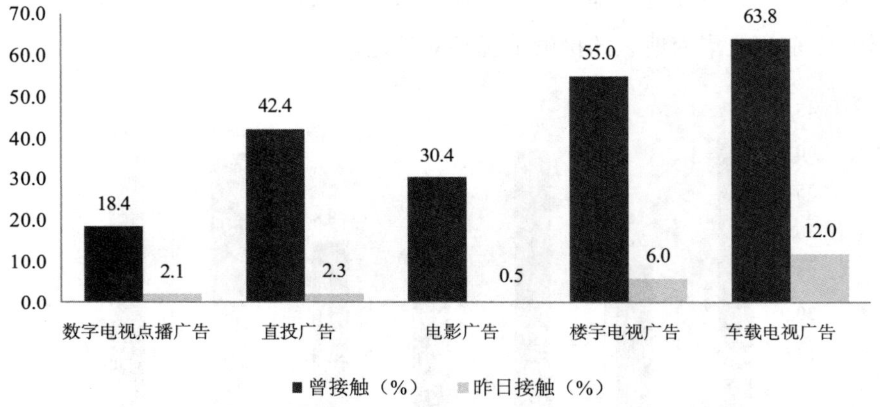

图1—11 全国分众媒体广告接触情况

（1）不同区域受众的楼宇电视广告接触情况

由于楼宇电视广告主要出现在写字楼和中高档社区中，因此楼宇电视广告理论上在一线城市所属地区的接触情况比较好。随着经济的发展，在分众媒体中，楼宇电视广告的接触情况相对较好，各个地区的曾接触率均在40%以上。在曾接触率上，华东地区最高（63.1%），西南地区次之（61.1%）；在昨日接触率上，西北地区相对较高（8.9%），华中地区次之（7.8%）。西南及华东地区楼宇电视广告的接触情况在全国七大区域中处于中等偏上的位置，东北地区受众楼宇电视广告的曾接触率和昨日接触率均相对较低（见图1—12）。

因此可以说，在楼宇电视广告上，华东、西南及西北地区接触情况相对较好，东北地区的接触情况相对较差。调查结果显示，华东地区楼宇电视广告接触情况较好，与理论推理相符；同时，西南及西北等欠发达地区的楼宇电视广告接触情况也相对较好，说明楼宇电视广告发展较好、前景可观。

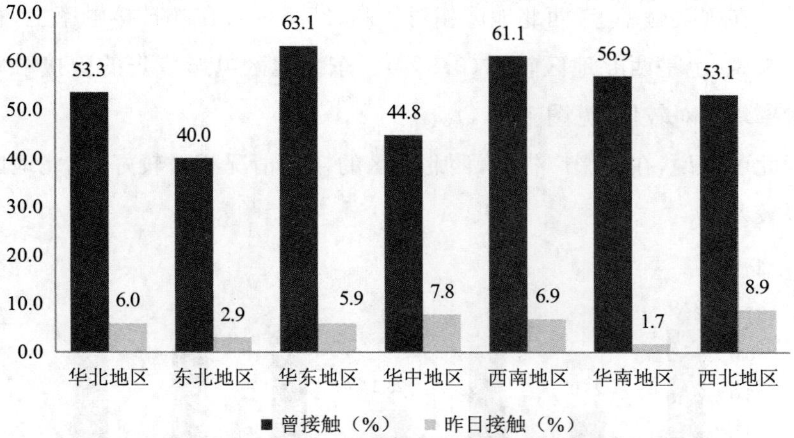

图 1—12　不同区域受众的楼宇电视广告接触情况

(2)不同区域受众的直投广告接触情况

直投广告的接触情况不及楼宇电视广告，但仍优于其他分众媒体广告。在曾接触率上，西北地区表现较为突出(78.4%)，华东地区次之(50.6%)；在昨日接触率上，与曾接触情况相对应，西北地区相对较高(5.4%)，华北地区次之(2.6%)，华东地区再次之(2.3%)。东北及西南地区直投广告的曾接触率及昨日接触率均相对较低(见图 1—13)。

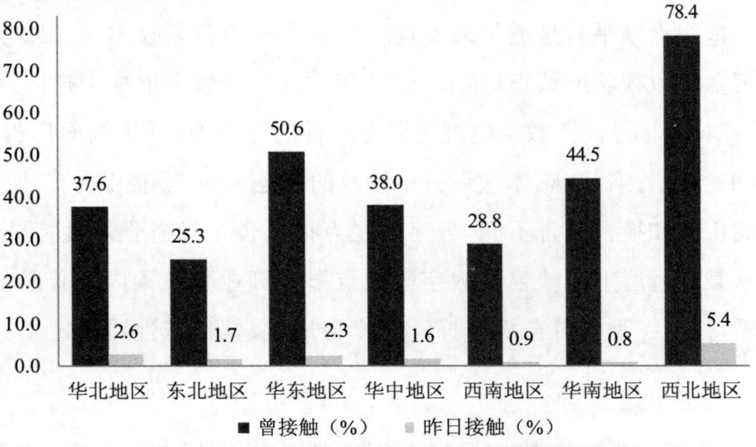

图 1—13　不同区域受众的直投广告接触情况

因此可以说，在直投广告上，西北及华东地区的接触情况相对较好，东北及西南地区的接触情况相对较差。

(3)不同区域受众的电影广告接触情况

相比楼宇电视广告和直投广告，受众的电影广告接触情况较差，且地区差异不大。在曾接触率上，西北地区相对较高(35.1%)；在昨日接触率上，相较其他地区来说，也是西北地区较高(0.9%)。东北地区电影广告的曾接触率和昨日接触率均相对较低(见图1—14)。

因此可以说，在电影广告上，西北地区的接触情况相对较好，东北地区的接触情况较差。

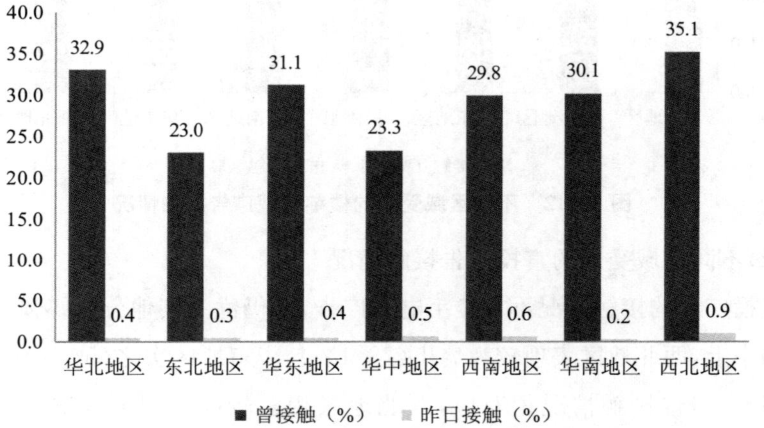

图1—14 不同区域受众的电影广告接触情况

(4)不同区域受众的数字电视点播广告接触情况

数字电视点播平台是近年来实现三网融合后的新兴媒体，《2012美兰德中国电视覆盖及收视状况调查》显示，2012年中国有线数字电视用户已达到1.69亿，普及率接近50%①。数字电视主要有三种广告类型：开机画面广告、换台广告及VOD点播贴片广告，本次调查中涉及的即是VOD点播贴片广告。由于与开机画面广告和换台广告不同，数字电视点播广告不具备强制性特征，其接触率可以从某种程度上反映目前数字电视点播视频业务在国内的普及效果。从数据来看，作为一种具有自主选择性的广告形式，其特殊性质决定了数字电视

① 美兰德公司:《2012美兰德中国电视覆盖及收视状况调查》,《声屏世界·广告人》2013年第1期。

平台点播广告与其他分众媒体广告相比，其各地区的广告接触率都很低。华南地区数字电视点播广告的曾接触率相对较高（50.4%），昨日接触率也相对较高（5.8%）。东北及西北地区数字电视点播广告的曾接触率及昨日接触率均较低（见图1—15）。

因此可以说，在数字电视点播广告上，华南地区的接触情况相对较好，东北及西北地区的接触情况相对较差。

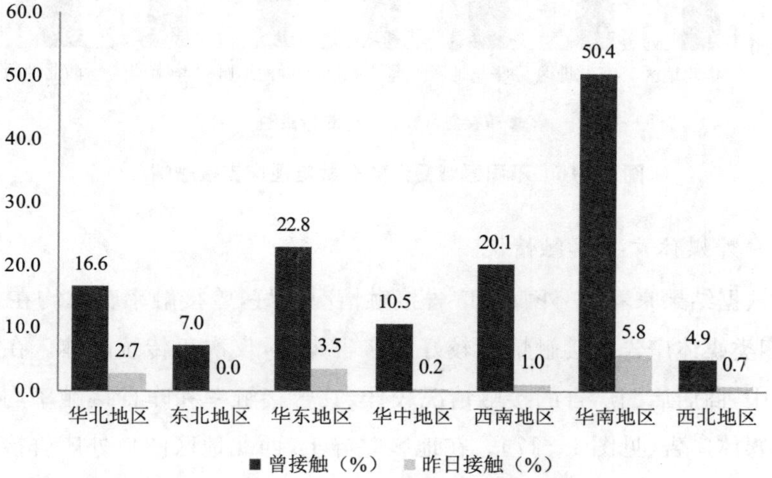

图1—15　不同区域受众的数字电视点播广告接触情况

（5）不同区域受众的车载电视广告接触情况

车载电视广告集图像、声音于一体，装置在公共车辆中，拥有客车的流动性及人口容量大的特点，因而在分众媒体中，车载电视广告在不同地区的接触情况都较好，各个地区的曾接触率多在50%以上。在曾接触率上，华东地区最高（77.3%），西南地区次之（71.5%）；在昨日接触率上，华东地区也相对较高（14.0%），其余除华中地区较低外，相差不大。西北及华中地区车载电视广告的曾接触率及昨日接触率均较低（见图1—16）。

因此可以说，在车载电视广告上，华东及西南地区的接触情况较好，西北及华中地区的广告接触情况相对较差。总的来说，车载电视广告发展情况较好。

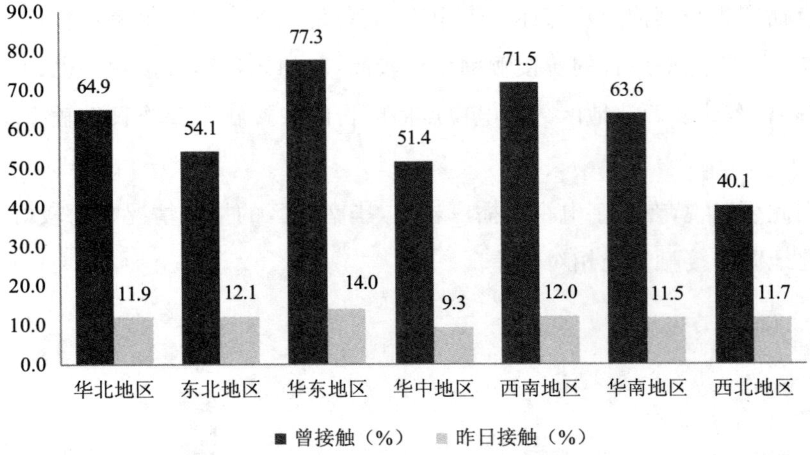

图 1—16　不同区域受众的车载电视广告接触情况

4. 户外媒体广告接触情况

从数据结果来看，户外媒体广告接触情况较好，曾接触率整体均在 50%以上，是四类媒体广告中接触情况较好的广告媒体，仅次于传统媒体。在户外媒体广告中，商店店面广告的接触情况较佳，其曾接触率和昨日接触率均高于其他户外媒体广告（见图 1—17）。在地区差异上，西北地区的户外广告接触情况普遍表现较佳，西南地区次之。

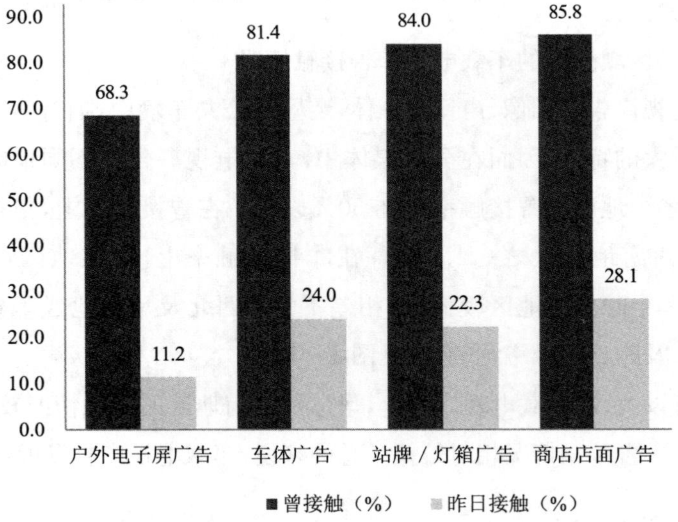

图 1—17　全国户外媒体广告接触情况

(1)不同区域受众的商店店面广告接触情况

在户外媒体中,商店店面广告的接触情况较好,各地区曾接触率均在77%以上,昨日接触率在19%以上,整体相对较高。在曾接触率上,西北地区最高(97.3%),西南地区次之(93.4%);在昨日接触率上,西北地区也相对较高(48.7%),西南地区次之(36.7%)。华北及东北地区商店店面广告的曾接触率及昨日接触率均相对较低(见图1—18)。

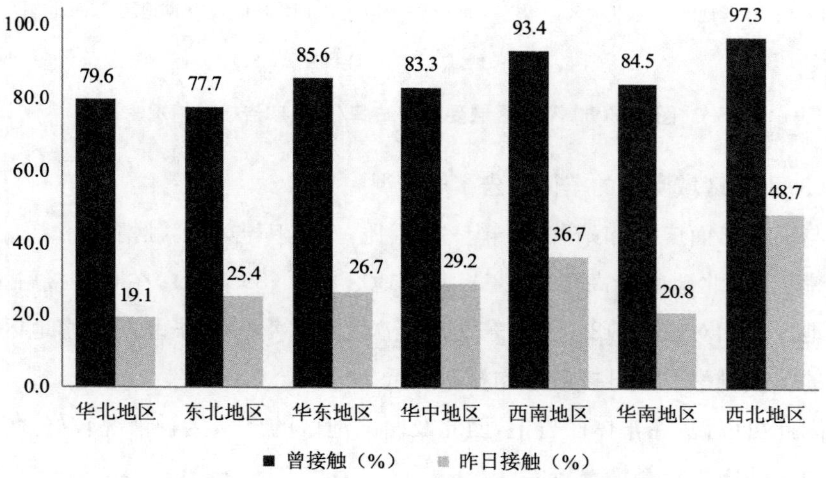

图1—18　不同区域受众的商店店面广告接触情况

因此可以说,在商店店面广告中,西北及西南地区的广告接触情况较好,华北及东北地区的广告接触情况较差。

(2)不同区域受众的站牌/灯箱广告接触情况

站牌/灯箱广告的接触情况不及商店店面广告,但接触情况仍然较好,各地区曾接触率均在76%以上,昨日接触率在11%以上。在曾接触率上,西北地区最高(95.5%),西南地区次之(91.2%);在昨日接触率上,西北地区也相对较高(33.3%),西南地区次之(28.1%)。东北、华北及华南地区商店店面广告的曾接触率及昨日接触率均相对较低(见图1—19)。

因此可以说,在站牌/灯箱广告上,西北及西南地区的广告接触情况较好,东北、华北及华南地区的广告接触情况较差。

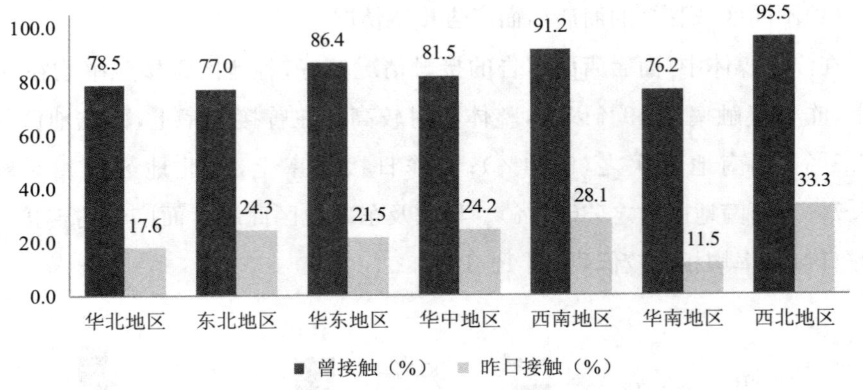

图 1—19　不同区域受众的站牌/灯箱广告接触情况

(3)不同区域受众的车体广告接触情况

与商店店面广告和站牌/灯箱广告相比，车体广告的接触情况稍差。在曾接触率上，西北地区较高(93.8%)，西南地区次之(89.1%)；在昨日接触率上，西北地区也相对较高(42.9%)，东北地区次之(30.4%)。华北及华南地区车体广告的曾接触率及昨日接触率均相对较低(见图 1—20)。

因此可以说，在车体广告上，西北及西南地区的广告接触情况较好，华北及华南地区的广告接触情况较差。

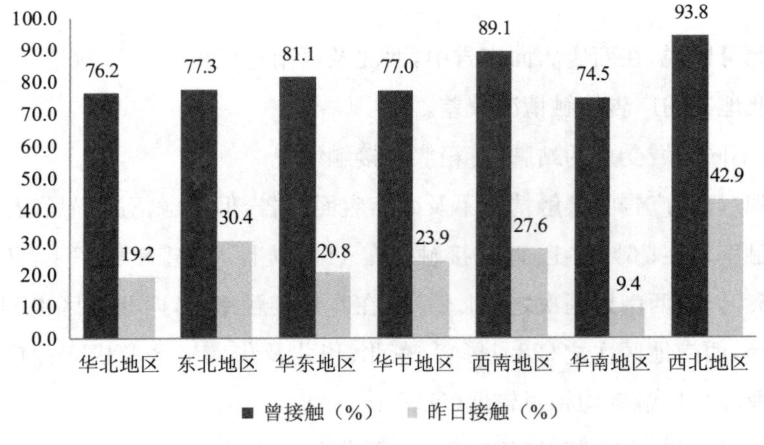

图 1—20　不同区域受众的车体广告接触情况

(4)不同区域受众的户外电子屏广告接触情况

与商店店面广告相比，户外电子屏广告的接触情况则相对较差。在曾接触率上，和其他户外媒体广告一样，西北地区较高(80.2%)，华东地区次之(77.1%)；在昨日接触率上，西北地区也相对较高(19.8%)，华东地区次之(13.7%)。东北、华中及华南地区户外电子屏广告的曾接触率及昨日接触率均相对较低(见图1—21)。

因此可以说，在户外电子屏广告上，西北及华东地区的广告接触情况较好，东北、华中及华南地区的广告接触情况较差。

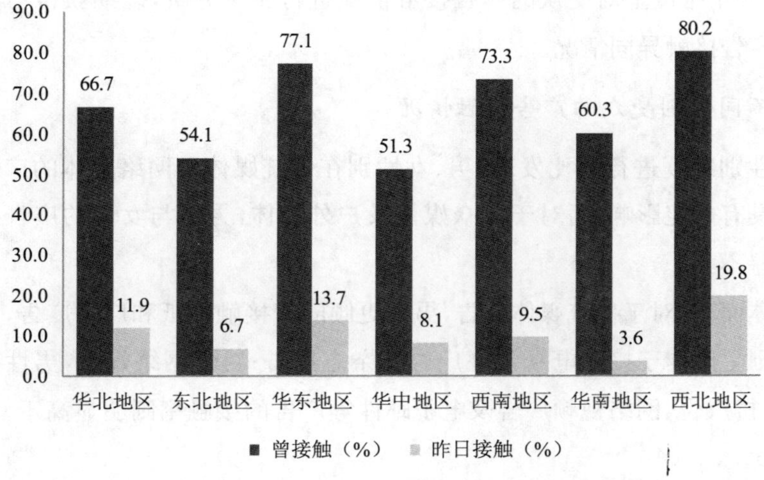

图1—21　不同区域受众的户外电子屏广告接触情况

5.小结

从调查数据来看，7个地区对不同媒体广告表现出不同的接触状况，其中西北地区表现较为独特。在本次调查涉及的17种媒体中，有9种媒体的曾接触率最高值出现在西北地区，有13种媒体的昨日接触率最高值也出现在西北地区，特别是户外媒体广告、分众媒体广告和除常规电视广告以外的其他传统媒体广告。其中，西北地区受众的手机广告、广播广告、直投广告、户外电子屏广告、车体广告和站牌/灯箱广告的接触率显著高于其他地区，而电视常规广告、数字电视广告及车载电视广告上的接触率却是全国最低的。

与西北地区差异最明显的是华南地区，华南地区在电视常规广告、数字电视广告上都表现出较高的接触率，而车体广告和站牌/灯箱广告的曾接触率和昨日接触率却都很低。另外，华南地区网络视频广告、电子邮件广告、楼宇电视广告、户外电子屏广告的昨日接触率也都显著低于全国其他地区。

(二)不同受众的媒体广告接触情况差异

在本次对全国 20 个城市的广告观调查中，首先对广告接触情况进行了人口统计特征的对比，一共划分了 4 个维度：性别、年龄阶段、教育程度和收入水平，在该 4 个维度上对受众的广告接触情况进行交叉分析，以期获得不同人群的媒体广告接触异同情况。

1.不同性别受众的广告接触情况

从性别维度进行对比发现，男、女性别在传统媒体及网络媒体的广告接触情况上具有一定影响；而对于分众媒体及户外媒体，男性与女性的广告接触情况则相差不大。

具体而言，对于传统媒体广告，男性更倾向于接触报纸和广播广告，女性相比男性则更倾向于接触电视常规广告及杂志广告；对于网络媒体，男性在网页广告、手机广告、网络视频广告及电子邮件等广告的接触率则明显高于女性(见表 1—1)。

表 1—1 不同性别媒体广告接触情况差异

		曾接触(%)		昨日接触(%)	
		男性	女性	男性	女性
传统	电视常规广告	98.1	98.7	89.4	92.4
	报纸广告	66.7	59.4	25.3	21.7
	广播广告	46.0	39.2	19.1	13.8
	杂志广告	43.6	45.6	4.3	5.3
网络	网页广告	57.6	51.4	38.9	32.6
	手机广告	67.5	61.3	12.4	10.9
	网络视频广告	51.8	47.0	21.5	18.5
	电子邮件广告	39.0	34.4	4.9	4.5

续表

		曾接触(%)		昨日接触(%)	
		男性	女性	男性	女性
分众	楼宇广告	55.6	54.4	6.2	6.0
	直投广告	43.0	41.8	2.3	2.4
	电影广告	31.1	29.7	0.5	0.5
	数字电视广告	18.8	18.1	2.1	2.3
	车载电视广告	62.9	64.7	12.2	12.5
户外	商店店面广告	86.0	85.5	27.9	29.7
	站牌灯箱广告	84.3	83.6	23.4	22.4
	车体广告	81.7	81.1	25.5	23.7
	户外电子屏	69.2	67.5	11.9	11.2

2.不同年龄受众的广告接触情况

从年龄维度进行对比发现，15—24 岁及 25—34 岁年龄段人群的网络广告及分众广告曾接触率及昨日接触率都明显高于其他年龄段；35—44 岁年龄段的中青年人群除报纸广告的接触率较高外，其他媒体广告的接触情况多处于中间位置；45—54 岁中年人群除电视常规广告外，其他各类媒体广告的接触率基本都在 35—44 岁人群之后，媒体广告接触率不高；而 55 岁及以上老年人群中的户外媒体曾接触率和昨日接触率都明显低于其他年龄段。

具体而言，15—24 岁年轻人会更多地接触网页广告、网络视频广告、杂志广告、手机广告、车载电视广告、电影广告；25—34 岁青年群体更多地接触直投广告、楼宇电视广告、户外电子屏广告、商店店面广告、站牌/灯牌广告、车体广告。其中，在手机广告曾接触率上，15—24 岁年龄段人群手机广告曾接触率最高，25—34 岁年龄段次之；而在昨日接触率上，则是 25—34 岁年龄段人群最高，15—24 岁年龄段次之。可以说，对于手机广告，15—24 岁人群接触较多，25—34岁人群接触更为频繁。55 岁及以上的老年人群曾接触率最高的是电视广告，报纸广告及广播广告的曾接触率虽然不高，但其昨日接触率却是各年龄段中最高的，说明 55 岁及以上老年人群的报纸及广播广告接触率很高（见表 1—2）。

表 1—2 不同年龄媒体广告接触情况差异

		曾接触(%)				
		15—24	25—34	35—44	45—54	55 及以上
传统	电视常规广告	97.8	97.7	98.7	99.0	98.8
	报纸广告	61.3	68.5	69.8	60.1	54.9
	广播广告	44.2	50.2	45.4	36.6	36.8
	杂志广告	57.2	54.7	47.8	36.1	29.0
网络	网页广告	87.7	81.4	60.3	34.4	14.7
	手机广告	82.4	81.8	72.6	56.8	32.1
	网络视频广告	81.0	76.2	54.2	29.3	11.9
	电子邮件广告	60.1	60.8	39.8	19.6	7.5
分众	楼宇广告	61.3	65.9	58.8	49.8	40.6
	直投广告	48.7	50.2	46.0	37.1	31.0
	电影广告	51.4	46.1	29.2	17.1	12.0
	数字电视广告	24.3	23.4	17.4	15.1	13.1
	车载电视广告	70.1	69.6	64.9	60.0	55.3
户外	商店店面广告	87.9	89.9	88.6	84.9	78.1
	站牌灯箱广告	87.1	89.0	87.4	82.2	74.9
	车体广告	85.0	87.1	85.0	79.6	71.3
	户外电子屏	74.2	77.8	72.2	64.4	54.5
		昨日接触(%)				
		15—24	25—34	35—44	45—54	55 及以上
传统	电视常规广告	83.3	87.0	90.3	96.0	96.9
	报纸广告	13.9	22.6	26.6	25.4	27.4
	广播广告	11.5	16.8	18.6	14.6	19.6
	杂志广告	5.7	5.2	5.6	3.7	3.7
网络	网页广告	59.4	58.0	38.5	18.8	7.7
	手机广告	17.1	19.3	12.7	7.3	2.8
	网络视频广告	34.7	34.4	20.7	9.5	3.2
	电子邮件广告	7.9	9.5	5.0	1.5	0.3
分众	楼宇广告	7.1	10.3	6.5	4.4	2.4
	直投广告	2.5	2.9	2.7	1.8	1.7
	电影广告	1.0	0.9	0.4	0.1	0.2
	数字电视广告	2.6	2.6	2.0	2.1	1.7
	车载电视广告	17.6	16.7	11.3	9.8	7.2

续表

		昨日接触(%)				
		15—24	25—34	35—44	45—54	55及以上
户外	商店店面广告	30.3	32.8	30.5	26.8	23.9
	站牌灯箱广告	25.9	27.9	25.4	20.2	15.6
	车体广告	26.6	29.7	27.5	22.3	17.3
	户外电子屏	11.6	16.1	13.5	9.1	7.2

3.不同受教育程度受众的广告接触情况

从受教育程度的维度进行对比发现，受众的媒体广告接触情况受学历影响显著，高学历人群的媒体广告接触情况明显优于低学历人群。

具体而言，从媒体广告的曾接触率及昨日接触率来看，对于电视常规广告，高中及以下学历曾接触率较高，且各受教育程度群体的曾接触率较为接近；在电视常规广告的昨日接触率上，小学及以下学历人群最高，且会随着教育程度的提高呈递减趋势，可以说小学及以下文化程度受众对电视常规广告的接触较为突出，且受教育程度越高接触状况越差。而对于其他媒体广告的接触，则明显显示出随着受教育程度的提升，接触情况愈佳的规律，大专及以上学历的人群是其他各类媒体广告的主要接触群体（见表1—3）。

表1—3　不同学历媒体广告接触情况差异

		曾接触(%)				
		小学及以下	初中	高中	大专	大学及以上
传统	电视常规广告	98.5	98.6	98.6	97.6	98.3
	报纸广告	29.9	56.3	71.3	76.6	80.2
	广播广告	26.4	36.7	43.4	54.0	60.2
	杂志广告	15.8	35.3	50.5	60.1	67.1
网络	网页广告	8.7	37.5	63.2	85.1	91.9
	手机广告	29.5	55.1	72.4	82.7	85.2
	网络视频广告	7.9	33.0	56.8	78.5	85.6
	电子邮件广告	5.3	20.3	40.0	62.9	75.2

续表

		曾接触(%)				
		小学及以下	初中	高中	大专	大学及以上
分众	楼宇广告	34.5	47.5	58.5	70.1	71.0
	直投广告	23.6	35.2	45.0	56.9	58.2
	电影广告	9.5	19.7	31.1	48.1	58.7
	数字电视广告	10.1	14.4	19.9	23.8	28.0
	车载电视广告	45.2	59.3	68.5	72.9	73.0
户外	商店店面广告	77.7	82.1	88.1	91.2	92.0
	站牌灯箱广告	72.2	80.2	86.7	90.2	92.4
	车体广告	68.4	77.2	84.4	88.2	91.2
	户外电子屏	47.5	61.6	72.9	80.6	83.1
		昨日接触(%)				
		小学及以下	初中	高中	大专	大学及以上
传统	电视常规广告	95.2	93.3	91.1	87.2	84.5
	报纸广告	7.80	17.5	27.4	32.6	34.9
	广播广告	11.0	13.4	16.4	21.0	24.4
	杂志广告	0.7	3.3	4.9	7.9	8.8
网络	网页广告	3.7	20.2	39.0	61.8	69.8
	手机广告	2.6	7.7	13.3	17.8	20.0
	网络视频广告	1.9	10.7	21.5	36.0	40.2
	电子邮件广告	0.2	1.5	4.1	10.3	12.6
分众	楼宇广告	1.6	3.1	5.9	11.7	12.5
	直投广告	1.0	1.6	2.7	3.4	3.1
	电影广告	0.0	0.3	0.5	0.6	1.4
	数字电视广告	0.7	1.4	2.2	3.3	4.5
	车载电视广告	3.1	8.3	13.6	18.6	21.4
户外	商店店面广告	21.5	26.8	29.7	34.8	32.3
	站牌灯箱广告	12.2	18.9	25.5	29.8	29.7
	车体广告	13.8	20.3	27.2	31.2	32.4
	户外电子屏	4.9	7.4	12.2	17.3	20.4

4. 不同收入水平受众的广告接触情况

从收入水平的维度进行对比发现，受众媒体广告的接触情况受收入水平影响显著，高收入人群的媒体广告接触状况明显优于低收入人群，但无收入人群表现出与中、高等收入人群相似的媒体接触情况。

具体而言，从受众的媒体广告曾接触及昨日接触情况来看，除无收入人群外，大部分媒体广告都明显呈现出收入越高广告接触情况越好的趋势，且差异较大。但各类媒体广告接触情况最差的是低收入人群，而非无收入人群。无收入群体更多地偏向于接触电视常规广告、网页广告、手机广告、网络视频广告；低收入群体则较多地接触电视常规广告；中等收入群体更多地接触电视常规广告、报纸广告、广播广告、杂志广告、手机广告、直投广告、楼宇电视广告及各类户外广告；高收入群体则偏于接触除电视常规广告外的所有媒体广告，在广告接触上占绝对主导地位（见表1—4）。

表1—4　不同收入媒体广告接触情况差异

		曾接触(%)			
		无收入	低收入	中等收入	高等收入
传统	电视常规广告	99.6	99.2	98.4	99.1
	报纸广告	48.0	44.8	63.7	63.6
	广播广告	35.5	34.7	43.5	53.0
	杂志广告	41.9	30.4	41.7	48.5
网络	网页广告	69.0	37.6	65.5	92.1
	手机广告	60.3	43.7	51.9	68.5
	网络视频广告	59.0	28.0	52.6	78.7
	电子邮件广告	44.1	24.9	43.4	71.7
分众	楼宇广告	51.1	40.5	51.7	66.5
	直投广告	30.3	24.0	33.1	37.0
	电影广告	38.0	24.5	28.8	48.5
	数字电视广告	32.2	28.3	28.4	39.2
	车载电视广告	62.9	57.6	66.0	65.2
户外	商店店面广告	77.7	71.2	77.6	86.5
	站牌灯箱广告	77.3	71.2	77.1	85.2
	车体广告	75.1	67.5	77.3	86.1
	户外电子屏	65.9	54.1	64.6	77.0

续表

		昨日接触(%)			
		无收入	低收入	中等收入	高等收入
传统	电视常规广告	86.6	90.4	89.9	87.1
	报纸广告	12.2	16.9	28.2	30.4
	广播广告	10.5	14.1	17.1	20.4
	杂志广告	4.7	3.2	5.1	5.8
网络	网页广告	37.9	15.8	35.5	52.1
	手机广告	12.0	6.9	12.1	14.8
	网络视频广告	21.6	8.3	19.0	30.3
	电子邮件广告	4.0	1.9	4.3	8.0
分众	楼宇广告	3.8	3.3	7.2	8.8
	直投广告	2.1	1.9	2.5	2.5
	电影广告	0.5	0.2	0.5	0.8
	数字电视广告	2.0	1.2	2.1	3.3
	车载电视广告	10.2	8.1	13.9	15.3
户外	商店店面广告	25.1	23.1	30.2	33.2
	站牌灯箱广告	20.1	15.7	24.1	28.9
	车体广告	20.1	16.5	26.4	31.8
	户外电子屏	8.0	6.8	12.6	16.5

二、广告接触状态

在分析受众广告接触情况的基础上，本研究进一步考察受众对各类媒体广告的接触状态，并将各类媒体广告的接触划分为忽略或回避、伴随性阅听、主动阅听三种状态。

(一)不同区域受众的媒体广告接触状态

本次研究对全国20个城市进行抽样调查，调查城市跨越我国七大区域。本部分以七大区域为单位，对不同媒体广告的接触状态进行区域间比较，通过分析比较各地区在各类媒体广告接触状态上的差异，探析中国不同区域各类媒体广告的接触效果。

1.传统媒体广告接触状态

从全国的整体状况来看，四大传统媒体（电视、报纸、广播、杂志）广告中，电视常规广告的接触状态相对较好，回避率相对最低（36.1%），伴随性阅听率（57.6%）和主动阅听率较高（6.3%）。这说明在现阶段，我国受众仍然频繁接触电视媒体，电视是我国目前受众基础最广泛、最有影响力的媒体。报纸广告在传统媒体中也有较高的主动阅听率（6.5%），但回避率也相对较高（53.3%）。广播广告主动阅听率（5.2%）表现并不突出，但基于广播媒介的传播特性，其伴随性收听率在所有媒体广告中属最高值（61.0%），回避率也最低（33.8%）。杂志广告则较为小众，主动阅听率较低（5.4%），广告回避率较高（60.1%）（见图1—22）。

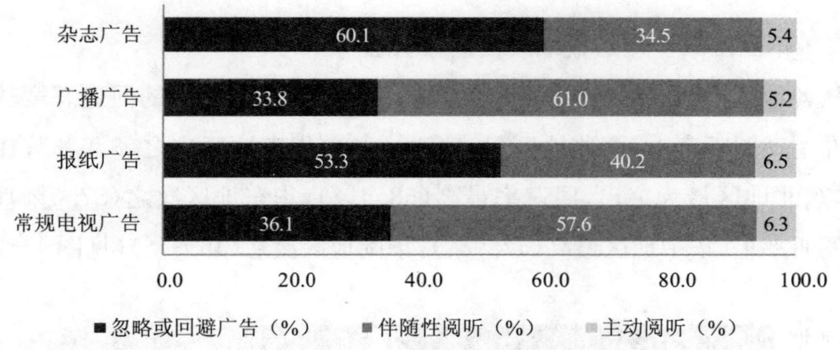

图1—22　全国传统媒体广告接触状态

（1）不同区域受众的常规电视广告接触状态

电视作为传统媒体中最具权威性的媒体，常规电视广告在全国各地区都有最高的接触率，同时也拥有相对较高的主动阅听率。在主动阅听率上，华南地区远高于其他地区（16.0%），西南地区次之（7.2%）；在回避率上，东北地区最高（45.9%），华中地区次之（38.7%）；在伴随性阅听上，华南地区最高（61.9%），西北地区次之（61.6%）（见图1—23）。

综合来看，可以说华南地区常规电视广告的接触状态最好，具有最高的主动阅听率、相对较高的伴随性阅听率以及最低的回避率；东北地区常规电视广告的接触效果较差，不仅回避率相对最高，且主动阅听率最低（3.8%）。

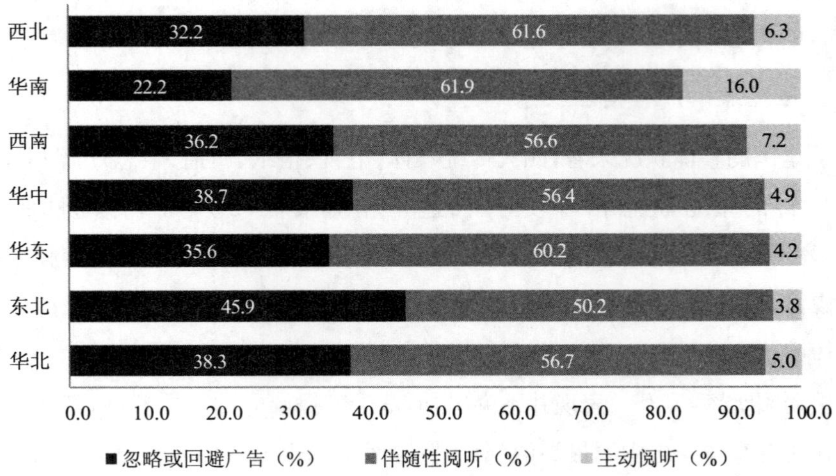

图 1—23　不同区域受众的常规电视广告接触状态

（2）不同区域受众的报纸广告接触状态

从各地区报纸广告的接触状态来看，各地区对报纸广告的回避态度较为明显。在主动阅听率上，西北地区最高（11.0%），华南地区次之（8.5%）；在回避率上，东北地区最为突出，回避率最高（68.4%），华东地区次之（57.4%）；在伴随性阅听率上，华中地区最高（47.9%），华南地区次之（46.3%）（见图 1—24）。

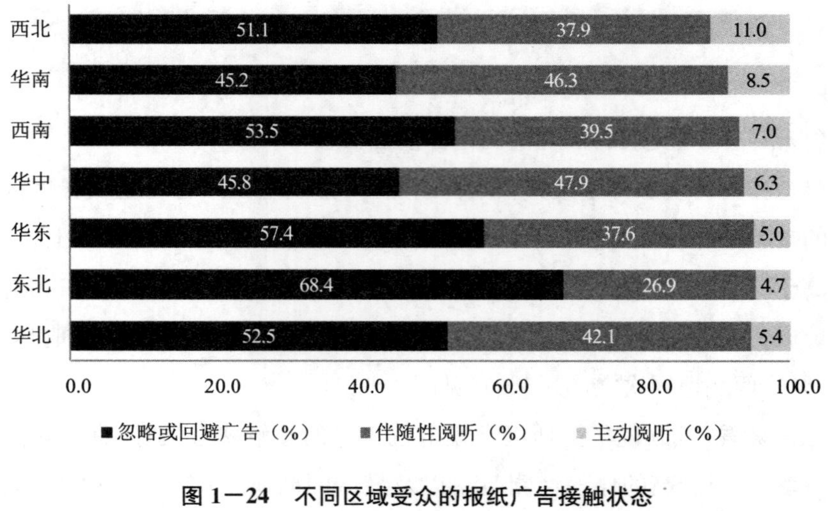

图 1—24　不同区域受众的报纸广告接触状态

综合来看，华南地区报纸广告的接触状态较好，回避率最低(45.2%)，且有较高的主动阅听率；东北地区报纸广告的接触状态最不理想，回避态度最为明显，且主动阅听率最低(4.7%)。

(3) 不同区域受众的广播广告接触状态

从各地区广告的接触状态来看，各地区受众的广播广告接触状态以伴随性阅听为主。在主动阅听率上，各地区表现均不突出，其中西北地区最高(6.8%)，华东地区次之(6.6%)；在回避率上，东北地区和西南地区明显高于其他地区，分别为45.3%、44.2%；在伴随性阅听率上，西北地区最高(72.0 %)，华北地区次之(62.5 %)。

综合来看，西北地区广播广告的接触效果较好，回避率(21.1%)明显低于其他地区，且主动阅听率和伴随性阅听率均属最高；东北地区广播广告的接触状态最不理想，回避率最高，且主动阅听率最低(2.9%)(见图1—25)。

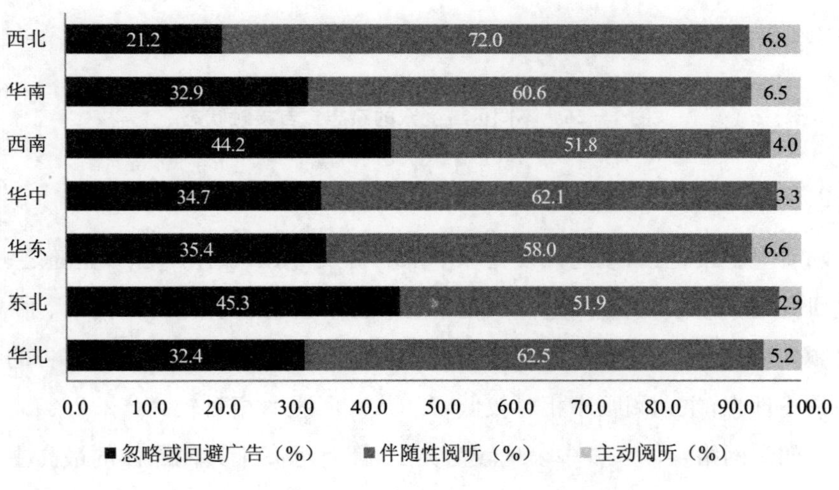

图1—25　不同区域受众的广播广告接触状态

(4) 不同区域受众的杂志广告接触状态

相比其他传统媒体广告，受众杂志广告的接触状态更为消极，以忽略和回避为主。在主动阅听率上，西北和西南地区相对较高，分别为7.6%和7.5%；在回避率上，东北地区最高(78.5%)，西南地区次之(64.2%)；在伴随性阅听率上，华中地区最高(42.4%)，华北地区次之(40.1%)。

综合来看，杂志广告在华中地区的接触状态相对较好，其主动阅听率（6.2%）和伴随性阅听率（42.4%）相对最高，回避率最低（51.4%）；东北地区杂志广告的接触状态明显最差，该地区杂志广告的回避率大大高于其他地区，且主动阅听率较低（4.4%）（见图1—26）。

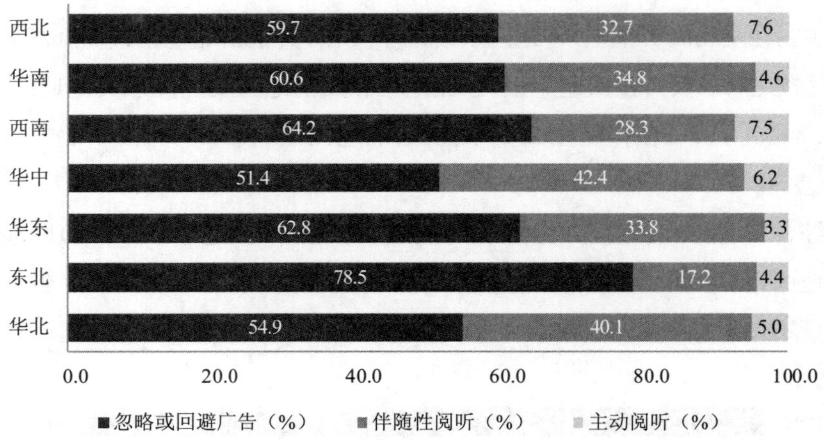

图1—26　不同区域受众的杂志广告接触状态

2. 网络媒体广告接触状态

随着电脑设备、移动通讯设备在中国的普及，网络媒体广告产业随之崛起。本次研究结果显示，从全国整体状况来看，受众对四类网络媒体（网页、手机、网络视频、电子邮件）广告的接触状态以忽略和回避为主。其中，网页广告的接触状态并不理想，主动阅听率相对较低（2.6%），回避率相对较高（62.2%）。手机广告在四类网络媒体广告中表现较为突出，拥有远高于其他媒体的最高主动阅听率（8.1%）和最高的伴随性阅听率（38.5%），回避率却相对较低（59.6%）。网络视频广告表现平平，主动阅听率较低（2.6%），回避率在网络媒体广告中最低（58.9%），但在各类媒体广告中也属较高水平。电子邮件广告的接触状态情况尤其不乐观，主动阅听率不仅在网络媒体广告中最低（1.9%），在全部媒体广告中也属最低水平，而回避率则在网络媒体广告中以及其他各类媒体广告中处于最高值（71.7%）（见图1—27）。

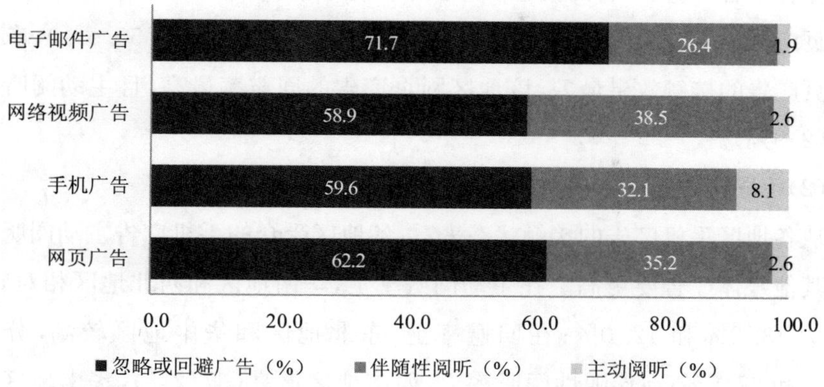

图 1—27　全国网络媒体广告接触状态

(1)不同区域受众的网页广告接触状态

从各地区网页广告的接触状态来看，各地区受众对网页广告的态度以忽略和回避为主。在主动阅听率上，华南地区表现比较突出，对网页广告的主动阅听率最高(7.4%)，华中地区(3.5%)次之；在回避率上，东北地区最高(70.3%)，华北地区次之(64.1%)；在伴随性阅听率上，华南地区最高(42.0%)，西南地区次之(39.5%)(见图 1—28)。

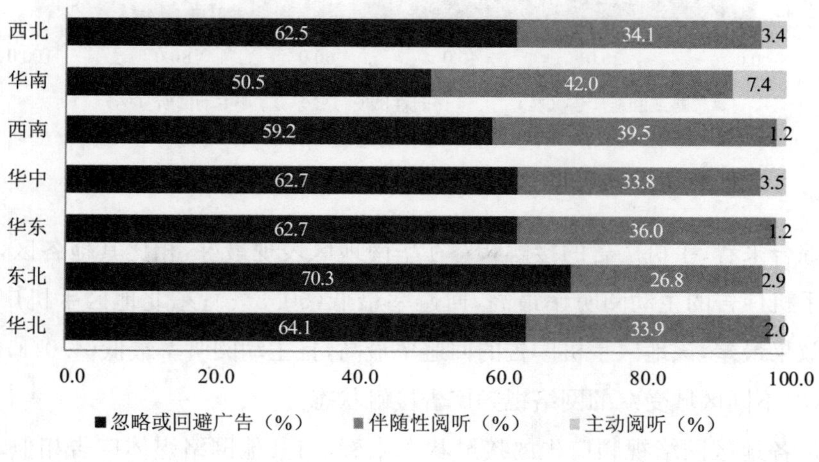

图 1—28　不同区域受众的网页广告接触状态

综合来看，网页广告的接触状态在华南地区表现最好，相比其他各区，该地区网页广告的主动阅听率和伴随性阅听率最高，回避率最低(50.5%)；东北地区网页广告的接触效果最差，该地区网页广告的回避率最高，且主动阅听率也较低(2.9%)。

(2)不同区域受众的手机广告接触状态

从各地区手机广告的接触状态来看，各地区受众的手机广告主动阅听率相对于其他媒体广告要更高。在主动阅听率上，华南地区和西北地区相对较高，分别达 13.2%和 12.0%；在回避率上，东北地区和华中地区较高，分别为 70.2%和 67.5%；在伴随性阅听率上，西南地区最高(37.2%)，华南地区次之(36.8%)(见图 1—29)。

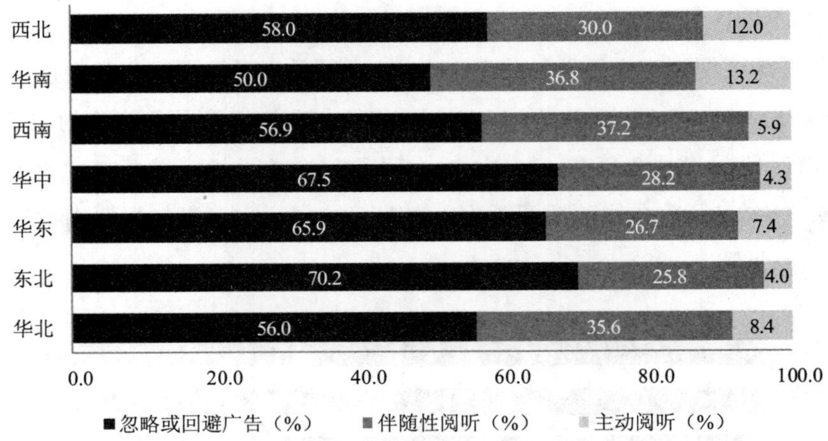

图 1—29 不同区域受众的手机广告接触状态

综合来看，手机广告的接触状态在华南地区表现最好，相比其他各区，该地区对手机广告的主动阅听率最高，回避率最低(50.5%)；东北地区手机广告的接触效果最差，该地区手机广告的回避率最高，且主动阅听率最低(4.0%)。

(3)不同区域受众的网络视频广告接触状态

从各地区网络视频广告的接触状态来看，与其他网络媒体广告相似，以忽略和回避态度为主。在主动阅听率上，华南地区最高(7.6%)，西北地区次之(4.5%)；在回避率上，东北地区和华东地区较高，分别为 66.3%和 61.2%；在伴随性阅听率上，华南地区最高(41.9%)，华北地区次之(40.9%)(见图1—30)。

综合来看，网络视频广告的接触状态在华南地区表现最好，相比其他各区，该地区网络视频广告的主动阅听率最高，回避率最低(50.5%)；西南地区和东北地区的网络视频广告接触效果最差，西南地区受众接触网络视频广告最为被动，其主动阅听率只有1.4%，东北地区对网络视频广告的回避率最高(66.3%)且伴随性阅听率只有31.2%。

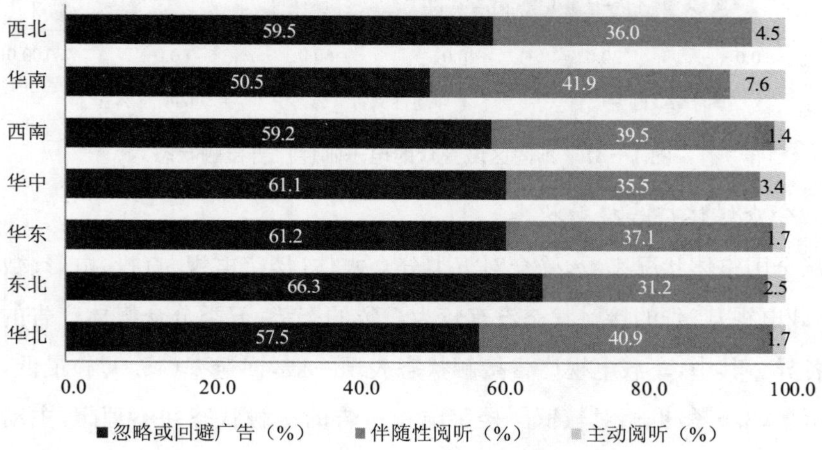

图1—30　不同区域受众的网络视频广告接触状态

(4)不同区域受众的电子邮件广告接触状态

从各地区电子邮件广告的接触状态来看，受众接触电子邮件广告的状态十分不理想，各地区普遍呈现较高的回避率和较低的主动阅听率。在主动阅听率上，西北和华南地区相对较高，分别为3.9%和3.3%，但这在所有媒体广告中均属较低水平；在回避率上，华中地区和华东地区较高，分别为77.8%和75.3%；在伴随性阅听率上，华南地区最高(31.3%)，华北地区次之(29.9%)(见图1—31)。

综合来看，电子邮件广告在各地区的接触情况均不太理想。相对来讲，华南地区电子邮件广告的接触效果较好，相比其他各区，该地区电子邮件广告的主动阅听率较高，回避率最低(65.3%)；而华中地区电子邮件广告的接触效果最差，回避率最高，且主动阅听率最低(1.4%)。

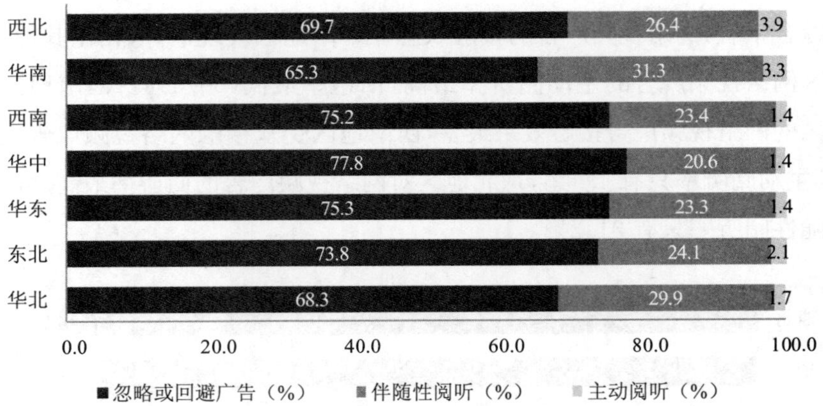

图 1—31　不同区域受众的电子邮件广告接触状态

3.分众媒体广告接触状态

从全国整体状况来看，受众对五类分众媒体（楼宇电视、直投、电影、数字电视、车载电视）广告的接触状态没有较为一致的态势，五类分众媒体广告的接触状态各异。其中，车载电视广告接触状态表现一般，回避率（45.9%）最低，但主动阅听率（3.6%）也相对较低。楼宇电视广告的接触状态并不理想，主动阅听率相对较低（2.7%），而回避率相对较高（57.3%）。直投广告虽然相对于其他分众媒体广告拥有较高的主动阅听率（5.7%），但回避率同时也最高（67.2%）。电影广告在分众媒体广告中属表现较好的一类，主动阅听率最高（6.3%），而回避率较低（46.1%）。数字电视广告的接触状态情况并不突出，主动阅听率为4.3%，回避率为57.1%（见图1—32）。

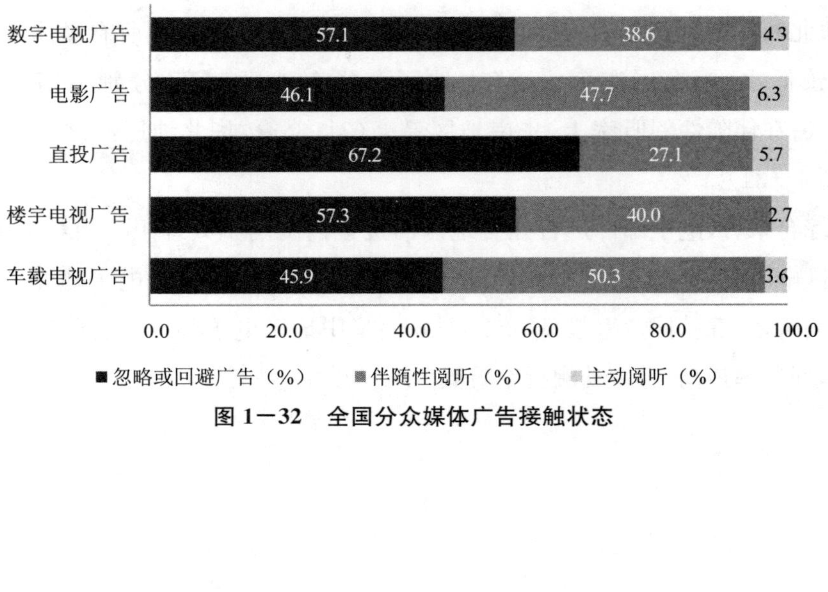

图 1—32　全国分众媒体广告接触状态

(1)不同区域受众的楼宇电视广告接触状态

从各地区楼宇电视广告的接触状态来看,除西北、东北两地表现较为突出外,其他五地区楼宇电视广告接触状态大体一致。在主动阅听率上,西北地区最高(4.1%),华南地区次之(3.6%);在回避率上,东北地区远远高于其他地区,达73.0%,华北地区次之(57.7%);在伴随性阅听率上,西北地区(51.0%)最高,华中地区(41.2%)次之(见图1—33)。

综合来看,西北地区楼宇电视广告的接触效果明显优于其他各区,该地区楼宇电视广告的主动阅听率和伴随性阅听率最高,回避率最低,且与其他地区的差异较为明显;东北地区楼宇电视广告的接触效果最差,该地区楼宇电视广告的回避率明显高于其他各区,且主动阅听率最低(0.5%)。

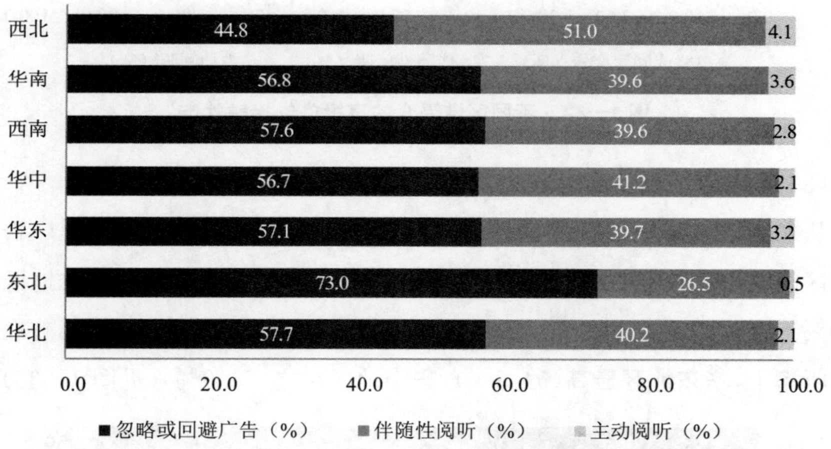

图1—33　不同区域受众的楼宇广告接触状态

(2) 不同区域受众的直投广告接触状态

从各地区对直投广告的接触状态来看,各地区直投广告的主动阅听率相对于其他媒体广告更高,但除华南地区之外六地区对直投广告的回避态度同时也较高。在主动阅听率上,东北地区最高(8.5%),华南地区次之(7.7%);在回避率上,东北地区最高(77.2%),西南地区次之(73.8%);在伴随性阅听率上,华南地区最高(46.3%),华中地区次之(34.2%)(见图1—34)。

综合来看，直投广告的接触状态在华南地区表现较好，主动阅听率和伴随性阅听率较高，而回避率（45.9%）最低；东北地区、西北地区、华东地区则表现出对直投广告“高回避”、“高阅听”的两极化反应态势。

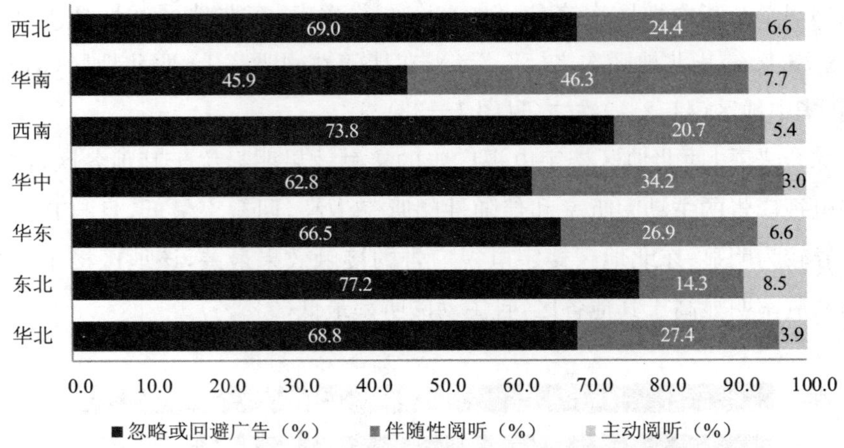

图 1—34　不同区域受众的直投广告接触状态

（3）不同区域受众的电影广告接触状态

从各地区电影广告的接触状态来看，相较于其他媒介广告，电影广告在多个地区阅听率都较高。在主动阅听率上，华中地区最高（9.9%），西北地区次之（9.0%）；在回避率上，东北地区最高（61.3%），西南地区次之（51.6%）；在伴随性阅听率上，华东地区最高（54.3%），华中地区次之（53.9%）（见图 1—35）。

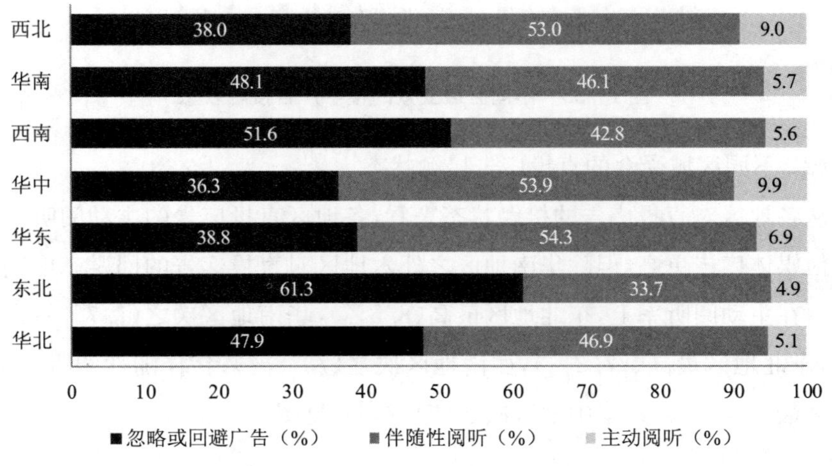

图 1—35　不同区域受众的电影广告接触状态

综合来看，华中地区和西北地区电影广告的接触效果较好，两个地区电影广告的主动阅听率和伴随性阅听率都相对较高，同时回避率地最低；东北地区电影广告的接触效果最差，该地区电影广告的回避率明显高于其他各区，且主动阅听率最低（4.9%）。

（4）不同区域受众的数字电视广告接触状态

数字电视主要有三种广告类型：开机画面广告、换台广告及 VOD 点播贴片广告，本次调查中涉及的即是 VOD 点播贴片广告。从数据来看，在主动阅听率上，华南地区明显高于其他各区（10.8%），东北地区次之（4.8%）；在回避率上，西南地区最高（71.3%），华北地区次之（61.2%）；在伴随性阅听率上，华南地区最高（44.9%），华东地区次之（44.2%）（见图 1—36）。

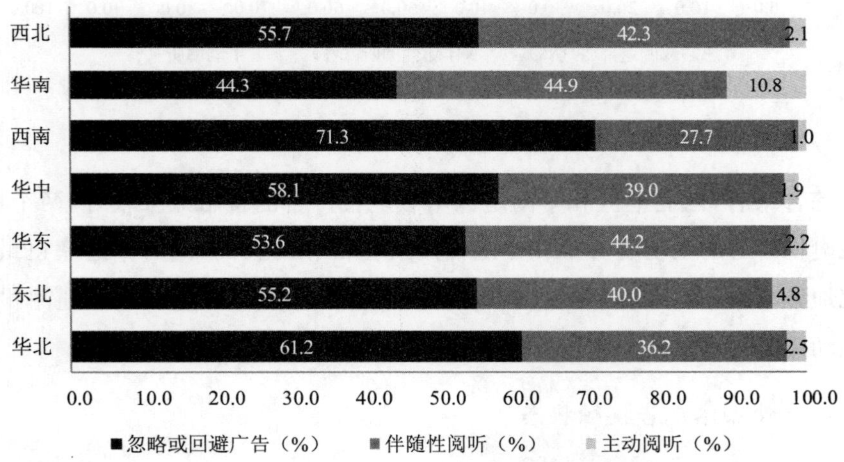

图 1—36　不同区域受众的数字电视广告接触状态

综合来看，华南地区数字电视广告的接触效果较好，该地区数字电视广告的主动阅听率和伴随性阅听率最高，回避率最低（44.3%）；西南地区数字电视广告的接触效果最差，该地区数字电视广告的回避率明显高于其他各区，且主动阅听率最低（1.0%）。

（5）不同区域受众的车载电视广告接触状态

各地区车载电视广告的接触状态具有明显的地域差异：在主动阅听率上，华南地区车载电视广告最高（5.6%），西北地区次之（5.0%）；在回避率上，东北地区车载电视广告最高(54.3%),华中地区次之(51.8%);在伴随性阅听率上,西北地区最高(61.0%),华南地区次之(56.4%)(见图1—37)。

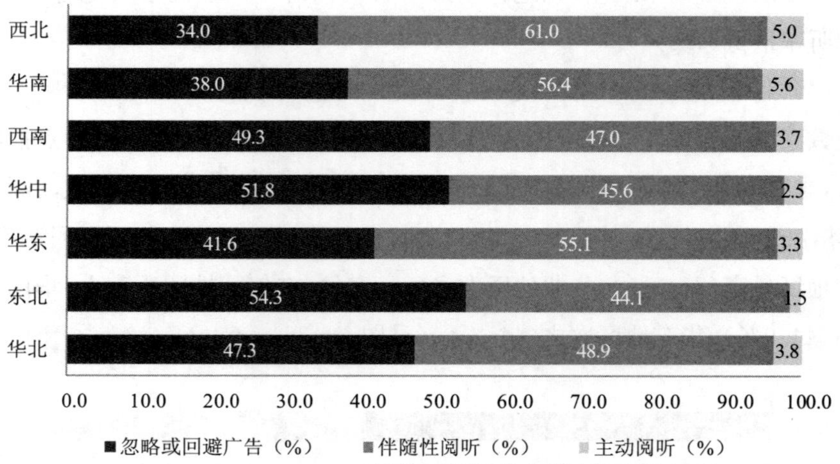

图1—37 不同区域受众的车载电视广告接触状态

综合来看,西北地区和华南地区车载电视广告的接触效果较好,两个地区车载电视广告的主动阅听率和伴随性阅听率都相对较高,同时回避率也最低;东北地区车载电视广告的接触效果最差,该地区车载电视广告的回避率最高,且主动阅听率最低(1.5%)。

4.户外媒体广告接触状态

从全国的整体状况来看,四类户外媒体(商店店面、站牌/灯箱、车体、户外电子屏)广告中,商店店面广告的接触效果较好,该类广告在四类户外广告中拥有相对较高的主动阅听率(4.5%)、伴随性阅听率(44.2%)和相对较低的回避率(51.3%)。受众对其余三类户外广告以忽视和回避态度为主,主动阅听率相对较低,其中户外电子屏广告的接触效果最差,受众对该类广告的主动阅听率(2.5%)和伴随性阅听率(38.8%)最低,而回避率最高(58.7%)(见图1—38)。

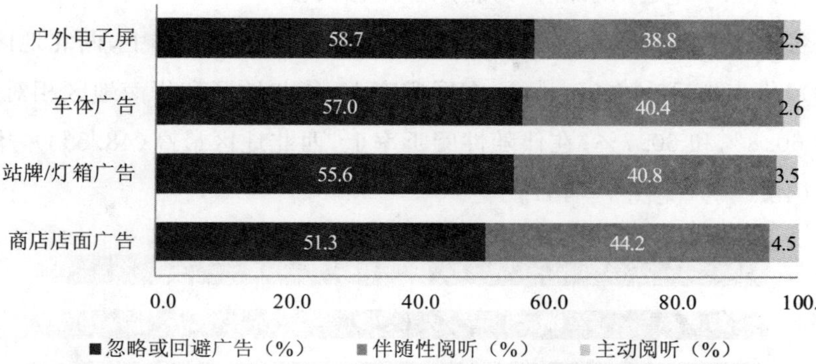

图 1—38　全国户外媒体广告接触状态

(1) 不同区域受众的商店店面广告接触状态

从各地区商店店面广告的接触状态来看，个别地区商店店面广告有较高的主动阅听率。在主动阅听率上，西北地区最高(7.1%)，华东地区次之(6.3%)；在回避率上，东北地区最高(57.5%)，华北地区次之(55.7%)；在伴随性阅听率上，华中地区最高(52.0%)，西北地区次之(49.4%)(见图 1—39)。

综合来看，西北地区和华中地区商店店面广告的接触状态较好，两个地区商店店面广告的主动阅听率和伴随性阅听率都相对较高，同时回避率也最低；东北地区商店店面广告的接触效果最差，该地区商店店面电视广告的主动阅听率最低(1.4%)，回避率最高。

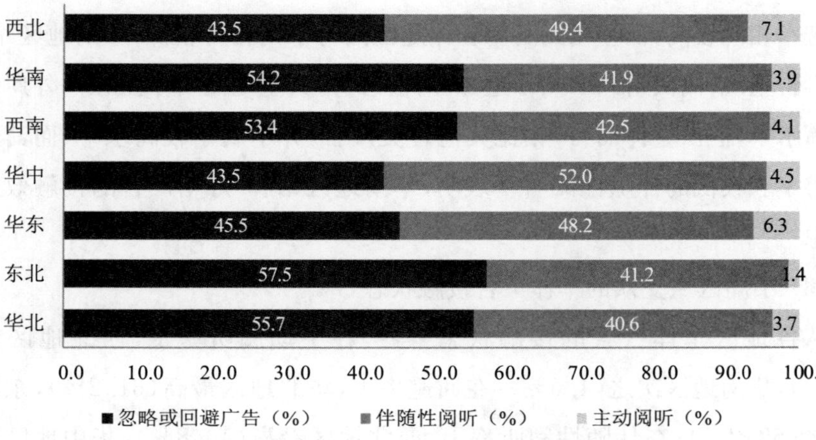

图 1—39　不同区域受众的商店店面广告接触状态

(2) 不同区域受众的站牌/灯箱广告接触状态

从各地区站牌/灯箱广告的接触状态来看，在主动阅听率上，西北地区最高（5.6%），华南地区次之（4.4%）；在回避率上，华北地区和华南地区相对较高，分别为 60.8%和 60.7%；在伴随性阅听率上，西北地区最高（48.5%），华中地区次之（48.0%）（见图 1—40）。

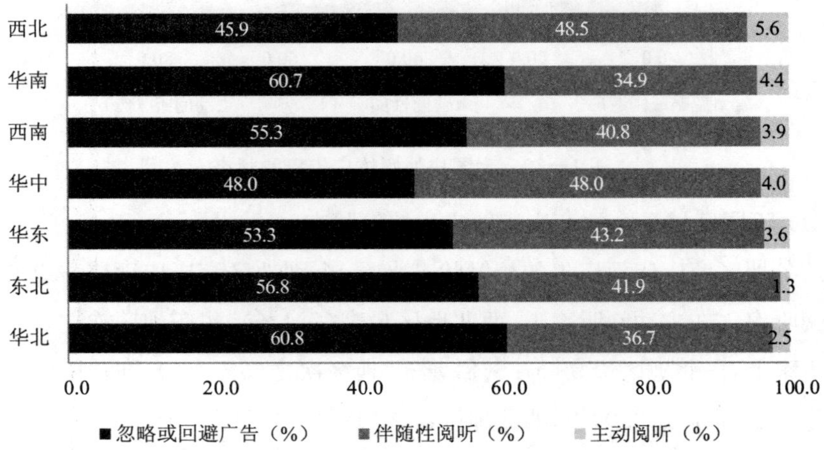

图 1—40 不同区域受众的站牌/灯箱广告接触状态

综合来看，西北地区站牌/灯箱广告的接触效果最好，该地区站牌/灯箱广告的主动阅听率和伴随性阅听率相对最高，而回避率则相对最低（45.9%）；东北地区和华北地区站牌/灯箱广告的接触状态效果较差，两地区站牌/灯箱广告的回避率相对较高，而主动阅听率和伴随性阅听率则相对较低；华南地区站牌/灯箱广告呈现“高阅听”和“高回避”的两极态势，其主动阅听率虽在户外广告中属较高水平，但从整体而言，相比其他各类广告，并不属于较高水平，而其较高的回避率和较低的伴随性阅听率表明，华南地区站牌/灯箱广告的接触效果并不理想。

(3) 不同区域受众的车体广告接触状态

从各地区车体广告的接触状态来看，在主动阅听率上，西北地区最高（5.0%），华南地区次之（4.6%）；在回避率上，华北地区最高（61.2%），东北地区次之（59.2%）；在伴随性阅听率上，西北地区最高（49.8%），华中地区次之（46.4%）（见图 1—41）。

综合来看，西北地区车体广告的接触效果较好，车体广告的主动阅听率和伴随性阅听率最高，而回避率最低(45.2%)；东北地区和华北地区车体广告的接触效果较差，车体广告的回避率较高，主动阅听率较低。

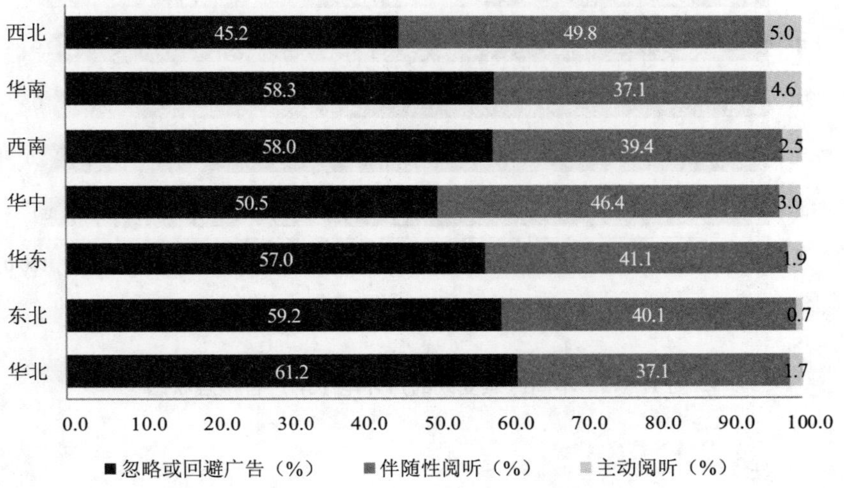

图 1—41　不同区域受众的车体广告接触状态

(4)不同区域受众的户外电子屏广告接触状态

从各地区户外电子屏广告的接触状态来看，大部分地区户外电子屏广告的主动阅听率均较低。在主动阅听率上，西北地区相对高于其他地区(4.2%)，华东地区次之(3.0%)；在回避率上，东北地区明显高于其他地区(76.7%)，华南地区次之(62.4%)；在伴随性阅听率上，西北地区最高(49.1%)，华中地区次之(43.0%)(见图 1—42)。

综合来看，西北地区户外电子屏广告的接触效果最好，该地区户外电子屏广告的主动阅听率和伴随性阅听率均为最高，回避率最低(46.7%)；东北地区户外电子屏广告的接触效果明显最差，该地区户外电子屏广告的回避率远高于其他各区，且主动阅听率最低(1.0%)。

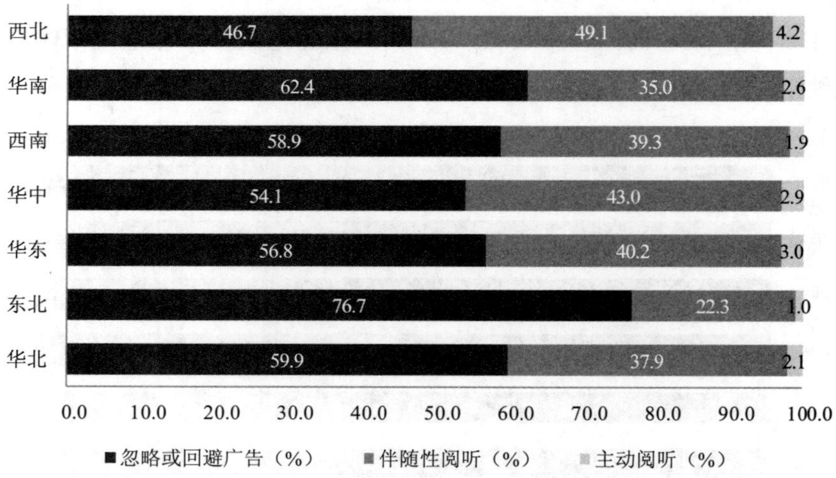

图 1—42　不同区域受众的户外电子屏广告接触状态

5. 小结

广告接触状态一方面反映了受众对某一特定媒体广告的接触效果，另一方面也反映了某种媒体被接受和喜爱的程度。从调查数据来看，七个区域表现出对不同媒体广告的接触效果差异。

华南地区和西北地区表现出较为良好的广告接触态度，多类媒体广告的接触状态表现较佳。相较于其他区域，华南地区更加青睐网络媒体广告，且该区域对传统媒体广告中的电视广告、报纸广告以及分众媒体广告中的直投广告、数字电视广告的接触效果均优于其他区域。西北地区更加偏好户外媒体广告，在四类户外媒体广告的接触状态上表现均优于其他区域。另外，传统媒体中的广播广告和分众媒体中的楼宇电视广告、车载电视广告也表现出较好的接触效果。

在被调查的七大区域中，东北地区表现出明显的对广告的消极态度，对多类媒体广告表现出较低的阅听率和较强的回避态度。该地区对四类传统媒体广告、四类户外媒体广告以及网络媒体广告中的网页、手机、网络视频广告以及分众媒体广告中的楼宇电视、直投、电影、车载电视广告，均表现出较为明显的回避态度和较低的阅听率。

除上述表现较为突出的三大区域外，华中地区杂志广告、电影广告的接触效果较佳，电子邮件广告的接触效果较差；华北地区则表现出站牌/灯箱广告和车体广告较为不理想。

（二）不同受众的广告接触状态差异

本部分对不同媒体广告接触状态的情况进行人口统计特征的对比，分别从划分的四个维度：性别、年龄、受教育程度和收入水平进行研究，以期了解不同人群接触不同媒体广告的状态异同。

1. 不同性别受众的广告接触状态：男性回避态度较强，女性更为积极

从性别维度进行对比发现，男性群体呈现出明显较强的回避态度，除报纸广告和网络视频广告，男性对其他各类媒体广告的回避率均高于女性群体。另外，男性仅对报纸广告的伴随性阅听率高于女性，在报纸和广播广告的主动阅听率上略高于女性。也就是说，女性群体对大部分媒体广告的主动阅听率和伴随性阅听率均高于男性群体，呈现出积极的广告阅听态势。

具体而言，在回避率上，女性群体仅在报纸广告、网络视频广告上较高，其余 15 类媒体较高的均为男性群体；在伴随性阅听率上，男性群体仅在报纸广告上较高，其余 16 类媒体较高的均为女性群体；在主动阅听率上，电视常规广告、杂志广告、网页广告、手机广告、网络视频广告、直投广告、电影广告、数字电视广告、车载电视广告和 4 类户外媒体广告共 13 类媒体较高的为女性群体，男性群体仅在报纸广告、广播广告上较高；男女群体在电子邮件广告、楼宇电视广告上持平（见表 1—5）。

表 1—5　不同性别受众媒体广告接触状态

		忽略或回避（%）		伴随性阅听（%）		主动阅听（%）	
		男性	女性	男性	女性	男性	女性
传统	电视常规广告	38.1	34.1	56.2	59.1	5.7	6.9
	报纸广告	53.7	59.2	40.2	34.8	6.2	6.0
	广播广告	34.4	33.3	60.2	61.9	5.5	4.9
	杂志广告	62.5	57.7	33.3	35.8	4.2	6.5

续表

		忽略或回避(%)		伴随性阅听(%)		主动阅听(%)	
		男性	女性	男性	女性	男性	女性
网络	网页广告	63.0	61.3	34.7	35.8	2.4	2.9
	手机广告	61.7	57.5	30.7	33.8	7.6	8.7
	网络视频广告	44.7	57.5	27.7	39.6	2.5	2.9
	电子邮件广告	72.7	70.3	25.4	27.7	2.0	2.0
分众	楼宇电视广告	59.2	55.3	38.1	42.0	2.7	2.7
	直投广告	68.9	65.5	26.3	28.0	4.8	6.5
	电影广告	47.6	44.6	46.6	48.7	5.8	6.7
	数字电视广告	57.9	56.7	38.2	39.0	3.9	4.3
	车载电视广告	47.6	44.3	49.2	51.6	3.2	4.1
户外	商店店面广告	53.9	48.7	41.9	46.4	4.2	4.8
	站牌/灯箱广告	57.0	54.3	39.7	42.0	3.3	3.7
	车体广告	58.4	55.7	39.4	41.4	2.1	3.0
	户外电子屏广告	60.4	56.9	37.3	40.4	2.3	2.7

2. 不同年龄受众的广告接触状态:老年群体回避态度较强,青年群体更为积极

从年龄维度进行对比发现,老年人群体的回避态度较强,对各类广告回避率较高的群体集中在45—54岁和55岁以上的群体中,而青年群体对各类广告的阅听状态较为良好,伴随性阅听率和主动阅听率较高的群体集中在15－24岁和25－34年龄段之间的人群中。

具体而言,在回避率上,除广播广告为15－24岁年龄段群体最高外,电视常规广告、报纸广告、网页广告、直投广告、数字电视广告5类媒体广告在45－54岁年龄段群体中最高,杂志广告、手机广告等11类媒体广告最高的均为55岁及以上年龄段的群体。在伴随性阅听率上,除广播广告最高的为35－44岁年龄段的群体外,网页广告、网络视频广告、直投广告、电影广告4类媒体广告最高的为15－24岁年龄段的群体;电子邮件广告为15－24岁和25－34岁年龄段群体并列最高;电视常规广告、报纸广告等11类媒体广告最高的为25－34岁年龄段的群体。在主动阅听率上,表现比较突出的为15－24岁年龄段的群体,他们在杂志广告、网页广告、手机广告、网络视频广告、电子邮件广告、楼宇

电视广告、电影广告、数字电视广告、车载电视广告、商店店面广告、站牌/灯箱广告和车体广告共12类媒体广告上最高(见表1—6)。

表1—6　不同年龄受众媒体广告接触状态

		忽略或回避(%)				
		15—24	25—34	35—44	45—54	55及以上
传统	电视常规广告	37.2	32.8	36.1	38.3	36.3
	报纸广告	55.6	50.4	52.3	56.6	52.6
	广播广告	37.8	33.5	29.9	36.5	33.2
	杂志广告	55.8	56.2	61.2	64.7	66.8
网络	网页广告	57.8	59.0	64.4	71.6	70.9
	手机广告	55.6	54.0	60.3	65.8	70.9
	网络视频广告	53.8	56.5	62.1	67.3	68.2
	电子邮件广告	68.8	69.1	73.4	78.7	81.8
分众	楼宇电视广告	56.5	53.0	57.4	59.8	61.5
	直投广告	65.4	66.3	65.7	70.3	69.9
	电影广告	38.3	42.9	47.2	58.0	67.5
	数字电视广告	54.9	55.8	58.7	60.2	58.6
	车载电视广告	43.3	41.7	48.7	46.2	50.0
户外	商店店面广告	48.7	47.1	50.6	54.0	56.4
	站牌/灯箱广告	54.1	51.6	54.5	58.2	60.6
	车体广告	56.4	52.5	56.1	59.8	61.4
	户外电子屏广告	58.6	54.7	57.9	60.9	62.9
		伴随性阅听(%)				
		15—24	25—34	35—44	45—54	55及以上
传统	电视常规广告	57.2	60.9	57.2	55.9	57.0
	报纸广告	37.9	43.3	40.4	37.9	40.8
	广播广告	57.0	61.5	65.0	59.1	60.4
	杂志广告	36.8	38.0	33.6	32.1	29.3
网络	网页广告	38.8	38.1	33.5	26.8	27.4
	手机广告	35.0	37.4	31.2	27.2	24.1
	网络视频广告	42.2	41.0	35.9	30.9	30.3
	电子邮件广告	28.7	28.7	24.9	19.8	18.2

续表

		伴随性阅听(%)				
		15—24	25—34	35—44	45—54	55及以上
分众	楼宇电视广告	40.2	44.1	39.7	38.0	36.4
	直投广告	29.5	29.4	27.2	24.3	23.7
	电影广告	52.9	50.9	47.1	39.6	29.3
	数字电视广告	39.5	41.5	37.1	35.6	37.5
	车载电视广告	52.5	55.0	47.3	50.5	46.7
户外	商店店面广告	46.0	47.9	44.7	42.2	39.8
	站牌/灯箱广告	41.4	44.6	41.9	39.0	36.7
	车体广告	40.8	44.6	41.1	38.3	36.4
	户外电子屏广告	38.9	42.4	39.4	36.8	35.2
		主动阅听(%)				
		15—24	25—34	35—44	45—54	55及以上
传统	电视常规广告	5.6	6.3	6.7	5.9	6.7
	报纸广告	6.6	6.3	7.3	5.6	6.6
	广播广告	5.1	5.0	5.0	4.4	6.3
	杂志广告	7.4	5.8	5.2	3.2	4.0
网络	网页广告	3.5	2.8	2.1	1.6	1.7
	手机广告	9.4	8.6	8.5	7.0	5.0
	网络视频广告	4.0	2.5	2.1	1.8	1.5
	电子邮件广告	2.6	2.2	1.7	1.5	0.0
分众	楼宇电视广告	3.2	2.8	2.9	2.2	2.1
	直投广告	5.0	4.3	7.1	5.3	6.4
	电影广告	8.9	6.2	5.6	2.4	3.2
	数字电视广告	5.5	2.8	4.3	4.1	3.9
	车载电视广告	4.2	3.2	4.0	3.3	3.3
户外	商店店面广告	5.3	5.0	4.7	3.8	3.8
	站牌/灯箱广告	4.5	3.8	3.6	2.8	2.7
	车体广告	2.9	2.9	2.8	1.9	2.1
	户外电子屏广告	2.5	2.8	2.8	2.3	2.0

3. 不同收入水平受众的广告接触状态：低收入群体呈现“高阅听”“高回避”的两极态势

从收入水平的维度进行对比分析发现，收入水平低下的群体对各类媒体广告的接触状态呈现一种两极化态势，多类媒体广告回避率最高的群体和主动阅听率最高的群体均在无收入和低收入群体中。

具体而言，在回避率上，低收入群体对杂志广告、网页广告、手机广告、网络视频广告、楼宇电视广告、直投广告、电影广告、车载电视广告、站牌/灯箱广告 9 类媒体广告均为最高。在伴随性阅听率上，电视常规广告、杂志广告、网页广告、网络视频广告、电子邮件广告、楼宇电视广告、直投广告、电影广告、数字电视广告、商店店面广告 10 类媒体广告最高的为无收入群体；而其余如报纸广告、广播广告等 7 类媒体广告最高的为高收入群体。在主动阅听率上，杂志广告、电影广告、数字电视广告、站牌/灯箱广告、车体广告以及 4 类网络广告共 9 类媒体广告最高的为无收入群体；而电视常规广告、广播广告、直投广告 3 类媒体广告最高的为低收入群体，其余 5 类媒体最高的为中等收入群体；高收入群体未对任何一类媒体广告表现出最高的主动阅听率（见表 1—7）。

表 1—7　不同收入水平受众媒体广告接触状态

		忽略或回避(%)			
		无收入	低收入	中等收入	高收入
传统	电视常规广告	34.9	34.6	36.5	38.0
	报纸广告	55.2	53.6	52.8	52.7
	广播广告	37.8	32.7	34.6	32.2
	杂志广告	46.9	64.1	60.3	59.9
网络	网页广告	48.5	64.4	63.3	62.0
	手机广告	57.0	63.3	59.8	58.8
	网络视频广告	54.1	61.4	60.4	59.4
	电子邮件广告	68.9	72.7	73.8	70.8
分众	楼宇电视广告	49.1	59.1	58.0	54.0
	直投广告	65.4	68.1	66.6	68.1
	电影广告	41.0	53.9	47.0	45.0
	数字电视广告	54.2	57.1	57.5	58.9
	车载电视广告	45.4	46.9	46.4	44.7

续表

		忽略或回避(%)			
		无收入	低收入	中等收入	高收入
户外	商店店面广告	49.5	52.1	52.6	50.2
	站牌/灯箱广告	54.6	56.7	56.4	54.3
	车体广告	55.7	58.4	58.8	54.7
	户外电子屏广告	59.1	44.6	59.1	56.8
		伴随性阅听(%)			
		无收入	低收入	中等收入	高收入
传统	电视常规广告	58.3	57.5	57.4	57.5
	报纸广告	38.9	39.7	40.2	41.0
	广播广告	57.4	60.9	60.2	63.3
	杂志广告	46.9	31.4	34.2	35.3
网络	网页广告	48.5	33.1	34.1	35.9
	手机广告	33.7	29.3	31.2	34.2
	网络视频广告	42.4	36.7	36.7	38.2
	电子邮件广告	28.6	25.5	24.1	27.4
分众	楼宇电视广告	49.1	38.6	38.3	43.5
	直投广告	29.3	25.2	27.4	27.1
	电影广告	49.8	41.1	47.7	49.2
	数字电视广告	40.2	38.2	37.4	38.9
	车载电视广告	50.7	49.4	49.3	52.4
户外	商店店面广告	46.2	43.3	42.4	45.7
	站牌/灯箱广告	41.1	40.2	40.1	42.2
	车体广告	41.5	39.1	38.5	43.0
	户外电子屏广告	38.6	27.7	38.2	40.7
		主动阅听(%)			
		无收入	低收入	中等收入	高收入
传统	电视常规广告	6.8	7.9	6.1	4.5
	报纸广告	5.9	6.7	7.0	6.4
	广播广告	4.8	6.3	5.2	4.5
	杂志广告	6.1	4.5	5.5	4.8
网络	网页广告	3.0	2.4	2.6	2.1
	手机广告	9.4	7.4	9.1	7.0
	网络视频广告	3.5	1.9	2.9	2.4
	电子邮件广告	2.5	1.8	2.1	1.7

续表

		伴随性阅听(%)			
		无收入	低收入	中等收入	高收入
分众	楼宇电视广告	1.8	2.3	3.6	2.5
	直投广告	5.3	6.8	6.1	4.7
	电影广告	9.2	5.0	5.4	5.8
	数字电视广告	5.6	4.7	5.0	2.2
	车载电视广告	3.9	3.7	4.2	2.9
户外	商店店面广告	4.3	4.6	5.0	4.1
	站牌/灯箱广告	4.2	3.1	3.5	3.5
	车体广告	2.8	2.4	2.7	2.4
	户外电子屏广告	2.3	2.5	2.7	2.5

4.不同受教育程度受众的广告接触状态:低学历人群回避态度较强,高学历人群更为积极

从受教育程度的维度进行对比发现,低学历人群的回避态度较为显著,对各类媒体广告回避率较高的群体明显集中在小学及以下的低学历人群中;相比之下,各类媒体广告伴随性阅听率最高的则明显集中在大专学历,而各类媒体广告主动阅听率最高的群体比较分散,没有明显集中在某一受教育水平的人群中。

具体而言,在回避率上,报纸广告、杂志广告、网页广告、网络视频广告、电子邮件广告、楼宇电视广告、电影广告、车载电视广告和4类户外广告共12类媒体广告最高的均为小学及以下的受教育水平群体。在伴随性阅听率上,电视常规广告、报纸广告、杂志广告、网页广告、手机广告、电子邮件广告、楼宇电视广告、电影广告、车载电视广告和4类户外媒体广告共13类媒体广告最高的为大专群体。在主动阅听率上,各类媒体广告主动阅听率最高的群体在受教育程度上没有十分明显的集中性分布,其中比较值得注意的是,大专群体对4类户外媒体广告均表现出最高的主动阅听率(见表1—8)。

表 1—8 不同受教育程度受众媒体广告接触状态

		忽略或回避(%)				
		小学及以下	初中	高中/技术中学	大专	大学及以上
传统	电视常规广告	34.8	35.2	46.3	36.9	40.2
	报纸广告	59.2	54.6	52.2	50.2	54.1
	广播广告	35.3	35.4	32.3	33.8	33.6
	杂志广告	71.8	62.8	59.6	57.3	57.2
网络	网页广告	65.8	61.9	64.0	59.0	62.3
	手机广告	56.0	59.4	59.5	57.8	60.0
	网络视频广告	66.3	59.7	59.4	58.4	57.2
	电子邮件广告	76.9	72.8	73.2	70.0	69.7
分众	楼宇电视广告	61.4	61.3	58.2	49.2	54.9
	直投广告	68.0	67.0	66.7	53.3	69.5
	电影广告	62.4	51.6	46.6	41.6	42.2
	数字电视广告	53.7	55.3	56.8	62.1	57.8
	车载电视广告	50.6	48.2	46.1	40.4	44.0
户外	商店店面广告	57.4	53.0	49.7	46.4	51.2
	站牌/灯箱广告	62.5	56.6	54.9	49.6	56.1
	车体广告	63.8	58.7	56.0	51.9	56.0
	户外电子屏广告	62.6	60.6	59.0	53.5	57.6
		伴随性阅听(%)				
		小学及以下	初中	高中/技术中学	大专	大学及以上
传统	电视常规广告	56.5	57.4	46.3	58.1	56.2
	报纸广告	34.1	38.9	40.9	43.6	40.1
	广播广告	57.3	58.9	62.6	60.8	63.0
	杂志广告	24.3	31.6	35.1	37.3	37.2
网络	网页广告	33.2	34.4	33.6	38.4	35.7
	手机广告	22.0	31.0	31.7	34.8	34.6
	网络视频广告	33.1	37.3	38.0	38.5	40.4
	电子邮件广告	22.3	25.2	25.0	28.0	28.0

续表

		伴随性阅听(%)				
		小学及以下	初中	高中/技术中学	大专	大学及以上
分众	楼宇电视广告	36.5	36.1	38.9	47.5	42.9
	直投广告	24.1	27.3	27.5	23.4	25.7
	电影广告	28.9	41.5	47.2	52.8	52.0
	数字电视广告	41.1	38.6	38.8	34.7	40.7
	车载电视广告	45.2	47.6	50.4	56.2	53.4
户外	商店店面广告	38.8	42.7	45.4	48.3	45.1
	站牌/灯箱广告	34.3	40.2	41.5	46.2	40.5
	车体广告	33.6	38.9	41.4	45.3	41.7
	户外电子屏广告	35.5	37.0	38.6	43.3	39.9
		主动阅听(%)				
		小学及以下	初中	高中/技术中学	大专	大学及以上
传统	电视常规广告	8.7	7.4	7.5	5.0	3.7
	报纸广告	6.7	6.5	7.0	6.2	5.8
	广播广告	7.4	5.7	5.1	5.4	3.4
	杂志广告	3.9	5.6	5.3	5.4	5.6
网络	网页广告	1.0	3.7	2.4	2.7	2.0
	手机广告	6.4	9.6	8.8	7.4	5.4
	网络视频广告	0.6	3.0	2.6	3.0	2.4
	电子邮件广告	0.8	2.1	1.8	2.1	2.2
分众	楼宇电视广告	2.0	2.6	2.9	3.3	2.2
	直投广告	7.9	5.8	5.9	4.9	4.9
	电影广告	8.7	6.9	6.2	5.6	5.8
	数字电视广告	5.2	6.1	4.4	3.2	1.4
	车载电视广告	4.1	4.1	3.5	3.4	2.7
户外	商店店面广告	3.9	4.3	4.9	5.2	3.8
	站牌/灯箱广告	3.2	3.2	3.6	4.2	3.4
	车体广告	2.6	2.4	2.7	2.8	2.3
	户外电子屏广告	1.9	2.3	2.5	3.3	2.5

第二章　中国城市居民广告观

一、总体广告观

本章主要论述中国城市居民的总体广告观。“广告的必要性”、“广告好感度”和“广告的正面效应”这三个维度共同构成了城市居民的总体广告观。数据显示，城市居民对广告的必要性认可度最高、评价最为积极，其次为广告的正面效应，居民对广告的好感度评价则较为负面。

在广告的必要性方面，大部分城市居民都对其持肯定态度；而在广告的好感度方面，大部分城市居民则对其持否定态度，仅有成都、晋城、广州和上海对此持积极评价；在广告的正面效应方面，居民的评价趋于正面或中立，城市间的差异较小。由此可见，居民在广告观的三个维度上具有相对清晰的评价趋势，广告观已然初步成形。

（一）广告的必要性

如图 2—1 所示，所调查的 20 个城市对“广告是必不可少的”的评价均超过 3 分，表明广告的必要性受到城市居民的广泛认可，广告在城市居民的生活中扮演了日益重要、不可或缺的角色。

广告必要性的全国平均水平为 3.38，其中晋城最高(3.72)，乌鲁木齐最低(3.16)。

在高于全国平均值的城市中，一线城市有上海和广州两地，并主要集中在东部地区；在低于全国平均值的城市中，一线城市有北京和重庆，并主要其中在北部地区，包括天津、沈阳、西安、乌鲁木齐等，城市间的差异相对较小。

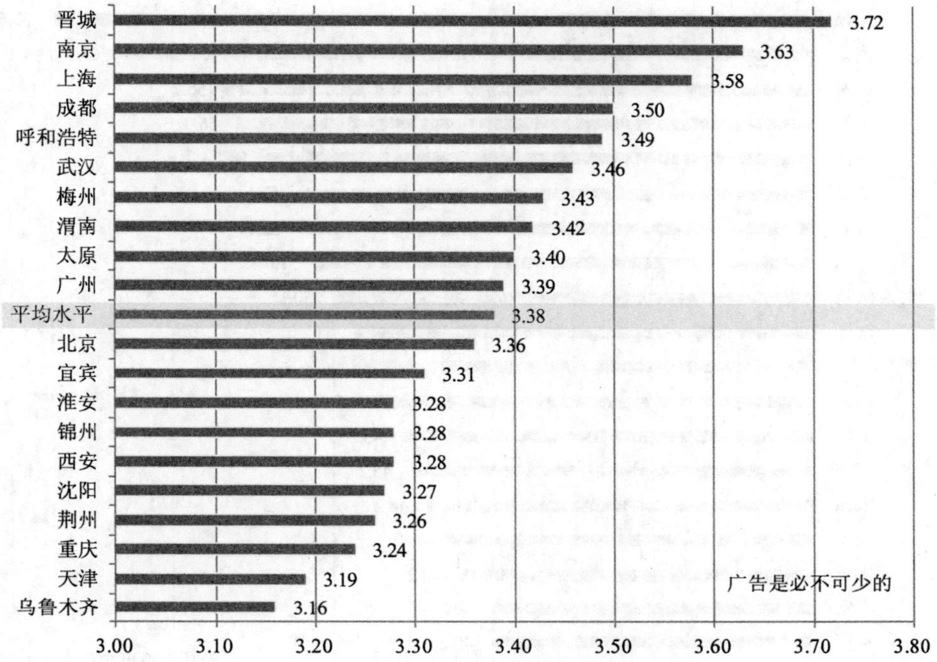

图 2—1　广告的必要性(均值)

如图 2—2 所示,约有 67.6%的晋城地区居民赞同“广告是必不可少的”这一观点,其次为南京和成都两地。上海、武汉、北京、宜宾、梅州、呼和浩特和沈阳的赞成比例(48.1%)均高于全国平均水平;除沈阳外,其他各地对“广告是必不可少的”赞成比例都在 50%以上,超过半数。

乌鲁木齐对“广告是必不可少的”赞同程度最低,仅有 33%的城市居民对此持赞成态度;其次为荆州和重庆,分别为 34.1%和 40.2%。

就均值比较而言,四个一线城市均超过了 3 分,对广告的必要性持赞同态度。上海对广告的必要性评价最高,为 3.58,明显高于其他三个地区;广州为 3.39,在均值方面略高于全国平均水平;北京和重庆分别为 3.36 和 3.24,重庆明显低于全国平均水平(见图 2—3)。

就百分比而言,上海和北京两地对广告必要性持赞同态度的人最多,两地均超过 50%,同时也高于全国的平均水平;广州约有 45.2%的市民赞同广告的必要性,略低于全国评价水平;而重庆则仅有 40.2%的人赞同“广告是必要的”这一观点,明显低于全国的平均水平(见图 2—3)。

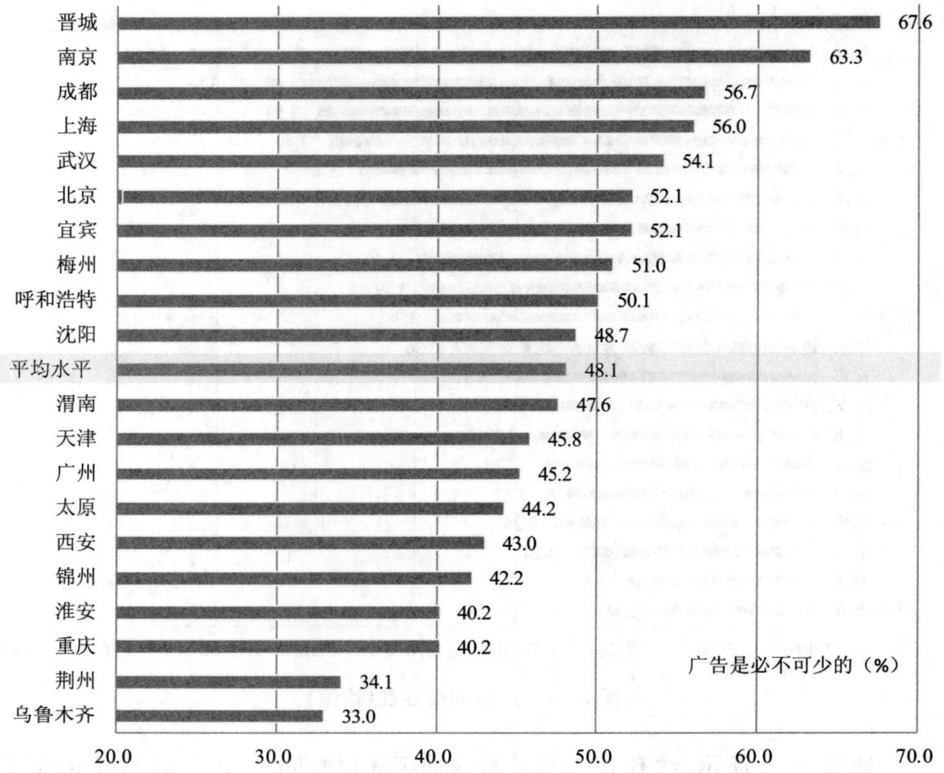

注:数据为选择“非常赞同”和“赞同”的受众所占比例之和。

图 2—2 广告的必要性(百分比)

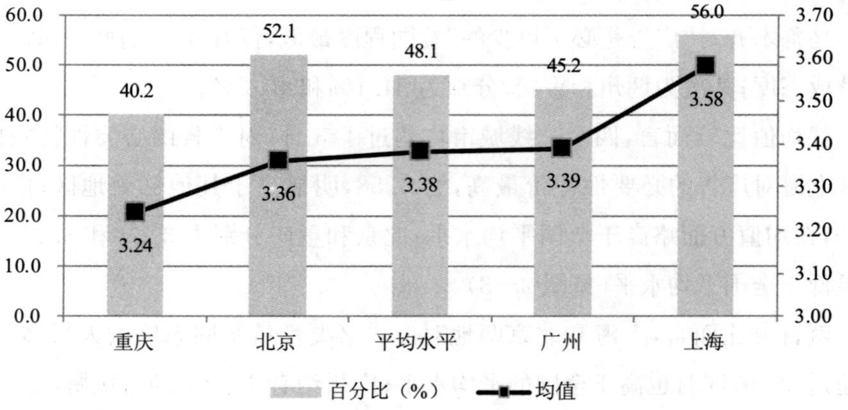

图 2—3 一线城市比较(广告必要性)

上海作为我国商业文化最为发达的城市，亦是中国广告业的发源地，居民的城市生活和广告密不可分，消费行为和观念深受广告的影响，因而对广告必要性具有高度认可也就在情理之中了。北京地区对广告必要性评价的均值低于全国平均水平，但持赞同态度的受众比例却高于平均水平，而广州则正好相反，这反映出北京市民对广告必要性的评价可能呈现出一定的两极化分布状态，而广州对广告必要性的评价可能相对中庸。重庆地区对广告必要性的评价较低，即使在全国范围内，也仅略高于乌鲁木齐，这可能和重庆广告业的发展阶段有关。

就均值比较而言，南京、成都、呼和浩特、武汉和太原对广告必要性的评价高于全国平均水平，乌鲁木齐、天津、沈阳和西安则低于全国平均水平。

就百分比而言，南京、成都、武汉、呼和浩特、沈阳高于全国平均水平，乌鲁木齐、西安、太原则相对较低。

南京、成都和武汉作为经济相对发达的二线城市，对于广告必要性的评价较高，这可能是受其经济发展水平的影响。和其他地区相比，乌鲁木齐对广告必要性的评价最低，仅有33%的受众对广告必要性持赞同态度。呼和浩特虽然和乌鲁木齐同属少数民族地区，但两地在广告必要性的评价方面却呈现出较大的差异，呼和浩特市民对广告必要性的评价较高，对此持赞同态度的受众超过了半数（见图2—4）。

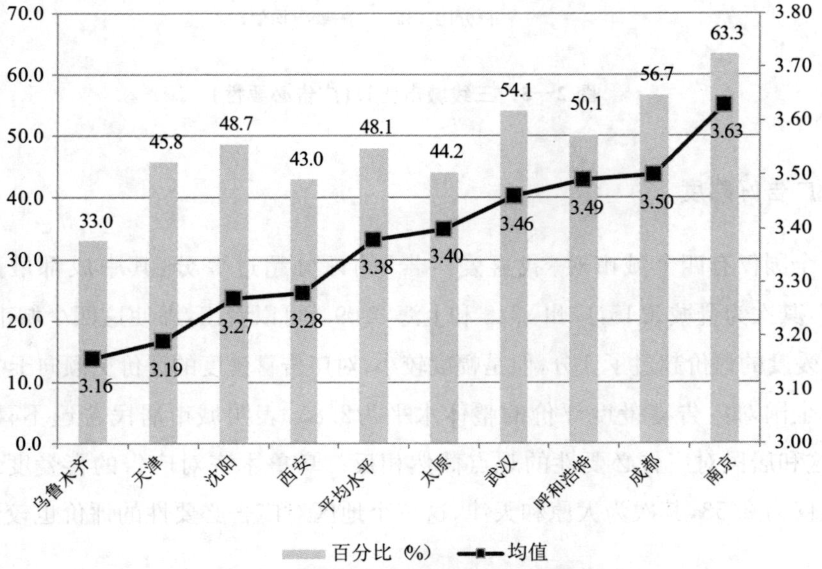

图2—4　二线城市比较（广告必要性）

在均值方面，晋城地区对广告必要性评价不仅在三线城市中，甚至在全国范围内也是最高的，为3.72。梅州、渭南地区对广告的评价也高于全国平均水平；而宜宾、淮安、锦州和荆州则低于全国平均水平。

在百分比方面，晋城地区依旧是最高的，为67.6%，其次为宜宾52.1%。宜宾地区的均值虽然低于全国平均水平，但持赞成态度的人却超过半数，反映出该地区居民对广告必要性的评价可能呈现出两极化分布的趋势(见图2—5)。

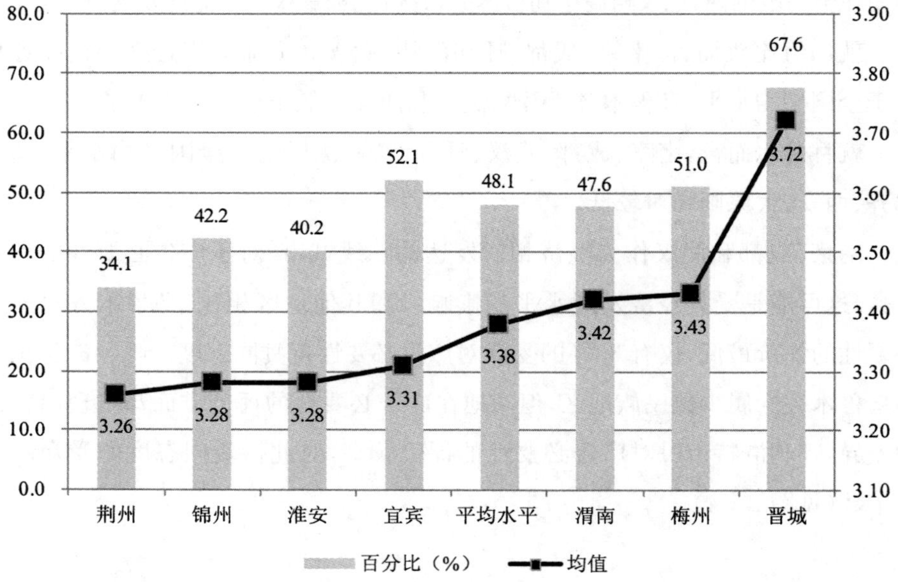

图2—5　三线城市比较(广告必要性)

(二)广告好感度

全国仅有四个城市对“我喜爱广告”的评分超过3分，其中成都最高，为3.27，其次为晋城3.15，广州3.13和上海3.09。可以看出，即使这四个城市对广告喜爱度的评价超过了3分，但是幅度较小，对广告喜爱度的评价更倾向于中立。

全国对广告喜爱度评价的整体水平为2.85，表明城市居民普遍不喜爱广告，这和居民对广告必要性的观点截然相反。乌鲁木齐对广告的喜爱度最低，均值仅为2.53，其次为太原和天津，这三个地区对广告必要性的评价也较低。

值得注意的是，南京地区在广告必要性和广告喜爱度的评价方面显示出了显著的差异。南京市民对广告必要性的评价较高，但对广告喜爱度的评价却较低，表明该地区市民虽然承认广告在社会发展过程中的必要作用，但是对广告评价不佳，反映出受众对广告具有一定的矛盾心理（见图 2—6）。

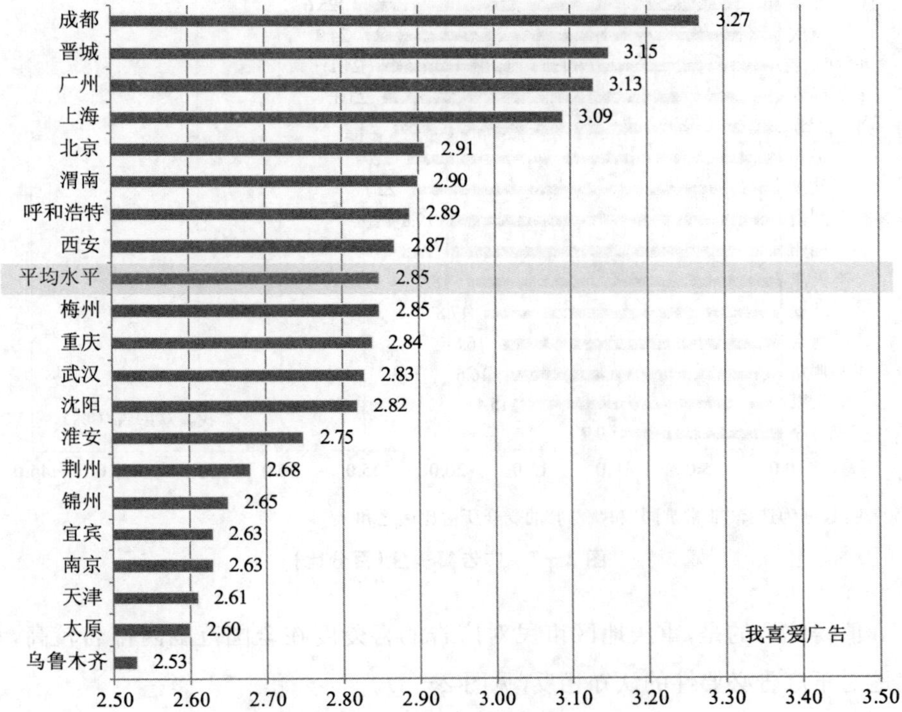

图 2—6　广告喜爱度（均值）

成都地区约有 42.0％的城市居民表示出了对广告的喜爱，这一比重显著超过了其他地区，体现出成都市民对广告具有良好的接受度。晋城和广州地区的市民对广告的喜爱度也较高，分别为 34.4％和 29.4％。

就全国的平均水平而言，约有 23.2％的市民喜爱广告，这一比例相对较低。在乌鲁木齐，仅有 9.7％的城市居民表现出了对广告具有一定的喜爱度，远远低于其他地区。太原和锦州也相对较低（见图 2—7）。

在一线城市中，广州、上海和北京对广告喜爱度的均值超过全国平均水平，重庆和全国平均水平也较为接近。而在百分比方面，四个城市均超过了全国平均水平，表明一线城市的居民对广告的喜爱程度普遍高于其他地区。

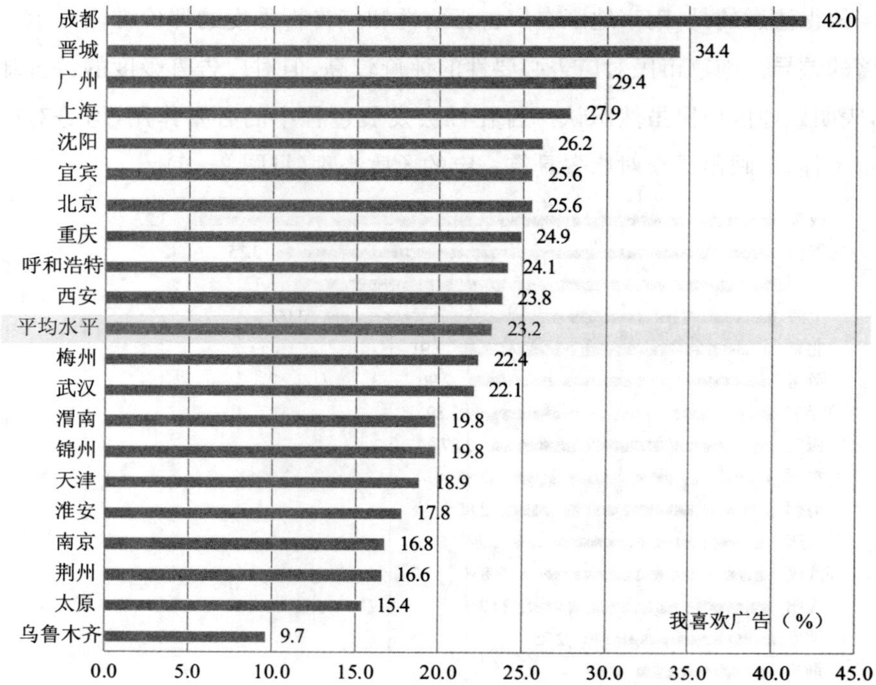

注：数据为选择"非常赞同"和"赞同"的受众所占比例之和。

图 2—7　广告喜爱度(百分比)

值得注意的是，重庆地区市民对广告的喜爱度在全国范围内排名较高，和当地对于广告必要性的认知相反(见图 2—8)。

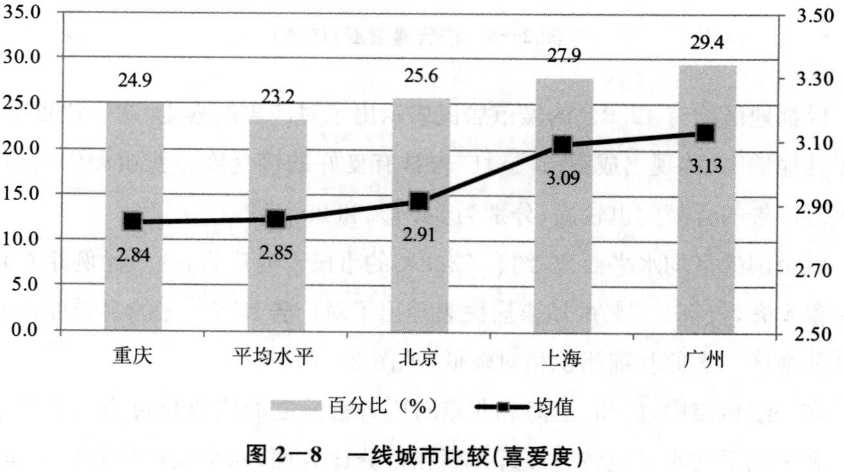

图 2—8　一线城市比较(喜爱度)

由均值可以看出，仅有成都地区表现出了对广告喜爱度的正面评价，为 3.27，表明当地居民对广告的喜爱度显著高于其他地区。除成都外，仅有呼和浩特和西安略高于全国普遍水平，表明二线城市对广告的喜爱度评价普遍较低。

在百分比方面，成都地区依旧显著高于其他地区，约有 42.0%的市民喜爱广告，排在第二的呼和浩特则仅有 24.1%，仅为成都地区的一半左右。同时，仅有 9.7%的乌鲁木齐市民喜爱广告。数据显示，二线城市居民喜爱广告的比例偏低，导致这一现象的内在原因值得学界和业界进一步探讨（见图 2—9）。

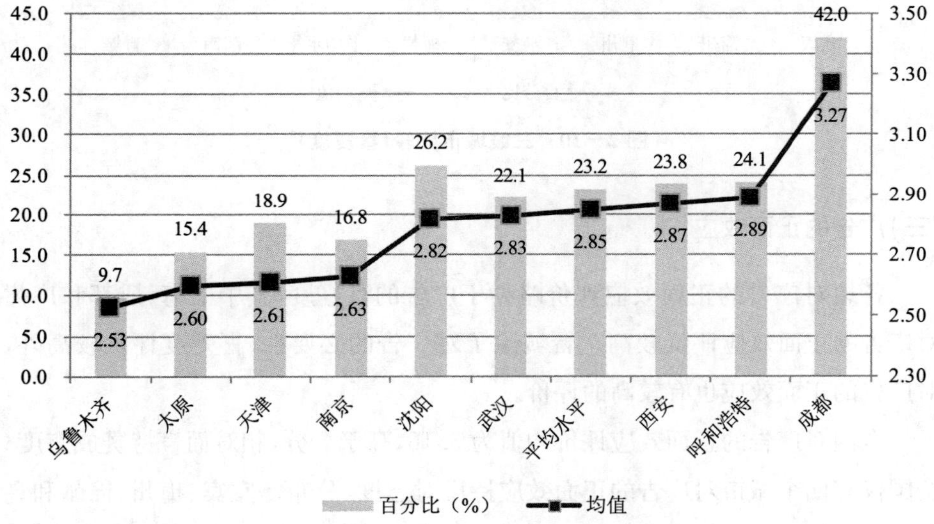

图 2—9　二线城市比较(喜爱度)

在均值比较方面，仅有两地高于全国平均水平，其中晋城最高，为 3.15，对广告的喜爱度持正面态度。晋城是全国仅有的四个对广告喜爱度持正面评价的城市之一，同时也仅有它属于三线城市。除晋城外，其他各地都对广告喜爱度持负面评价，其中宜宾最低，仅为 2.63。

在百分比方面，仅有两地高于全国平均水平，其中约有 34.4%的晋城市民对广告持正面态度，其次为宜宾 25.6%。宜宾地区的均值排名较低，但百分比较高，表明该地区的受众对广告喜爱度的评价可能呈两极化分布的状态（见图 2—10）。

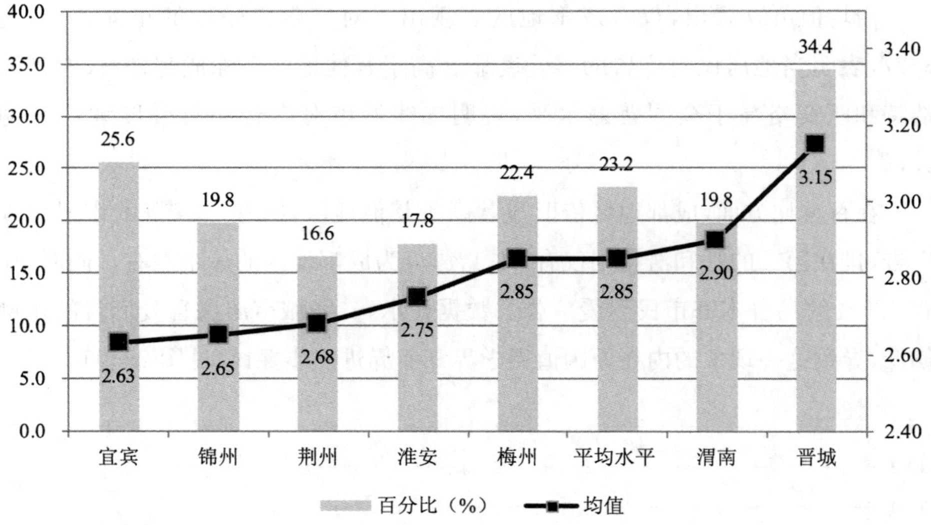

图 2—10　三线城市比较(喜爱度)

(三)广告的正面效应

各地对广告的正面效应评价略高于广告的喜好度,其中上海、成都和广州对广告的正面效应评价较高。晋城除了对广告的必要性、喜爱度评价较高外,对广告的正面效应也有较高的评价。

全国对广告的正面效应评价均值为 3.16,高于 3 分,相对而言持赞成态度。全国仅有四个城市对广告的正面效应持反对态度,分布是宜宾、梅州、锦州和乌鲁木齐,其中乌鲁木齐最低,仅为 2.81(见图 2—11)。

在百分比方面,成都、广州和晋城较为接近,分别为 48.8%、48.1%和 44.6%。三地对构成总体广告观的三个细分指标评价都较为一致,表现出了积极、赞同的态度。上海、天津和沈阳对广告的正面效应评价也高于全国平均水平。

全国约有 33.4%的城市居民认可广告的正面效应,大部分城市集中在 30%左右。乌鲁木齐仅有 15.2%的市民认可广告的正面效应。南京仅有 26.9%的市民认可广告的正面效应,和它对广告必要性的评价呈相反趋势,表明该地区受众虽然承认广告的作用,但对广告喜爱度较低,评价较为负面(见图 2—12)。

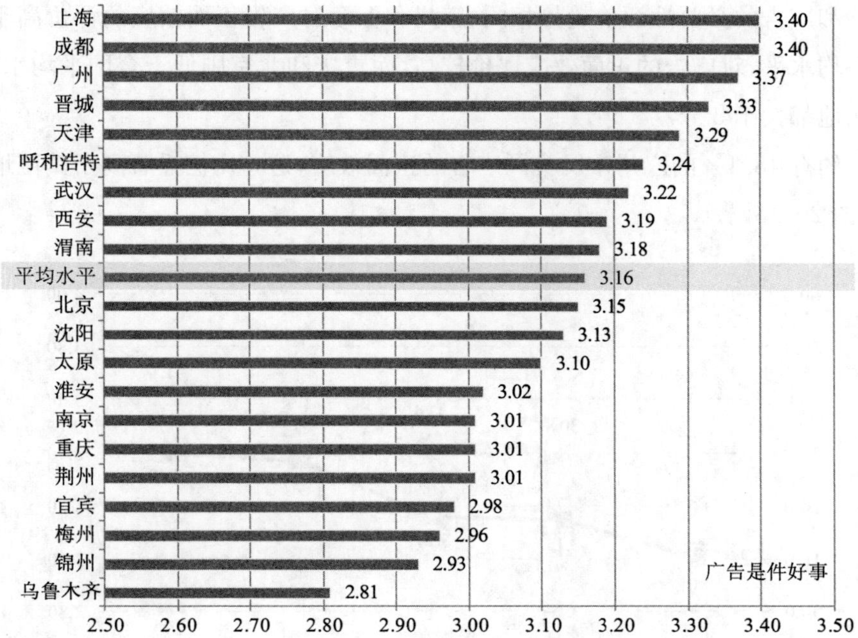

图 2—11　广告的正面效应(均值)

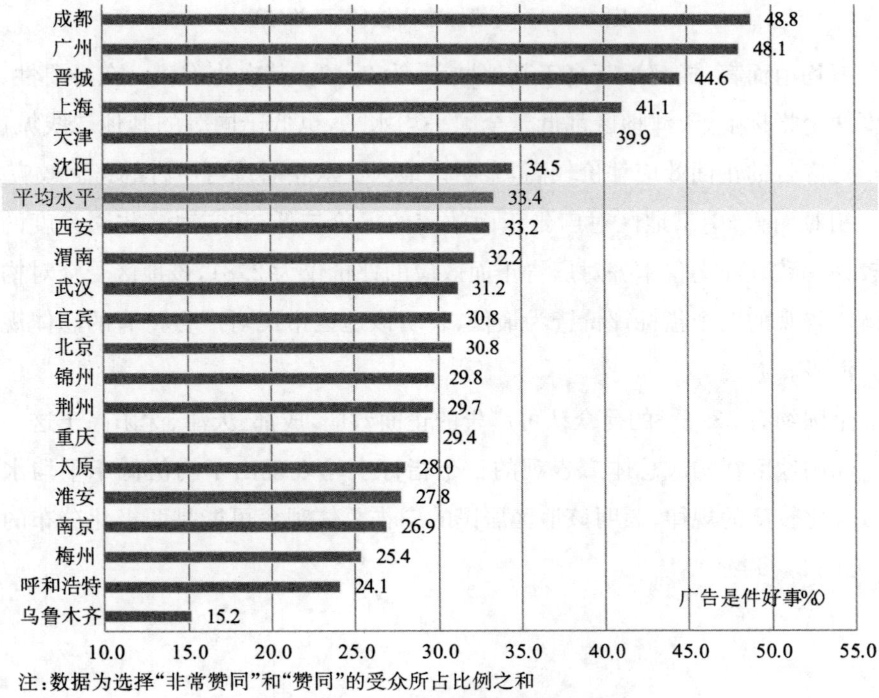

注:数据为选择“非常赞同”和“赞同”的受众所占比例之和

图 2—12 广告的正面效应(百分比)

和广告的必要性评价趋势相同，广州和上海对广告正面效应的评价高于全国平均水平，对广告的正面效应评价较高，而重庆和北京则低于全国平均水平，但四地都大于 3 分。

约有 48.1％的广州市民赞同广告的正面效应，这一比例显著高于其他地区（见图 2－13）。

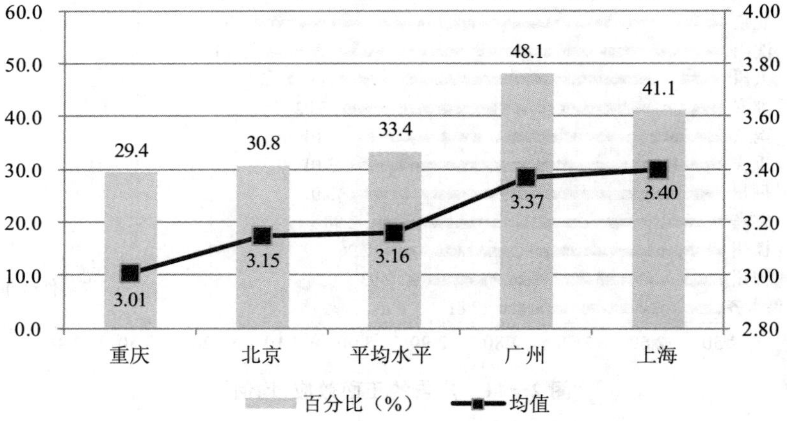

图 2－13　一线城市比较(正面效应)

就均值而言，成都显著高于其他城市，为 3.40。其次为天津。在必要性、喜爱度两个指标上，天津地区都低于全国平均水平，也低于同等的其他二线城市，但是对广告的正面效应评价较高，表明该地区受众相对认可广告的正面效应。

相对而言，南京地区对广告正面效应的评价较低，和它对广告喜爱度的评价较为一致。而乌鲁木齐对广告正面效应的评价仅为 2.81，该地区受众对构成总体广告观的三个指标评价皆为最低，表明该地区市民对广告持有的总体观念较为消极。

全国约有 33.4％的受众认可广告的正面效应，成都、天津、沈阳高于这一比例。沈阳地区在构成总体广告观的三个指标上均表现出了均值低于平均水平而百分比较高的规律，表明该地区居民的广告总体观念可能是两极化分布的状态（见图 2－14）。

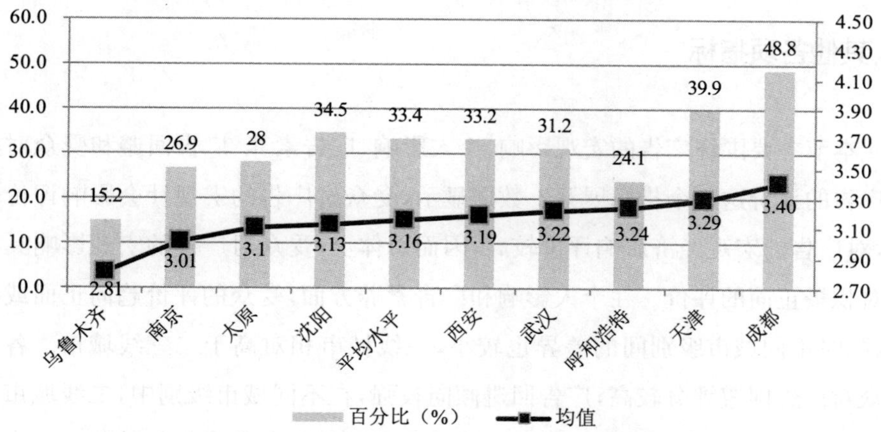

图 2－14 二线城市比较(正面效应)

在三线城市中,仅有两地的均值高于全国平均水平。其中晋城最高,为3.33,该地构成总体广告观的各个指标评分都较高,表明该地区市民总的来说对广告的评价较为正面,甚至高过大部分一二线城市,这在三四线城市中是一个较为特殊的现象。锦州、梅州和宜宾三地对广告的正面效应评价都低于3分。

在百分比方面,仅有晋城地区高于全国平均水平,表明在三四线城市中,市民对广告的正面效应总体上评价较低(见图 2－15)。

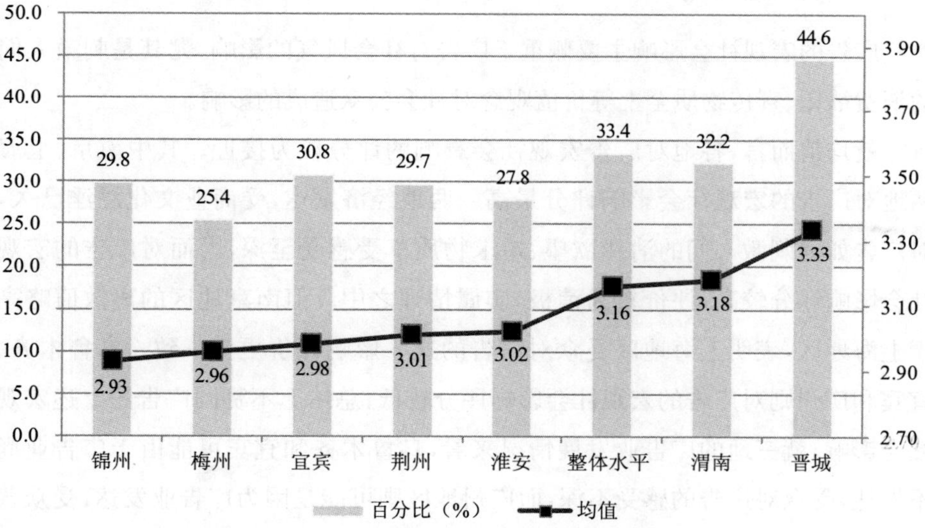

图 2－15 三四线城市比较(正面效应)

二、其他各项指标

本节主要围绕广告的宏观影响、个人影响、广告素养、广告回避和受众对虚假广告的评价这五个指标展开。数据显示，受众对广告的宏观社会影响评价较低，对广告的宏观经济影响评价较高，因而总体上，受众对广告的宏观影响具有相对积极正面的评价。在个人影响和广告素养方面，受众的评价趋向正面或中立，同时不同城市级别间的差异也较小，一线城市相对高于二三线城市。各地受众对广告回避评分较高，广告回避倾向较强，在不同城市级别中，二线城市居民的广告回避高于一线和三线城市，显示出了不同于其他指标的趋势。在虚假广告方面，各地受众对虚假广告的评分最高，受众对这一指标的评价最为一致，显示出了城市居民对虚假广告具有相当清晰的判断。

（一）宏观影响

宏观影响包括广告的宏观社会影响和经济影响，宏观社会影响主要包括广告对社会风气、价值观念的刺激引导，而经济影响主要指广告对促进经济发展、推动市场竞争产生的影响。

1. 宏观社会影响

广告的宏观社会影响主要侧重于广告对社会风气的影响，尤其是刺激人们的消费欲望、宣传物质至上等价值观念对社会公众造成的影响。

就均值而言，各地对广告宏观社会影响的评分较为接近。其中南京、上海两地对广告的宏观社会影响评分最高。两地经济发达，受商业文化浸淫已久，对广告如何刺激人们的消费欲望、追求物质享受感受至深，因而对广告的宏观社会影响评分较高，评价较为消极，实属情理之中。但南京地区的离散值略高于上海地区，表明上海地区受众对广告的这一影响评价更为一致。乌鲁木齐、宜宾和广州则对广告的宏观社会影响评分较低，总体上不赞同广告的上述宏观社会影响，就三地的广告业发展情况来看，乌鲁木齐和宜宾可能由于广告业尚不发达，受众对广告的感受不深，而广州地区则可能是因为广告业发达，受众普遍对广告的接受程度较高所致。

其他城市的总体水平较为接近，在3分左右，保持相对中立的态度(见图2—16)。

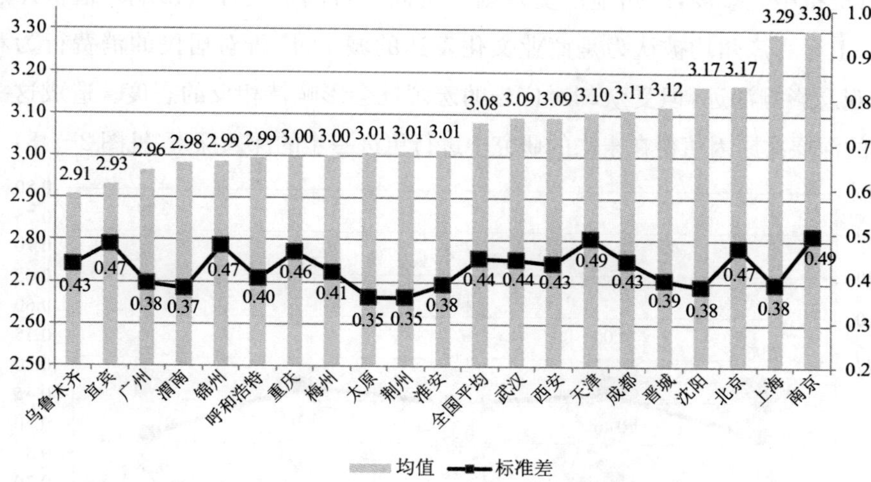

图2—16　宏观社会影响(全国总体情况)

通过一二三线城市的均值对比发现，一线城市对广告宏观社会影响的评价略高于二线和三线城市，总体上持赞同态度；一线城市和二线城市较为接近，三线城市则对此持中立态度。这可能是因为一线城市经济发达，人们的消费生活水平相对领先于二三线城市，因而对广告的宏观社会影响更为敏感；同时，一线城市广告业发达，广告对受众的生活也具有更加深远的影响。

一线城市的离散值也略高于二三线城市，这表明，相对而言，一线城市受众对广告宏观社会影响的评价差异相对较大，而三线城市受众则较为一致(见图2—17)。

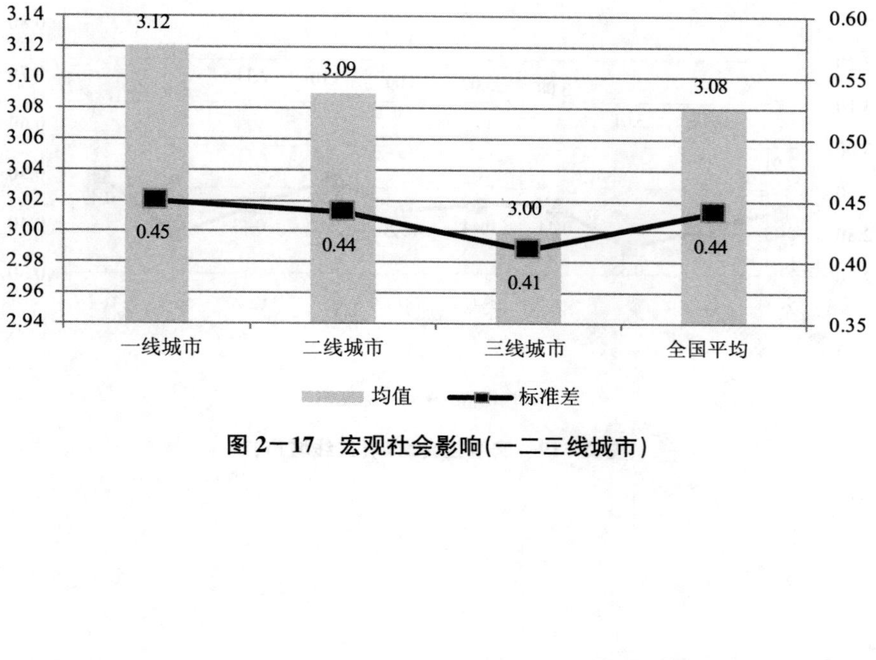

图2—17　宏观社会影响(一二三线城市)

就一线城市而言，上海和北京两地受众对广告的宏观社会影响持赞同态度，重庆持中立态度，广州地区受众则不赞同广告的宏观社会影响。值得注意的是，上海和广州均被认为是商业文化发达的城市，广告对居民的消费行为和消费观念影响深远，但受众却对广告的宏观社会影响持相反的态度。造成这一现象的深层次原因值得在未来的研究中进行更进一步的深入探索（见图 2—18）。

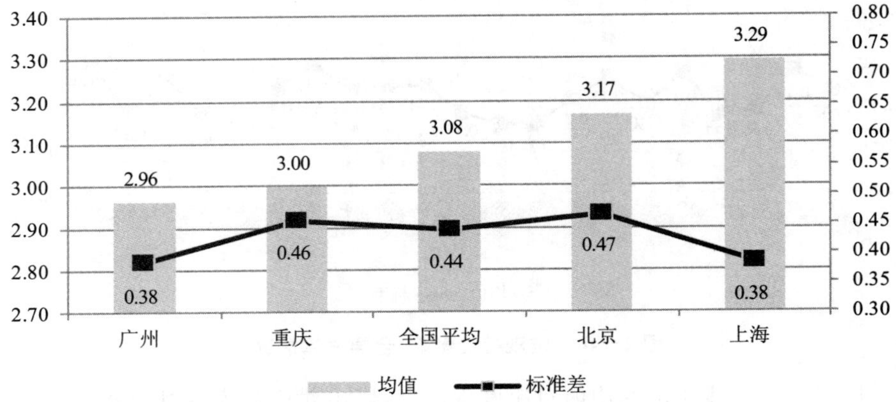

图 2—18　宏观社会影响（一线城市）

二线城市中，南京地区对广告宏观社会影响的评价明显高于其他地区。乌鲁木齐和呼和浩特两地则对广告的宏观社会影响持反对态度，这可能和两地的广告发展水平有关。其他二线城市对广告的宏观社会影响评价接近，离散程度也较为接近，多数高于全国平均水平（见图 2—19）。

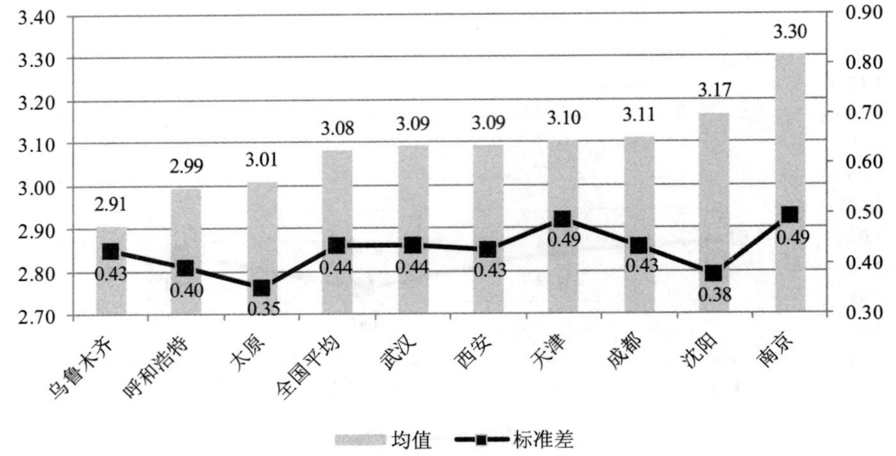

图 2—19　宏观社会影响（二线城市）

三线城市中，晋城对广告宏观社会影响的评价最高，超过了全国平均水平，即赞同广告对刺激人们的消费欲、宣扬物质主义、导致社会诚信下降具有影响。其他三线城市的评价均值都低于全国平均水平。宜宾、渭南和锦州小于 3 分，对广告的宏观社会影响持反对态度(见图 2—20)。

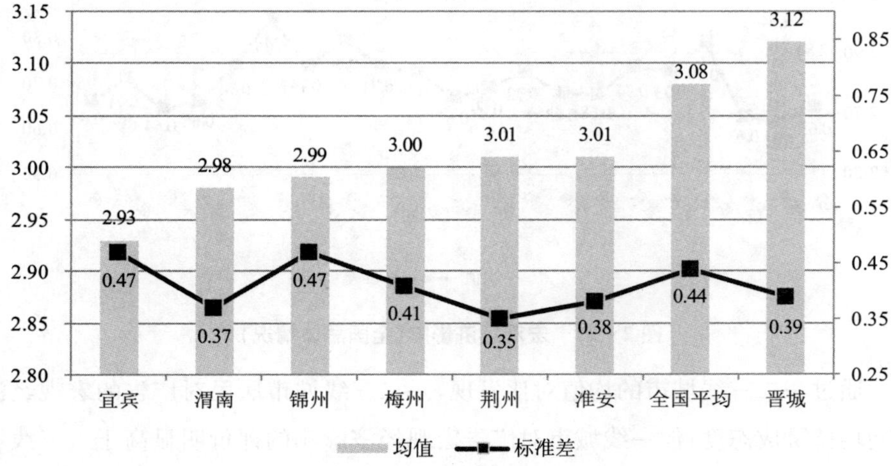

图 2—20　宏观社会影响(三线城市)

2. 宏观经济影响

宏观经济影响这一指标考察受众对于广告推动市场竞争，从而有益于消费者持何种评价观点。从均值表现看，受众对广告的宏观经济影响的赞同度高于广告的宏观社会影响，但各城市的离散值较高，说明受众对这一指标的分歧也相对较高。

上海对广告宏观经济影响的评价均值最高，其次为广州和成都。表明上海地区的受众一方面认为广告刺激人们的欲望、宣扬物质至上的价值观，一方面也认可广告在推动经济发展方面的作用，对于广告的宏观影响评价较为理性中立。广州地区的受众不赞同广告的宏观社会影响而承认广告的经济影响，表明该地区受众对广告宏观影响的评价较为积极正面。

仅有乌鲁木齐、梅州两地对广告的宏观经济影响持反对态度，这可能受两地广告发展水平的制约。其他城市对广告宏观经济影响的评价较为接近，总体上持赞同态度(见图 2—21)。

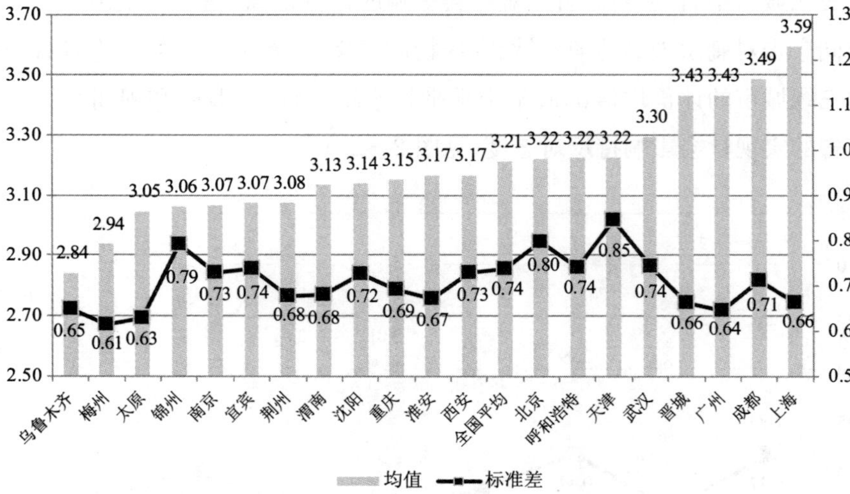

图 2—21　宏观经济影响(全国总体情况)

通过一二三线城市的均值对比发现,一二三线城市居民对广告的宏观经济影响均持赞成态度,但一线城市对广告宏观经济影响的评价明显高于二三线城市,表明一线城市的受众更为肯定广告对经济发展的促进作用(见图 2—22)。

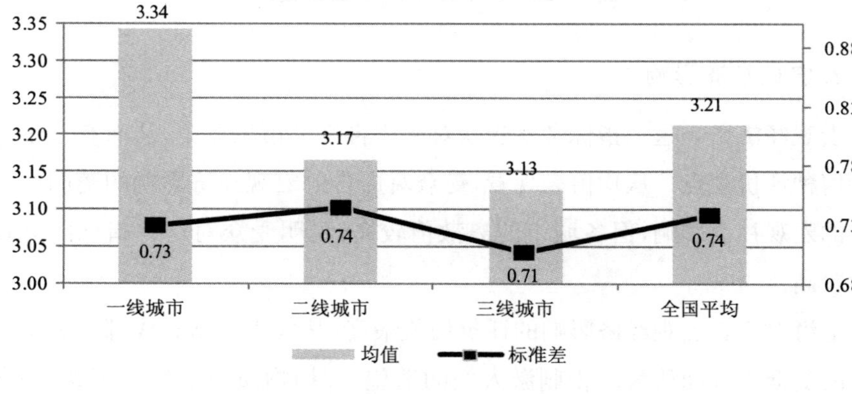

图 2—22　宏观经济影响(一二三线城市)

一线城市中,上海和广州对广告宏观经济影响的评价最高,北京和重庆则相对较低,同时重庆地区对广告宏观经济影响的评价也低于全国平均水平,这可能和重庆地区的广告业发展水平和经济发展水平相关。北京地区在这一指标上的离散值相对较高,表明该地区受众对广告宏观经济影响的评价差异较大(见图 2—23)。

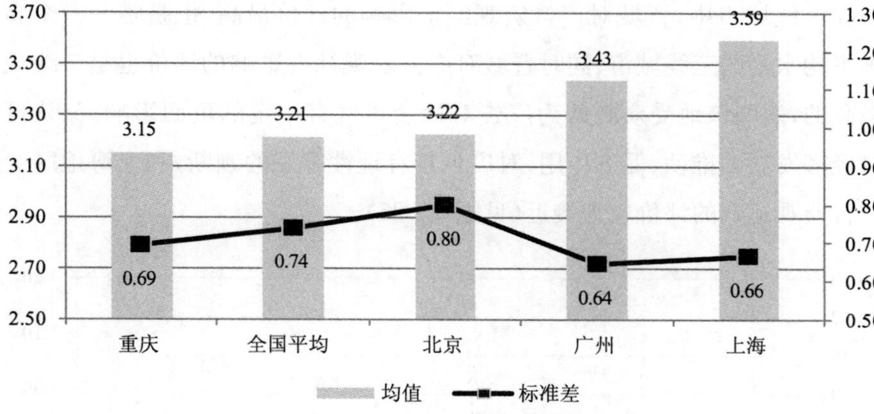

图 2—23　宏观经济影响(一线城市)

在二线城市中,成都对广告宏观经济影响的评价最高,其次为天津和武汉。有一半的二线城市超过了全国平均水平。

乌鲁木齐对广告宏观经济影响的评价最低,对广告推动经济发展和市场竞争持不赞同的态度。另外,南京对这一指标的评价也值得关注,该地区对广告宏观社会影响的评分最高,但对广告宏观经济影响的评价较低,表明总体而言,南京地区对广告的宏观影响评价较为负面。天津地区的离散值明显高于其他各地,表明该地对广告宏观经济影响的评价差异较大(见图 2—24)。

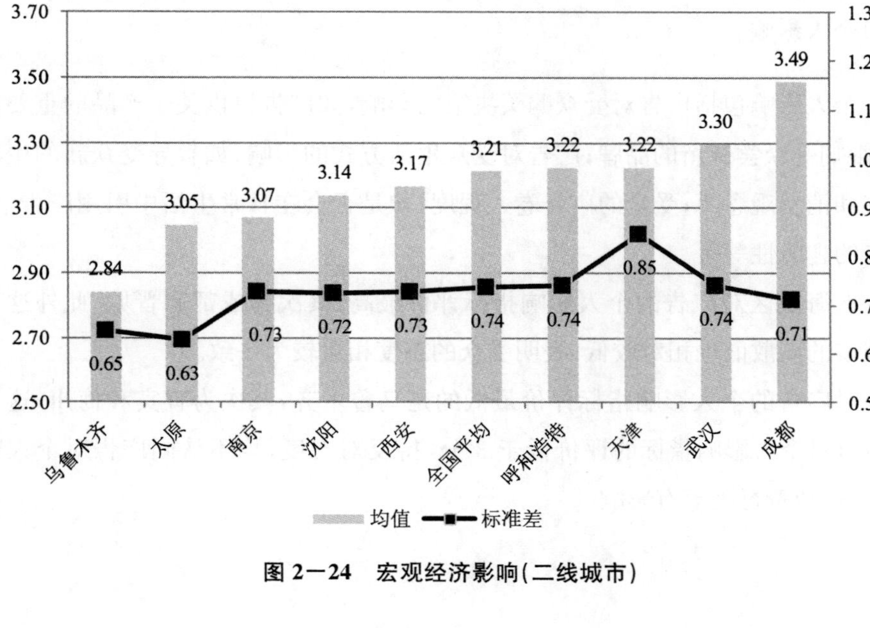

图 2—24　宏观经济影响(二线城市)

在三线城市中，晋城对广告宏观经济影响的评价最高，也是唯一一个高于全国平均水平的三线城市；同时晋城对广告宏观社会影响的评价也是三线城市中最高的，表明该地受众既认为广告对社会风气有一定的负面影响，又认可广告对经济发展的推动、促进作用，对广告具有理性客观的判断，和上海地区受众对广告宏观影响的评价较为接近（见图 2—25）。

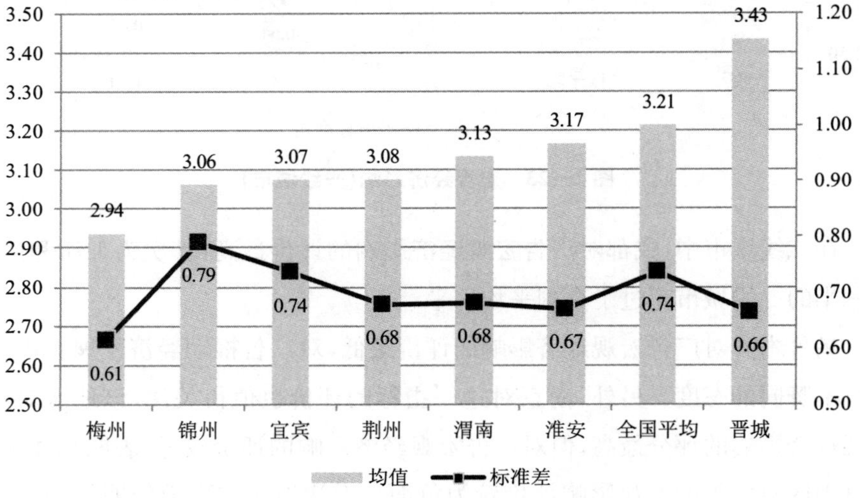

图 2—25　宏观经济影响（三线城市）

（二）个人影响

个人影响包括广告对受众购买决策的影响，如广告提供关于产品的重要信息，影响受众尝试新的品牌；广告对受众生活方式的影响，如教导受众新的生活方式和消费观念等；受众的广告卷入程度，如是否会在日常生活中引用广告语、广告的趣味性等等。

上海地区对广告的个人影响指标评价最高，其次为成都和晋城，此外这三个城市的离散值也相对较低，表明受众的态度相对较为一致。

对广告的个人影响指标评价最低的是乌鲁木齐，其次为宜宾和梅州，这三个城市对个人影响指标的评价低于 3 分，持反对态度，均不认同广告对个人购买决策、消费行为等有影响。

就全国平均水平而言，仅有六个城市高于全国平均水平，大部分城市都在3分左右，持相对中立的态度（见图2—26）。

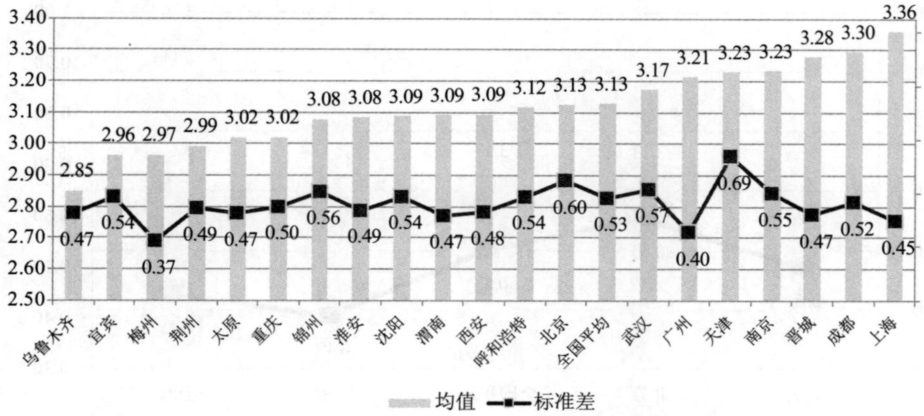

图2—26　个人影响（全国总体情况）

一二三线城市对广告的个人影响评价较为接近，一线城市仅略高于二三线城市，相对于广告的宏观影响因子来说，就不同线级城市而言，受众对广告的个人影响评价更为接近（见图2—27）。

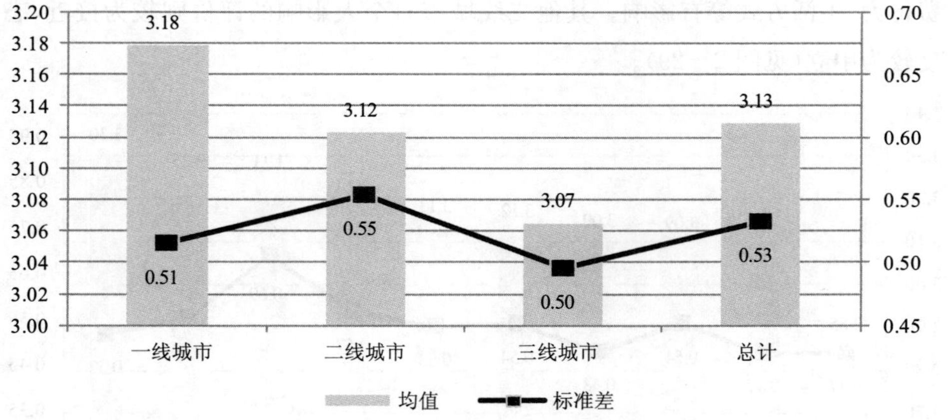

图2—27　个人影响（一二三线城市）

在广告的个人影响方面，上海和广州评分较高，高于全国平均水平，北京和全国平均水平持平，重庆是四个地区中最低的，对广告的个人影响评价接近中立。值得注意的是，北京地区的离散值相对较高，受众对个人影响因子的评价差异较大（见图 2—28）。

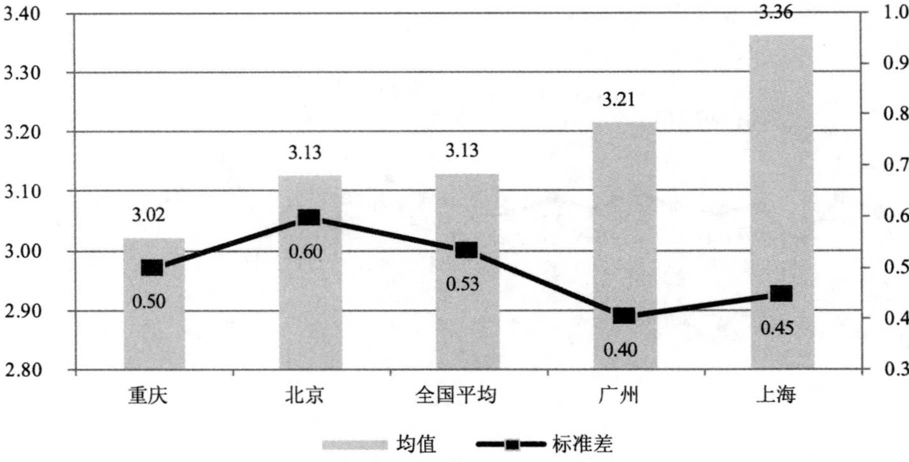

图 2—28　个人影响（一线城市）

在二线城市中，成都对广告的个人影响指标评价最高，其次为南京和天津地区，但天津地区的离散值相对较高，表明该地区受众对个人影响的评价差异较大。乌鲁木齐对个人影响的评价最低，为 2.85 分，即不认为广告对个人的消费行为、生活方式等有影响。其他二线城市对个人影响的评价则较为接近，态度较为中立（见图 2—29）。

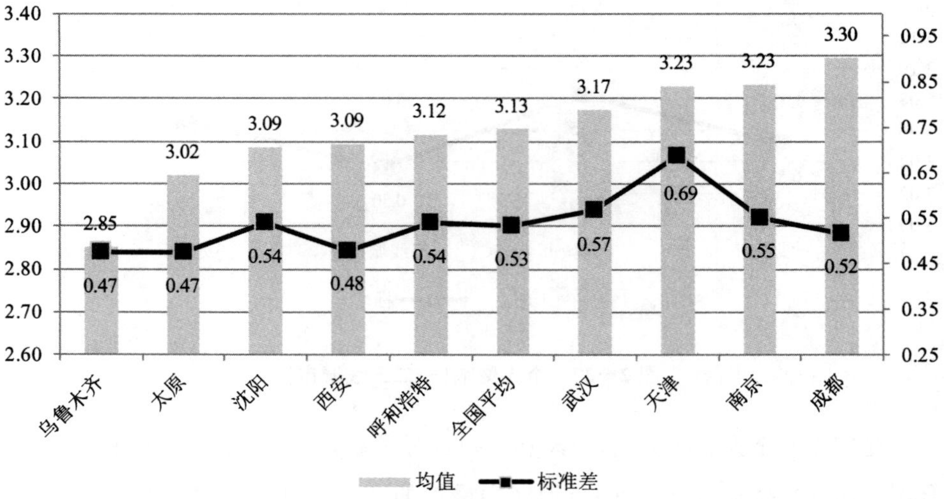

图 2—29　个人影响（二线城市）

在三线城市中，仅有晋城的评价水平高于全国平均水平。宜宾、梅州、荆州对个人影响的评分都低于3分，表明三地受众并不赞同广告对个人购买决策、消费行为等方面有影响(见图2—30)。

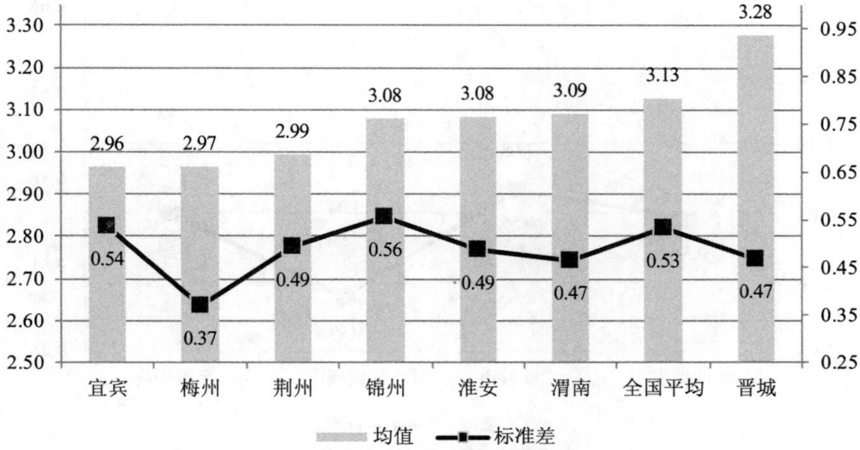

图2—30　个人影响(三线城市)

(三)广告素养

广告素养指受众对广告真实性的评价、对广告的信任程度以及对广告内容的判断能力。

在广告素养方面，上海、成都和晋城的评分最高，和个人影响指标的评价表现相同。乌鲁木齐的评分依旧为全国各城市中最低的，南京、宜宾、梅州和荆州四地也低于3分，表明四地受众对广告素养指标持否定评价(见图2—31)。

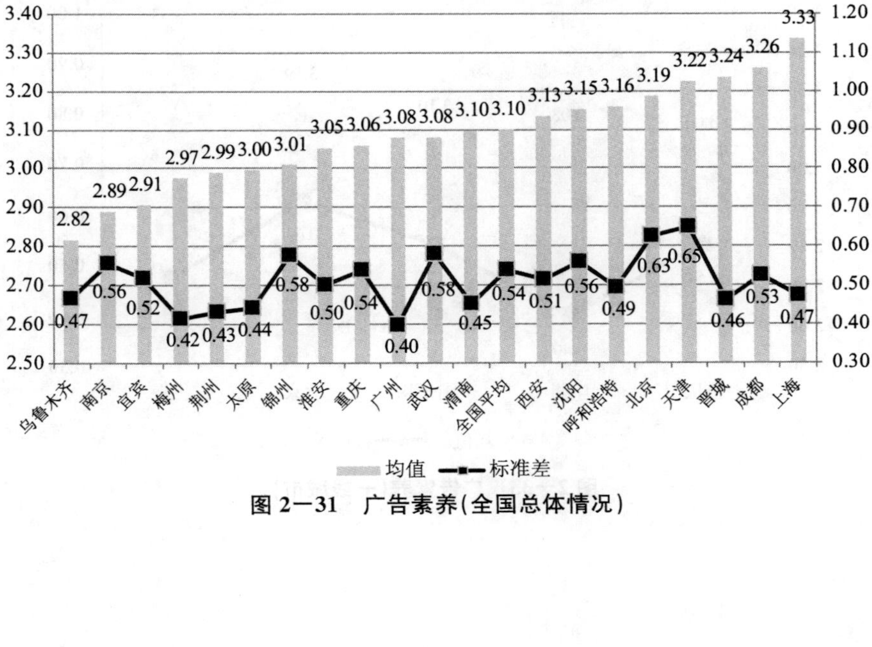

图2—31　广告素养(全国总体情况)

在一二三线城市的纵向比较中，二线城市和三线城市均低于全国平均水平，表明在广告素养这一指标上，一线城市居民对广告的真实性、信任程度和自身对广告的判断能力方面略高于二三线城市(见图 2—32)。

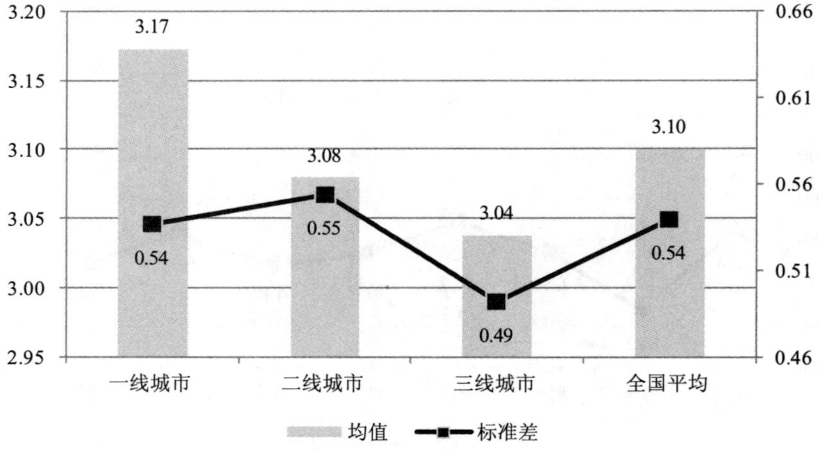

图 2—32 广告素养(一二三线城市)

上海地区受众对广告素养的评价显著高于其他三地，除上海外，北京也高于全国平均水平，广州、重庆则相对较低，持相对中立的态度。在构成广告素养的三个层次中，上海对广告的真实性、信任度和判断力三个方面的评分均较高，广东对真实性评价较高，但是对广告的信任度和判断力评分较低。北京和重庆对广告的真实性评分较低，但对广告的信任度和自身对广告的判断力评价较高。北京地区的离散值较高，表明受众民对广告素养的评价具有一定的分歧(见图 2—33)。

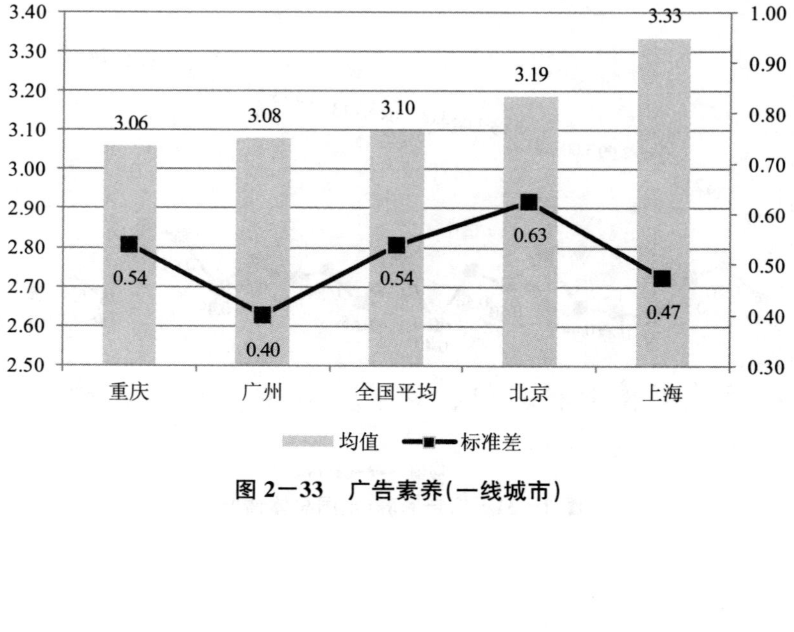

图 2—33 广告素养(一线城市)

大部分二线城市对广告素养的评分较为接近，成都地区的评分最高，其次为天津和呼和浩特，沈阳和西安也高于全国平均水平。乌鲁木齐和南京对广告素养的评价低于3分，持反对意见。值得注意的是，南京地区受众对广告的个人影响评价较高而对广告素养的评价较低，呈现出一定的矛盾性。天津地区对广告素养的评价虽然相对较高，但离散值也明显高于其他地区，表明受众对广告素养的评价也有较大的分歧（见图2－34）。

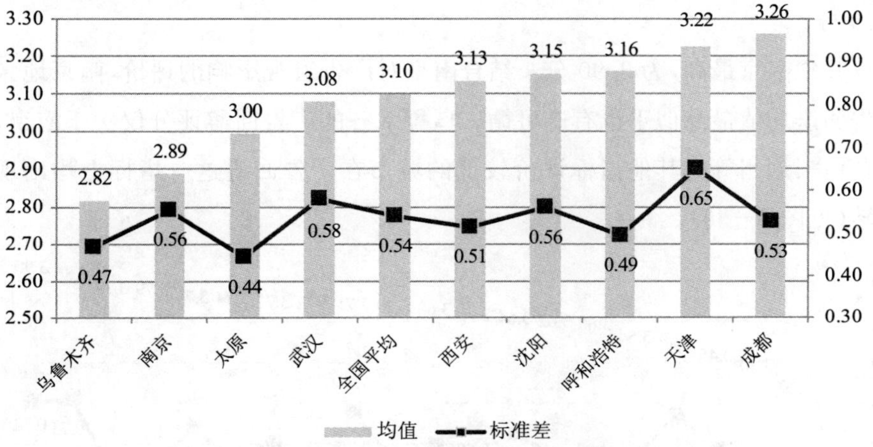

图2－34　广告素养（二线城市）

在三线城市中，仅有晋城的评价均值高于全国平均水平。宜宾、梅州、荆州对个人影响的评分都低于3分，对广告素养持反对态度。三线城市对广告素养的评价和对个人影响的评价表现相同，在这两个因子上呈现出了明显的一致性（见图2－35）。

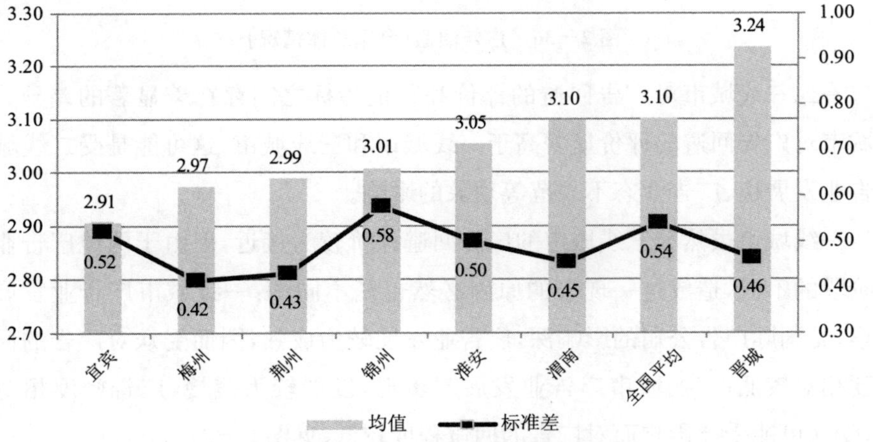

图2－35　广告素养（三线城市）

(四)广告回避

广告回避指受众对广告的回避反应,包括认知回避、情感回避和行为回避等。

广告回避的评分情况和其他指标的表现有较大差异,各地对广告回避的评分明显高于广告的宏观影响、个人影响和广告素养指标,仅有广州例外,为3.09分。

其中南京最高,为3.90分。结合南京对广告宏观影响的评价,南京地区的广告回避均值最高似乎也有迹可循。乌鲁木齐的广告回避评分仅次于南京,此外,宜宾、荆州等对其他指标评价较低的城市在广告回避这一指标上均出现了逆转(见图2—36)。

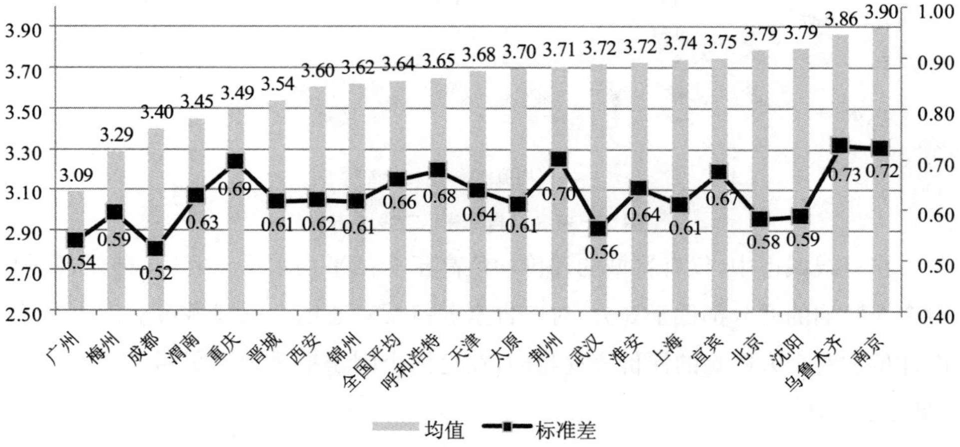

图2—36 广告回避(全国总体情况)

一二三线城市对广告回避的评价和其他指标之间存在着显著的差异。二线城市对广告回避的评价显著高于一线城市和三线城市,这可能是受二线城市广告业发展快、广告业态不规范等现象的影响。

一线城市虽然和三线城市的广告回避评价较为接近,但由于两地广告业发展阶段的不同,造成这一现象的原因必然也是不同的:一线城市广告业发展起步早,受国际广告公司的影响深,广告业发展较为成熟,因而受众对广告的回避程度相对较低;三线城市广告业发展起步迟,发展较为缓慢,广告密度相对较低,受众可能受此影响而对广告的回避程度较低(见图2—37)。

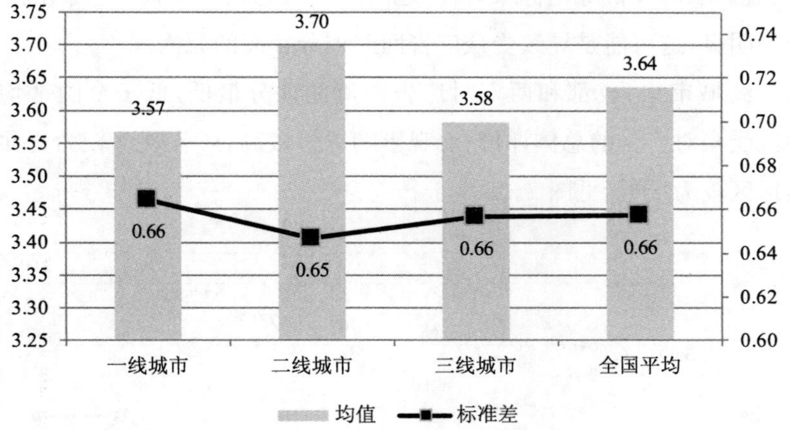

图 2－37　广告回避(一二三线城市)

在一线城市中，北京和上海的评分较高，广告回避较为强烈。广州对广告的回避程度最低，仅为 3.09 分，几乎对广告不存在回避倾向，这可能和广州地区广告业起步早、受国际影响大、发展较为成熟有关。同时结合其他因子综合分析，可以发现广州地区受众的广告观较为积极正面，这可能也是广州地区受众广告回避较低的原因所在(见图 2－38)。

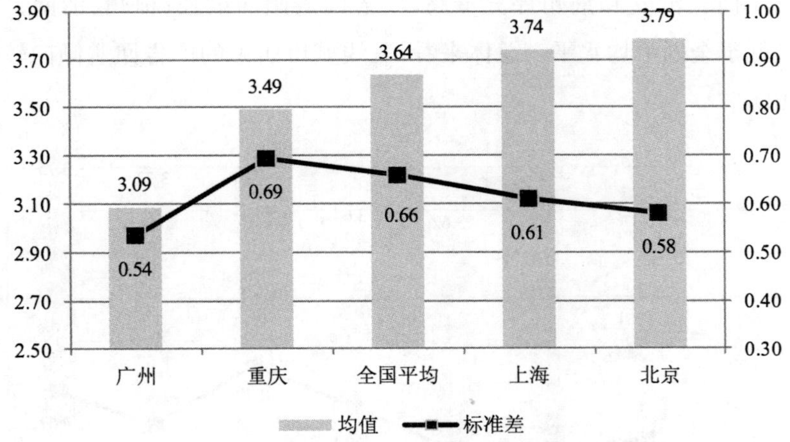

图 2－38　广告回避(一线城市)

在二线城市中，各地均表现出了较明显的广告回避倾向，但强弱有所不同。南京地区的广告回避评分最高，其次为乌鲁木齐和沈阳。结合三地对广告总体评价、宏观影响的评价等指标来看，三地的广告观念较为消极，尤其南京和乌鲁木齐较为明显，这可能是导致受众广告回避评分较高的原因。

在二线城市中，成都和西安对广告回避的评分最低，低于全国平均水平。成都地区受众对广告的总体评价、宏观影响评价较高，广告观念较为正面积极，和广州地区较为接近（见图 2—39）。

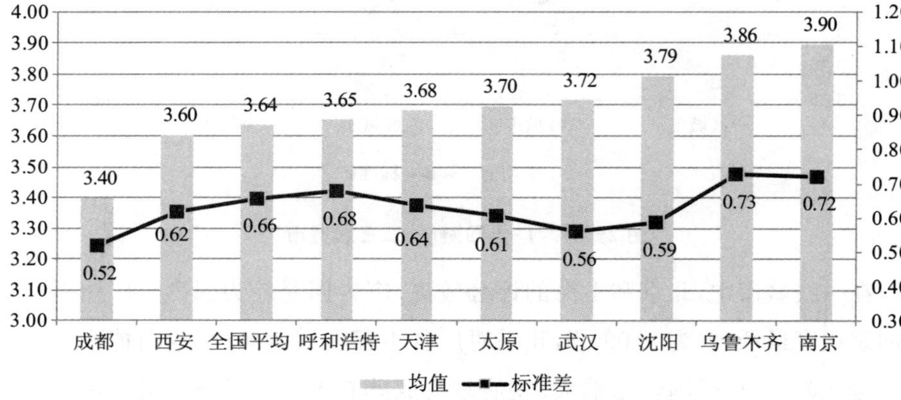

图 2—39　广告回避(二线城市)

在三线城市中，各地均表现出了较明显的广告回避倾向，但总体上弱于二线城市。宜宾、淮安和荆州评分最高，广告回避倾向最强；梅州、渭南、晋城较低，并且低于全国平均水平。总体来看，三线城市居民的广告回避倾向较低（见图 2—40）。

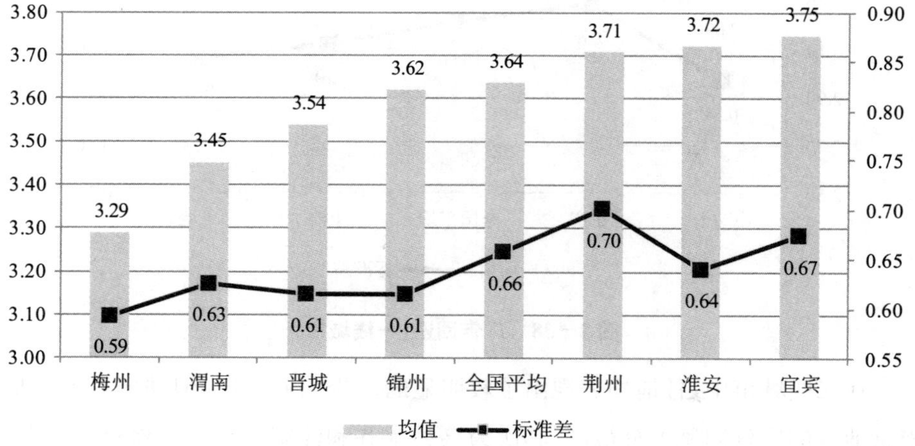

图 2—40　广告回避(三线城市)

(五)虚假广告

在虚假广告的评价与判断方面,全国平均值为 4 分,锦州最高,4.3 分;梅州最低,3.53 分。由此可见,全国各地居民对于虚假广告已经具有相对清晰明确的判断,广告内容言过其实、无中生有、违反法律等均被认定为虚假广告。值得注意的是,受众认为广告代言人没有使用产品也属于虚假广告的一种。可见近年来频繁发生的明星代言质量门问题,使得受众对于名人的光环效应也有了更加清醒客观的认知(见图 2—41)。

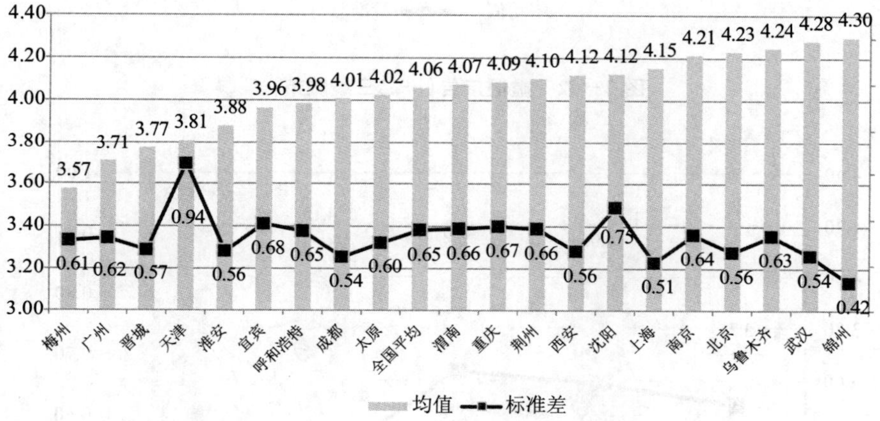

图 2—41　虚假广告(全国总体情况)

就一二三城市之间的纵向对比而言,三线城市对虚假广告评判的均值相对较低,这可能是受三线城市广告业发展阶、广告投放量和广告覆盖范围的影响。三线城市受众的广告接触总量相对低于一二线城市,因而对虚假广告评判的清晰度相对也低于一二线城市(见图 2—42)。

就一线城市而言,北京最高,上海和重庆也高于全国平均水平,对虚假广告的评分均在 4 分以上。广州对虚假广告的评分则明显低于其他三个城市,这可能和广州地区受众的总体广告观有关。结合其他指标来看,广州地区受众的广告观较为积极正面,对广告的正面评价较高,因此广州对于虚假广告的评价可能也相对较为宽容(见图 2—43)。

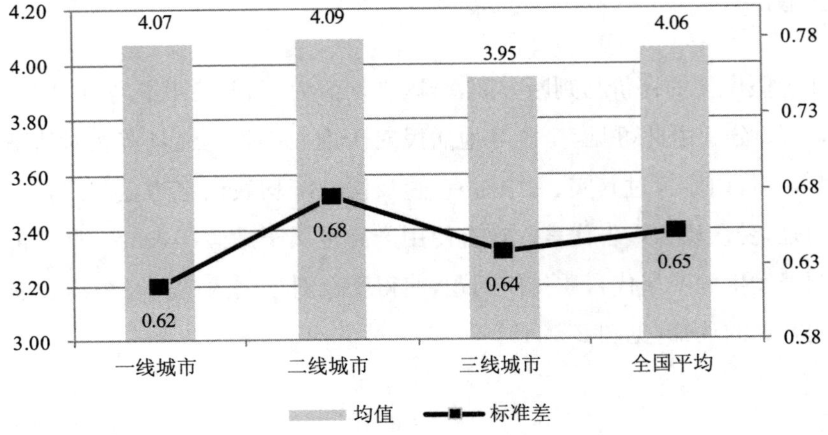

图 2—42 虚假广告(一二三线城市)

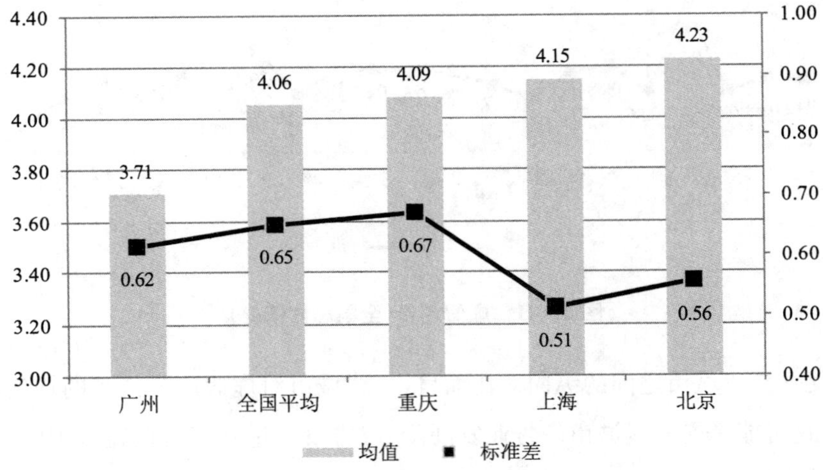

图 2—43 虚假广告(一线城市)

二线城市对虚假广告的评价较为一致,几乎均在 4 分以上,表明二线城市对于虚假广告的判断较为明确,标准也较为严格。值得注意的是,天津地区对于虚假广告的判断明显低于其他城市,离散值也显著高于其他地区,表明天津地区受众对于虚假广告的认定具有较大的分歧(见图 2—44)。

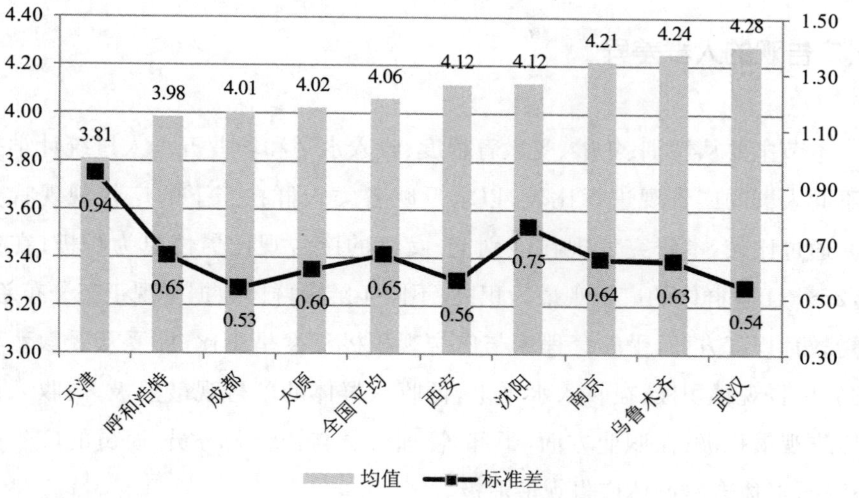

图 2—44　虚假广告(二线城市)

三线城市对于虚假广告的评分相对较低，仅有渭南和荆州高于全国平均水平。就具体情况而言，三线城市居民对于虚假广告的判断标准评分和一二线城市比较接近，而对自身鉴别虚假广告的能力评分较低(见图 2—45)。

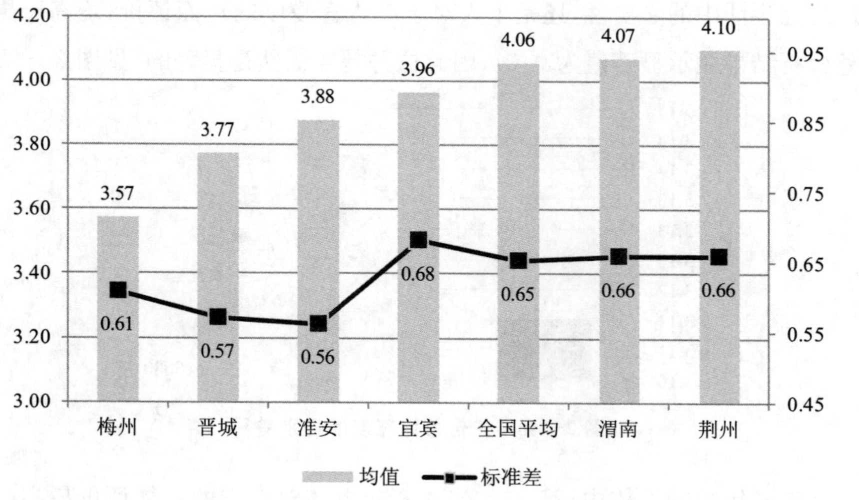

图 2—45　虚假广告(三线城市)

三、广告观的人群差异

本节主要从性别、年龄、受教育程度、收入水平和职业五个人口统计学指标对不同人群的广告观进行比较，以求反映各类人群在当下的广告观现状与差异。通过比较，本研究发现在性别上，女性的广告观比男性更为积极；在年龄上，25—34 岁群体的广告观最为积极，不同年龄段群体数据呈现正态分布趋势；在受教育程度方面，受教育程度与广告观积极程度呈正比，即受众受教育程度越高，广告观越积极；在收入水平上，低收入群体的广告观最消极，高收入群体的广告观最积极；在职业方面，干部/管理人员与初级公务员/雇员的广告观最为积极，退休老龄群体广告观最消极。

(一)广告总体评价的人群差异

广告总体评价由三个指标构成：广告是必不可少的，总体而言我喜欢广告，总体而言我认为广告是好事。

从全国范围看，女性对广告的总体态度高于男性，直接反映出女性无论是对广告在生活中的必要性，还是个人对于广告喜爱度的正面评价，均高于男性。方差分析结果显示显著值为 0.01，因此这种差异仍然是显著的(见图 2—46)。

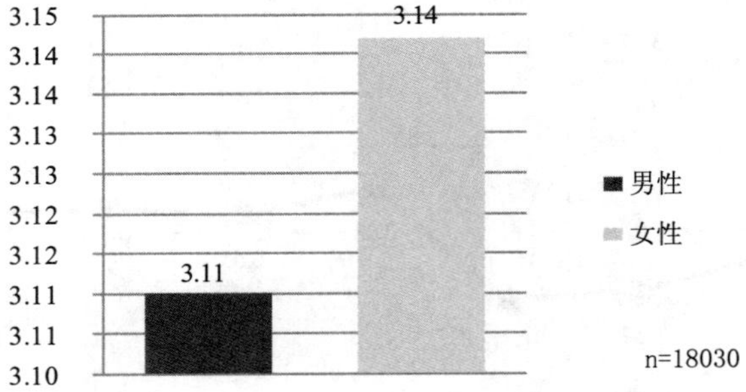

图 2—46　广告总体态度的性别差异

在不同年龄的群体中，25—34 岁中青年群体对广告的总体评价最高(3.22 分)；其次是 15—24 岁的学生为主的群体(3.21 分)；35 岁以上中年群体随着年龄的增长，对广告的总体评价下降；55 岁及以上中老年群体对广告的总体评价最低。因此，年龄对中国城市居民对广告的总体评价有显著影响(见图 2—47)。

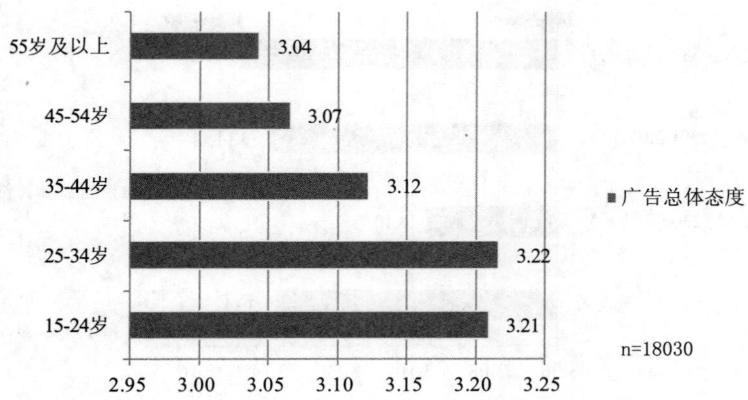

图 2—47　广告总体态度的年龄差异

研究结果显示，中国城市居民受教育水平与其广告总体评价呈正相关关系，随着受教育程度的提高，对广告总体态度的分值越高，即受众随着文化水平的增长，对广告在生活中的作用和个人评价会做出更为积极正面的评价。其中"大学及以上"教育水平的受众对广告的评价最高，达到 3.17 分(见图 2—48)。

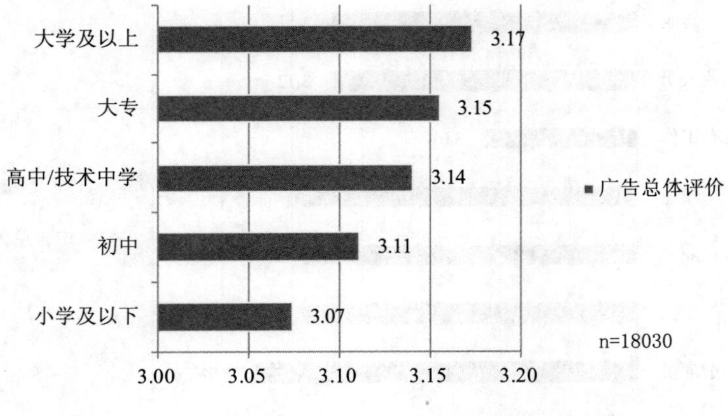

图 2—48　广告总体态度的受教育程度差异

从不同收入水平人群的广告总体评价来看，高收入群体对广告的总体评价最高，其次是中等收入和无收入群体，与高收入群体别无太大差别；评分最低的是低收入群体，与其他群体差距较大(3.10 分)。虽然中高收入和无收入群体的广告总体评价差异不大，但这种差异仍然具有统计学意义(显著值 0.00)(见图 2—49)。

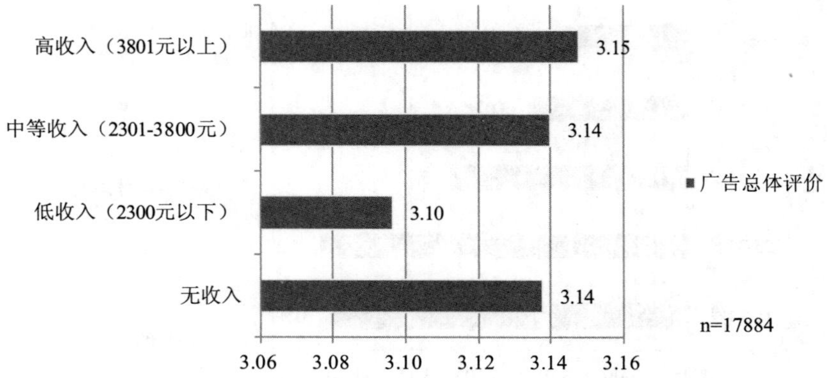

图 2—49 广告总体态度的收入水平差异

在对广告总体评价的职业调查中，干部/管理人员对广告的总体评价最高(3.20分)，其次是初级公务员(3.18分)、学生(3.15分)、个体企业主(3.14分)、工人(3.14分)、无业人员(3.12分)和其他(3.12分)；广告总体态度评价最低的是退休无工作的人群，与其他群体的评分差距较大(3.10分)(见图2—50)。

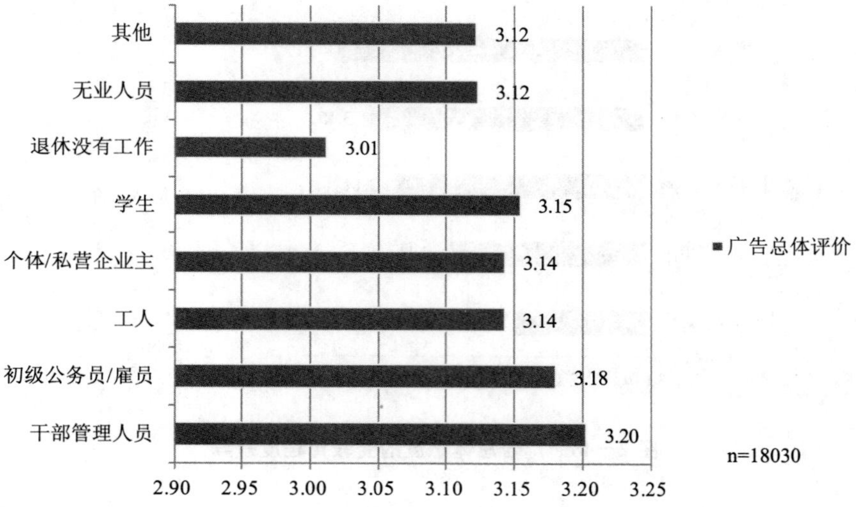

图 2—50 广告总体态度的职业差异

(二)广告宏观影响评价的人群差异

1. 对广告经济影响的评价

广告在经济方面的影响题项展现出广告对经济的正面推动作用,如:广告会带来更好的产品,广告推动市场竞争从而对消费者有利等。通过对不同题项的加分均值处理,可以看出不同人群对广告正面经济影响上的评价。

从图 2—51 中可以看出,对广告在经济方面的评分,女性比男性稍高,但差距并不大。方差分析结果显示,显著值达到 0.18,表明不同性别在广告经济影响上的评价没有显著差异(见图 2—51)。

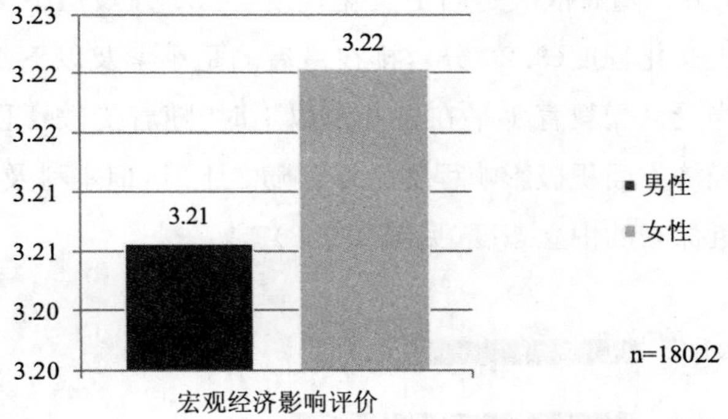

图 2—51　广告宏观经济影响评价的性别差异

在年龄分层中可以看出,随着年龄的增长,人们对广告在经济中的积极作用的评价逐渐下降。评分最高的群体是 15—24 岁的学生群体,评分最低的是 55 岁及以上中老年群体,差距有 0.21 分。值得注意的是,经历了改革开放进程,目睹转型期中国广告产业恢复发展的正是中老年群体,但他们对于广告是否能对社会经济产生积极影响持有更接近中立的态度(见图 2—52)。

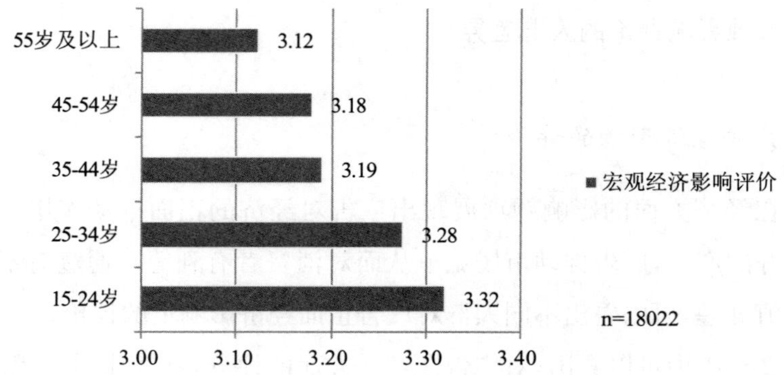

图 2—52　广告宏观经济影响评价的年龄差异

从教育程度分层中可以看出，大专教育程度的人群对广告在经济中的影响评价最高（3.24 分），随后依次是高中文化程度（3.23 分）、初中文化程度（3.21 分）、大学及以上文化程度（3.20 分），排在最后的是小学及以下文化程度（3.17 分）。换言之，当受众受教育水平在大专及以下时，随着受教育程度的提高，其对广告在社会经济方面积极影响程度的评分随之上升，但本科及以上高等教育的群体却更接近保守的中立态度（见图 2—53）。

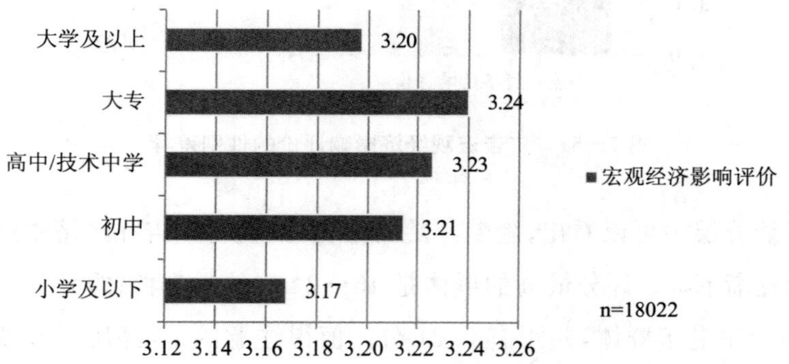

图 2—53　广告宏观经济影响评价的受教育程度差异

从收入分层可以看出，无收入群体对广告在经济中的作用和表现评价最高，达到 3.23 分，其次是中等收入、高收入人群，低收入者评价最低（3.19 分）。换言之，无收入群体最能认可广告的宏观经济作用，而高收入群体却相对较中立（见图 2—54）。

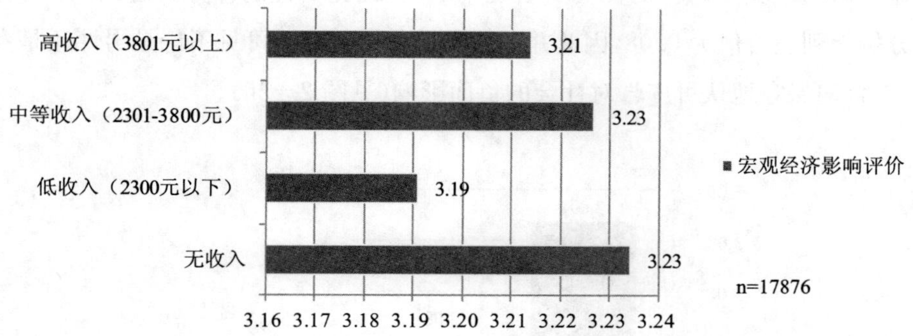

图 2—54　广告宏观经济影响评价的收入水平差异

在职业分类中，学生群体对广告在经济方面的表现最为乐观(3.28 分)，其次是干部/管理人员、公务员和工人群体，评分最低的是退休无工作的人群(3.13 分)。综合以上五个指标可以看出，年轻的学生群体——尤其是受过大专教育的群体，最认可广告在经济推动方面的作用，而在此方面态度最消极的是退休后的老年群体，处在事业发展期和巅峰期的中青年群体反而持有较为中立的态度(见图 2—55)。

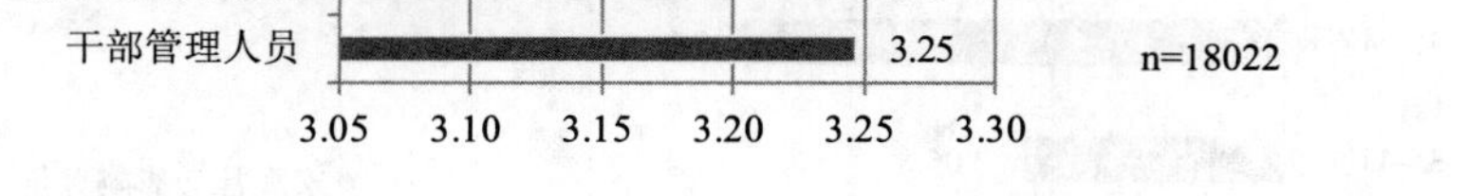

图 2—55　广告宏观经济影响评价的职业差异

2. 对广告社会宏观影响的评价

广告对社会的宏观影响主要以负面影响为主，因此在此题项上得分越高，表明其对广告的负面影响评价越高，其广告观越消极。研究发现，性别对广告的负面社会影响评价没有显著影响，但其他人口统计学特征都对该广告观指标有显著影响。关于广告对社会的宏观影响，男性比女性的评分只高出 0.01，方差分析得到显著值为 0.08，因此并不具有显著的差异。可见不论是男性还是女性，都普遍保守地认可广告对社会的负面影响（见图 2—56）。

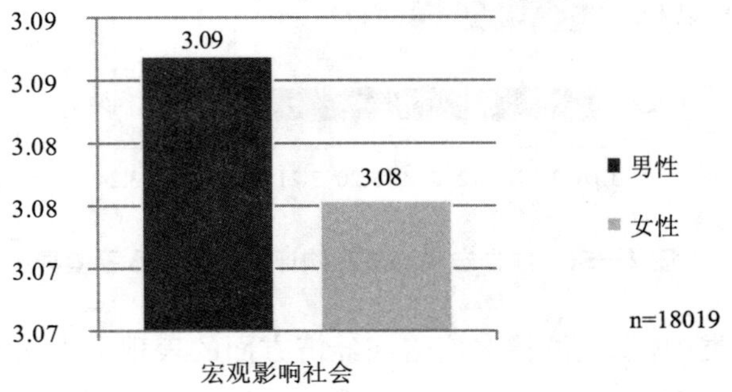

图 2—56　广告宏观社会影响评价的性别差异

在年龄方面，对社会影响评分较高的是 15—24 岁的年轻人群（3.10 分），最低的是 35—44 岁中年人群（3.06 分）。由于广告对社会的宏观影响题项为负面评价，因此得分越高，表明广告观越消极。由此可以看出，年轻群体对广告给社会带来的负面影响非常敏感，持较消极的态度。而随着年龄增长，广告观的消极态度也趋向缓和，观点较为中立。但 35—44 岁人群对广告的负面社会影响评分较低，显示出较为积极的广告观（见图 2—57）。

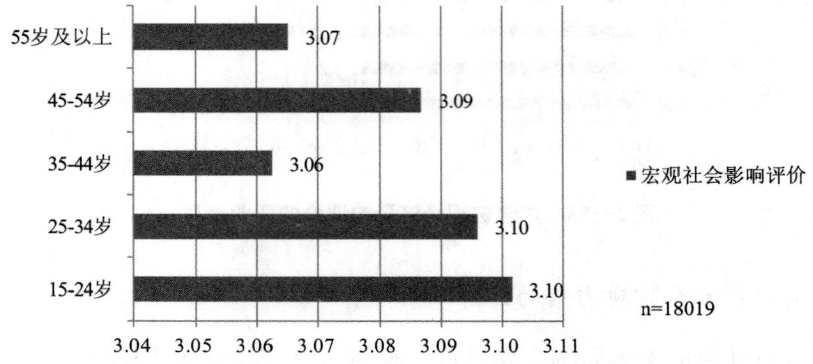

图 2—57　广告宏观社会影响评价的年龄差异

对广告的社会宏观负面影响评价随着受教育程度的提高而增加。值得注意的是，在广告的宏观经济影响上，本科及以上教育程度的受众有较低的评分；但在广告社会影响方面，该人群评分却较高，这显示出本科及以上教育水平受众的广告观更为消极，相对较认可广告的负面影响（见图 2—58）。

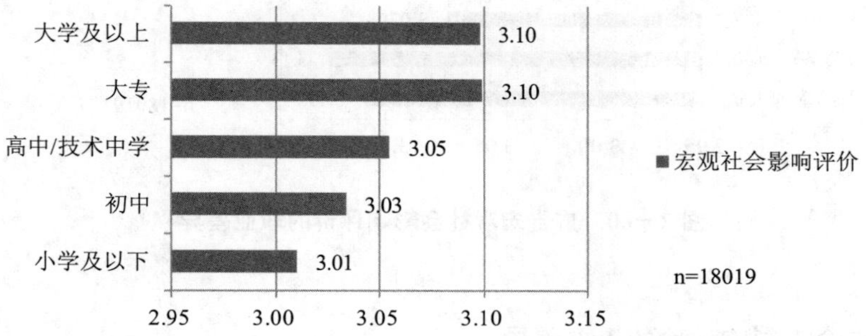

图 2—58 广告宏观社会影响评价的受教育程度差异

在不同收入水平上，无收入或低收入群体对广告的负面社会影响评价保持接近中立的态度，而认同广告对社会带来负面效益程度最高的人群是中等收入人群（3.11 分），其次是高收入人群（见图 2—59）。

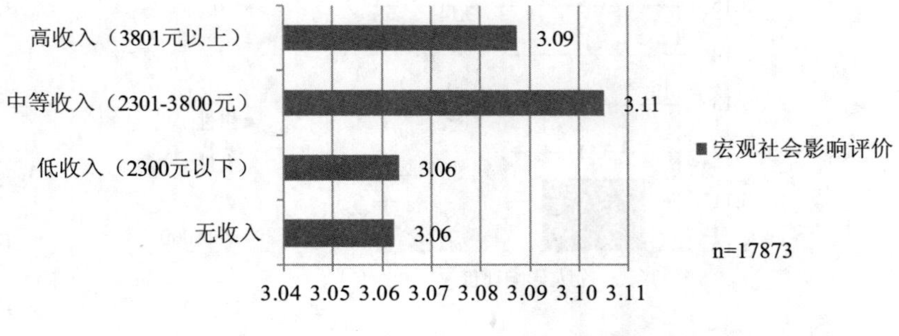

图 2—59 广告宏观社会影响评价的收入水平差异

从职业方面看，初级公务员/雇员群体对社会的宏观影响方面评价最高（3.13 分），其次是干部/管理人员（3.11 分）。对广告宏观社会影响评价均值最低的群体是“其他”职业人群（3.03 分）以及个体/私营企业主（3.06 分）。由此可以看出，作为管理阶层和公务员/雇员的职业人群对广告的社会影响最为敏感，最认同广告对社会带来的负面影响，而其他人群对广告的社会负面影响持更中立的态度（见图 2—60）。

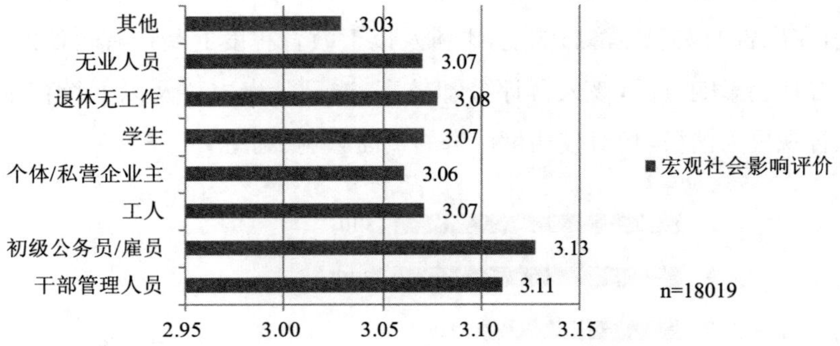

图 2—60　广告宏观社会影响评价的职业差异

(三)广告个人影响评价的人群差异

在男女对比中,女性对广告个人影响的评分比男性高出 0.03 分,认为广告对个人影响的程要比男性更大。方差分析显示,显著值为 0.00,表明男性和女性在广告对个人影响的评价上有显著差异(见图 2—61)。

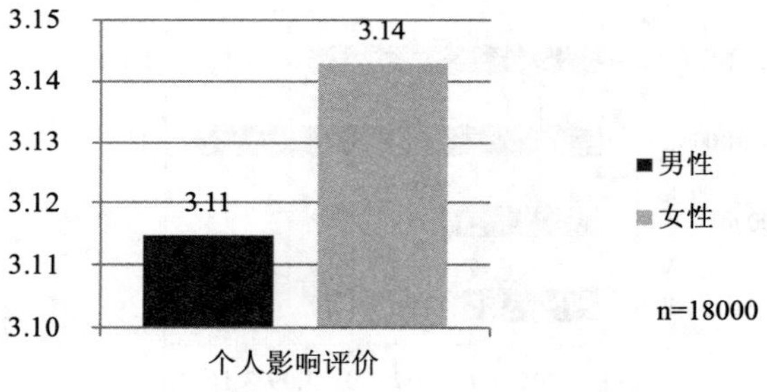

图 2—61　广告个人影响评价的性别差异

从年龄分层上看,年龄越大,对广告个人影响的评分越低。15—24 岁青年群体对广告个人影响评分最高,55 岁及以上中老年群体的评分最低。方差分析显示,组间差异的显著值达到 0.00,表明不同年龄层之间对广告个人影响的评价有显著差异(见图 2—62)。

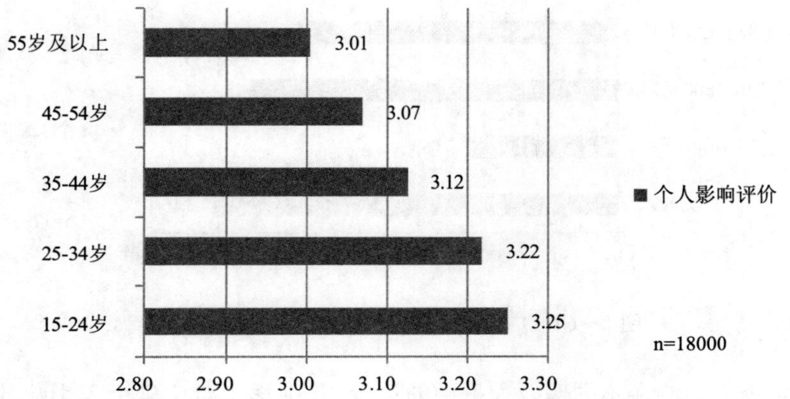

图 2－62　广告个人影响评价的年龄差异

从受教育程度方面看，受教育程度越高，对广告个人影响的评分越高。大专和大学以上文化程度人群对广告个人影响的评分最高，其次是高中文化程度人群，最后是小学及以下文化程度人群（见图 2－63）。

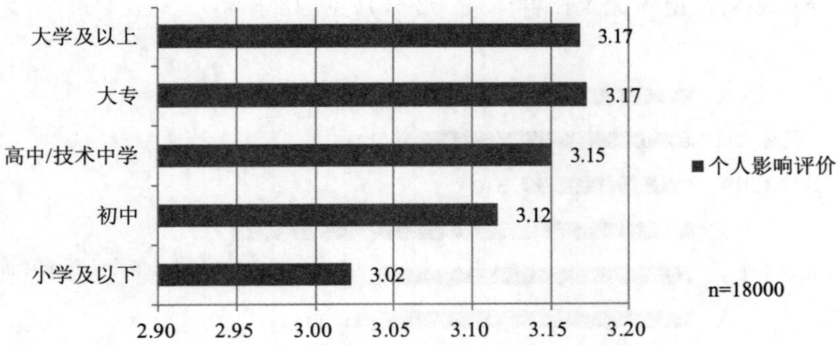

图 2－63　广告个人影响评价的受教育程度差异

从收入分类中看，无收入人群对广告个人影响的评分最高（3.16 分），表明无收入人群认为个人生活受到广告影响程度最深。其次是中等收入人群（3.15 分）、高收入人群（3.14 分），最后是低收入人群（3.08 分），且与其他群体的分值有较大差异（见图 2－64）。

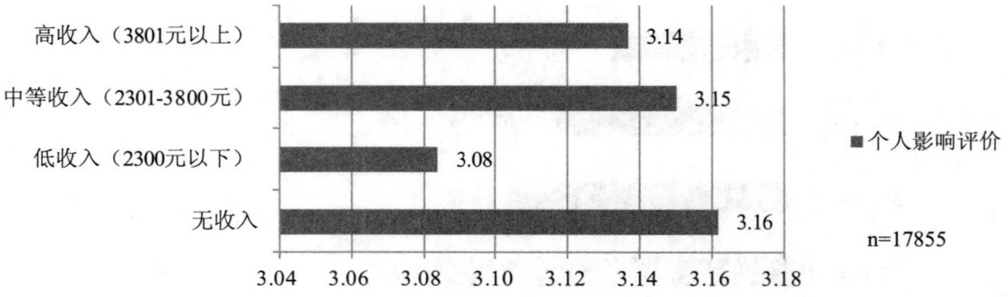

图 2—64　广告个人影响评价的收入水平差异

广告个人影响在不同职业人群中的评价，其中学生对广告个人影响的评分最高(3.23分)，表明学生群体最能认同自己的生活受到广告的影响。这一方面可能是由于学生群体较为年轻，在上世纪90年代以来消费文化快速发展的过程中对广告耳濡目染；另一方面则可能是由于学生群体处在特殊的生命周期，对新鲜事物的接受度、对广告的好奇心都较重，因此最能认可自己生活与广告的密切联系。评分其次的是公务员(3.19分)、干部/管理人员(3.19分)、工人(3.15分)，最后是退休无工作群体(3.02分)(见图2—65)。

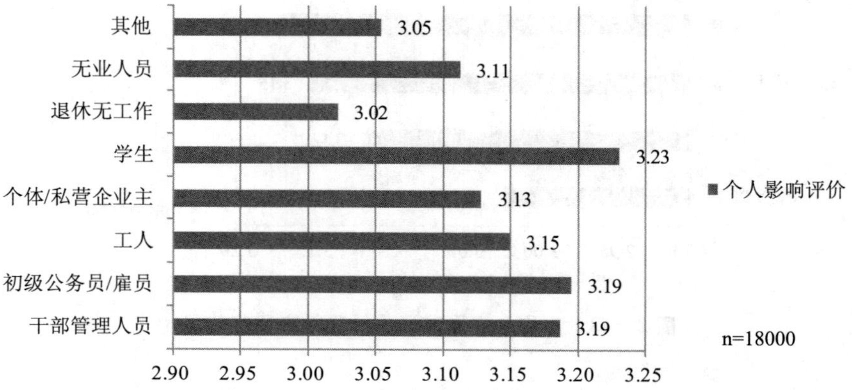

图 2—65　广告个人影响评价的职业差异

(四)广告回避态度的人群差异

从男性与女性对比中看，男性对广告的回避度高于女性。方差分析显示显著差异，显著值为0.00，可见男性对广告的回避态度比女性更为积极(见图2—66)。

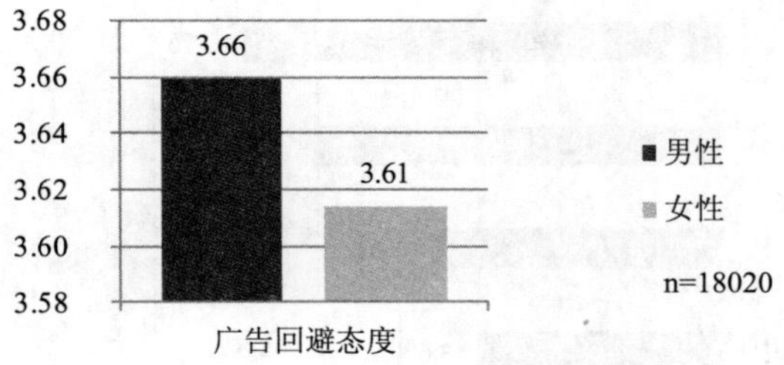

图 2—66　广告回避态度的性别差异

在年龄分层中，45—54 岁中年群体对广告回避的评分最高(3.69 分)，其次是 55 岁及以上人群(3.67 分)，再次为 35—44 中年群体(3.63 分)，最后是 15—34岁的中青年群体(15—24 岁年轻群体为 3.60 分，25—34 岁青年群体为 3.59 分)，可见 15—34 岁之间年轻群体对广告的回避程度最低，是中国城市广告较为理想的受众，也是广告商和广告主寻找的主要目标群体(见图 2—67)。

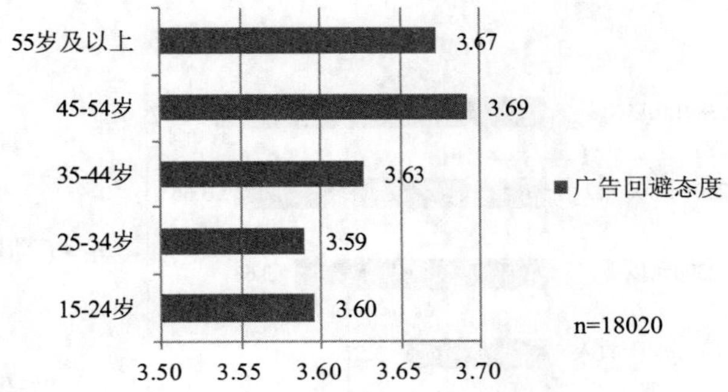

图 2—67　广告回避态度的年龄差异

在受教育程度方面，受教育水平越高，对广告的回避越明显。大学及以上文化程度人群对广告回避评分最高，且与最低评分的小学及以下文化程度人群差距较大。方差分析结果显示，受教育程度对于广告回避态度的差异有显著影响，显著值为 0.00(见图 2—68)。

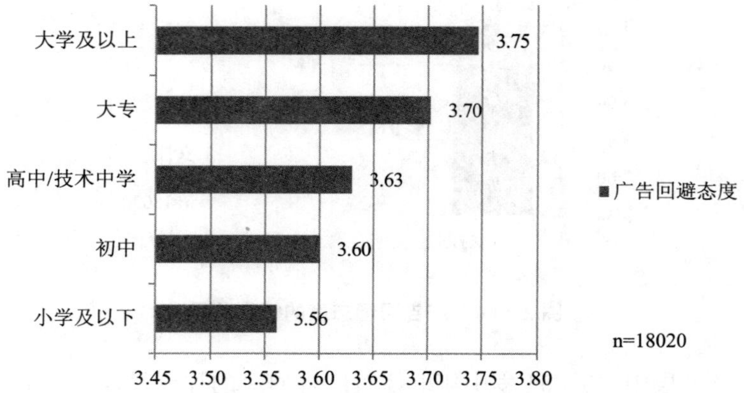

图 2—68　广告回避态度的受教育程度差异

从收入方面看，收入越高，对广告的回避越明显。高收入人群对广告回避的评分最高（3.67 分），无收入群体评分最低（3.57 分）。方差分析显示，收入水平对广告回避态度的差异有显著影响（见图 2—69）。

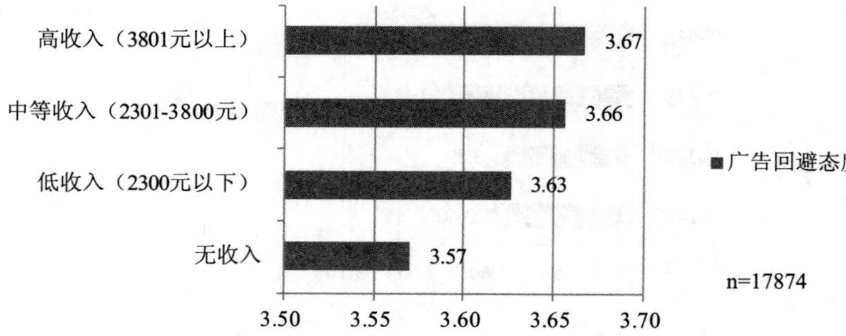

图 2—69　广告回避态度的收入水平差异

从职业分布状况看，退休无工作人群对广告的回避度最高（3.74 分），其次是干部/管理人员（3.71 分）、初级公务员/雇员（3.68 分）、个体企业主（3.63 分）、学生（3.61 分）、工人（3.58 分）、无业人员（3.56 分）以及其他职业人员（3.53 分）（见图 2—70）。

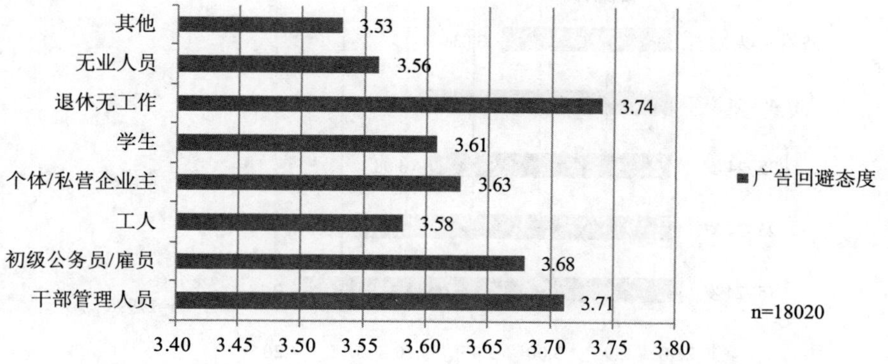

图 2—70　广告回避态度的职业差异

(五)广告素养的人群差异

从广告素养的整体评分来看，在性别对比上，男性和女性对广告素养的评分差异并不显著(显著值为 0.44)，都持接近中立的保守态度，表明男性和女性对自身的广告素养评价都略微肯定，但并不积极(见图 2—71)。

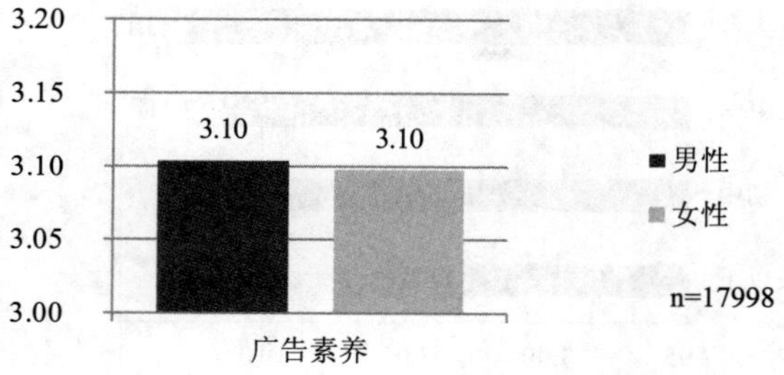

图 2—71　广告素养的性别差异

年龄越大，对广告素养的评价越低，其中 15—24 岁年轻群体中的广告素养评分最高(3.18 分)，其次是 25—34 岁(3.14 分)、45—54 岁(3.09 分)的中青年群体，55 岁及以上中老年群体对广告素养的评分最低(3.03 分)(见图 2—72)。

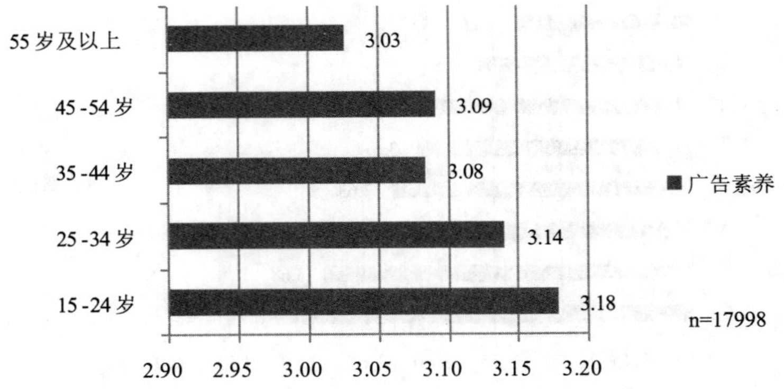

图 2.72　广告素养的年龄差异

从受教育水平来看，随着教育程度的提高，对广告素养的评分越高。大学及以上和大专人群对广告素养的评分最高（皆为 3.13 分），小学及以下文化程度人群评分最低（3.03 分），表明城市居民的受教育水平与广告素养有正相关关系（见图 2—73）。

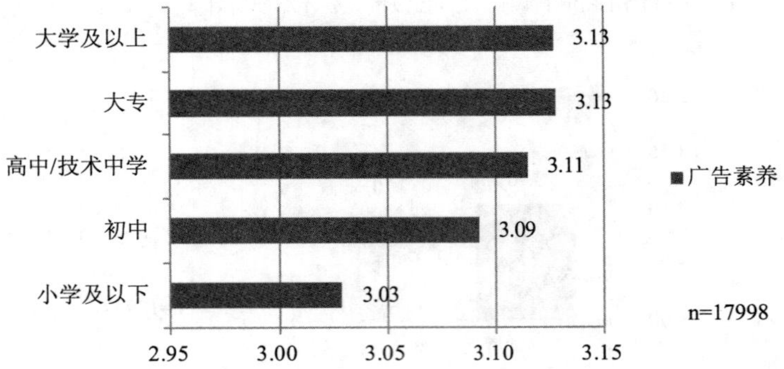

图 2—73　广告素养的受教育程度差异

从收入方面来看，中等收入人群对广告素养的评分较高（3.12 分），其次是高收入群体（3.11 分）、无收入群体（3.11 分），最后是低收入群体（3.07 分）。低收入人群的广告素养评分与其他群体有较明显差距（见图 2—74）。

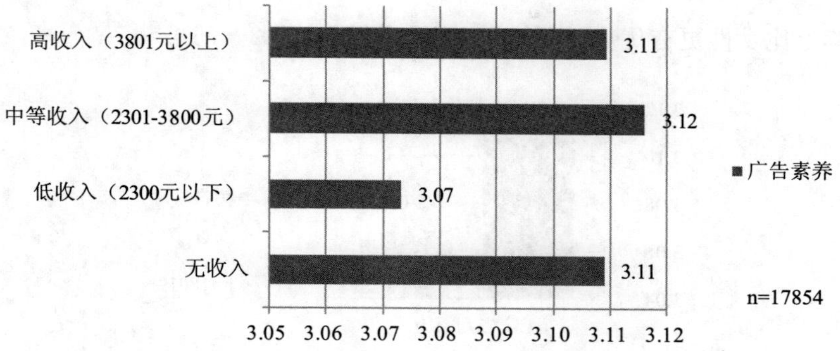

图 2—74　广告素养的收入水平差异

在职业人群中，学生的广告素养评分最高（3.16 分），其后依次是干部/管理人员（3.15 分）、初级公务员（3.13 分），最后是退休无工作人群（3.04 分）（见图 2—75）。

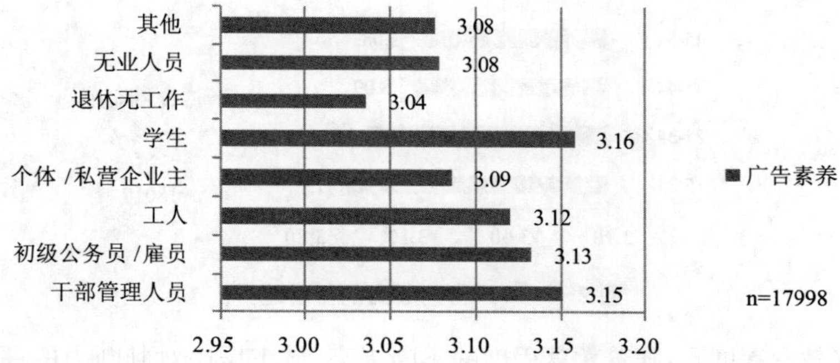

图 2—75　广告素养的职业差异

1. 对广告的判断力

由于广告素养是一个较新的概念，我们将其分解成判断力、可靠性和信任度三个因子进行更为细致的分析和观察，以便更好地了解广告素养。

广告素养中的判断力由以下四个题项构成：(1)我能估计出一个品牌广告费投入了多少；(2)我从来都不会被虚假广告误导；(3)我能推断出何时广告说得太好，根本不能相信；(4)我能区别广告中哪些是事实、哪些是虚构。

在广告素养判断力中，男性的判断力评分高于女性。方差分析显示，显著值为 0.00，表明性别对广告判断力的差异有显著影响，说明男性在对广告的理性判读上比女性更有优势，更趋于客观合理性（见图 2—76）。

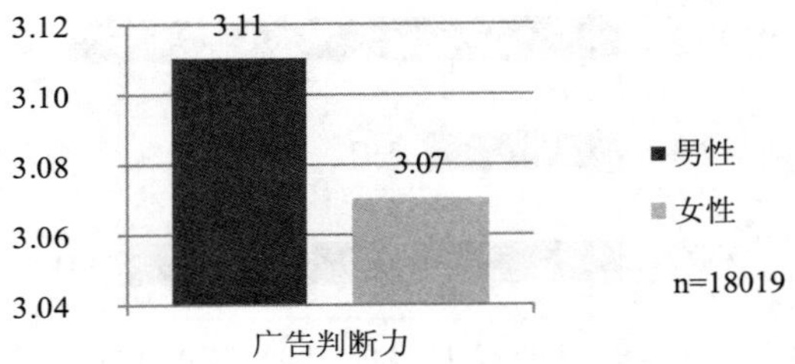

图 2—76　广告判断力的性别差异

在年龄分类上，对广告判断力的评分随着年龄的增长而降低，15—24 岁年轻群体对广告的判断力评分最高（3.15 分），55 岁及以上中老年群体对广告判断力的评分最低（3.01 分）（见图 2—77）。

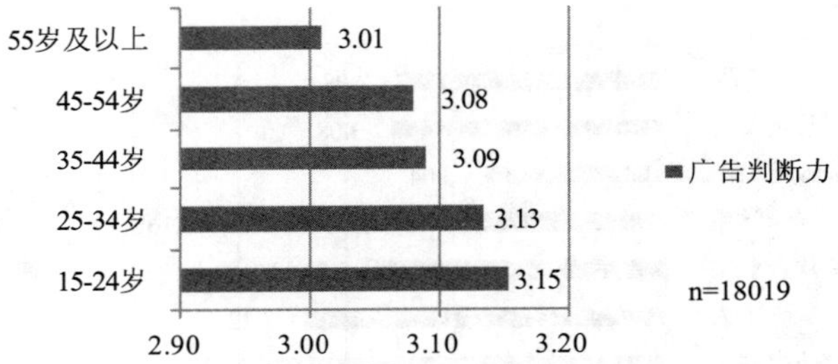

图 2—77　广告判断力的年龄差异

从受教育程度看，随着教育程度的不断提高，城市居民对判断力的评分逐渐提高，说明文化程度越高，对广告的理性判断力比其他群体更高（见图 2—78）。

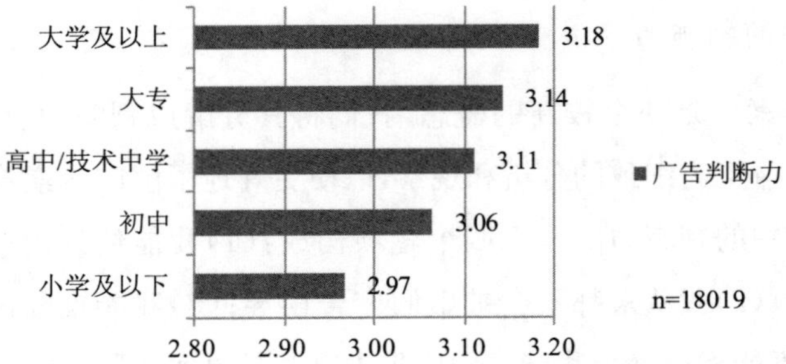

图 2—78　广告判断力的受教育程度差异

从不同收入水平上看，高收入群体在广告素养判断力上评分最高（3.12分），其次是中等收入、无收入人群（3.10分），评分最低的是低收入群体（3.04分）（见图2—79）。

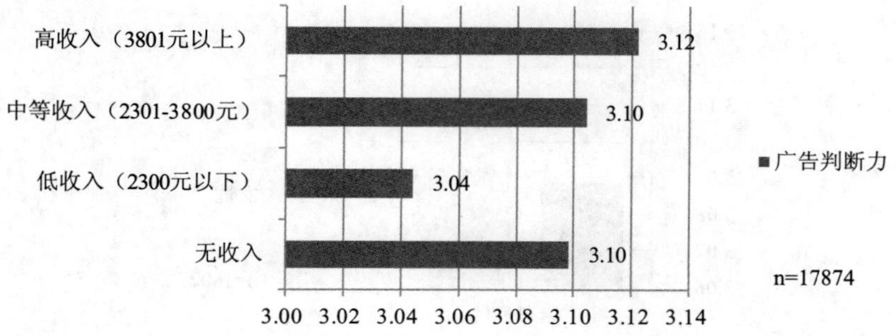

图2—79　广告判断力的收入水平差异

从职业分类来看，干部/管理人员对自身的广告判断力评分最高（3.12分），其次是学生（3.16分），之后是初级公务员/雇员（3.14分），最后是退休无工作（3.03分）和其他人群（3.02分）。由此可见，管理阶层职业人群认为自己对广告的判断力最高（见图2—80）。

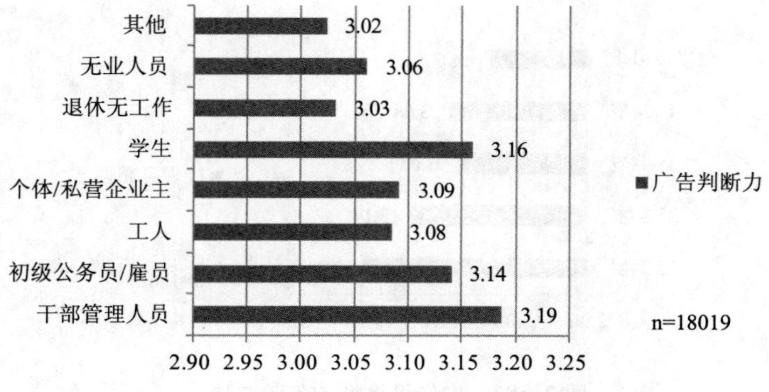

图2—80　广告判断力的职业差异

2. 广告可靠性

广告素养的第二个维度是对广告可靠性的判断，广告可靠性由以下三个题项构成：(1)总的来说，广告还是真实的；(2)广告是产品质量和性能的可靠信息来源；(3)总的来说，广告表现了产品或服务的真实图景。

从图 2－81 中看出，女性比男性对广告的可靠性评分要高。方差分析显示，显著值为 0.014，因此其差异依然是显著的，说明女性比男性更认为广告是产品或信息的真实和可靠来源。

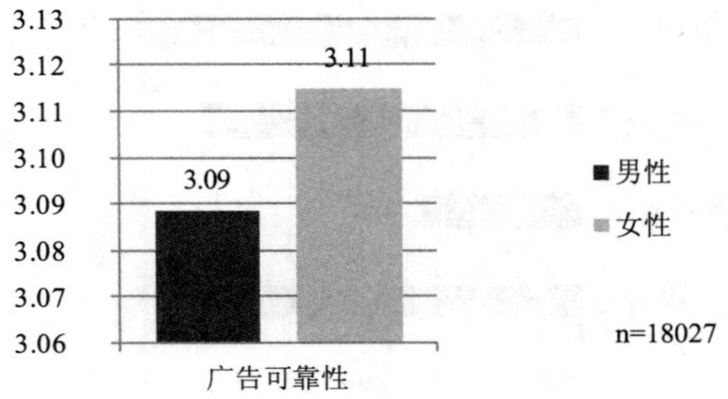

图 2—81　广告可靠性的性别差异

从年龄分类上看，15－24 岁青年群体对广告可靠性的评分最高(3.20 分)，其后依次是 25－34 岁中青年群体(3.14 分)、45－54 岁中年群体(3.08 分)和 35－44 岁中年群体(3.07 分)，最后是 55 岁以上中老年群体(3.03 分)(见图 2－82)。

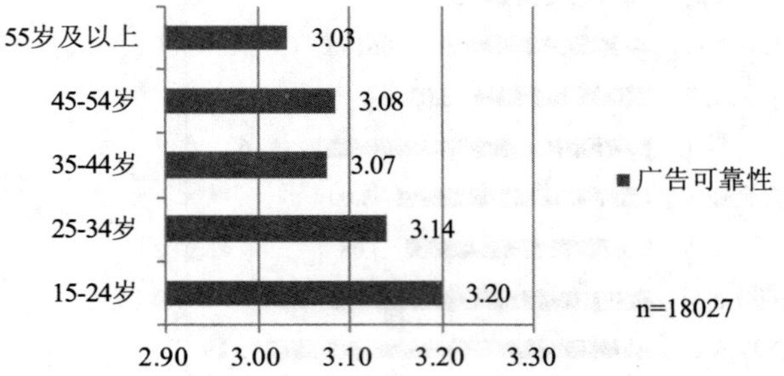

图 2—82　广告可靠性的年龄差异

从受教育程度层面看，初中文化程度人群对广告可靠性的评分最高(3.12 分)，评分最低的是大学及以上的群体(3.06 分)(见图 2－83)。

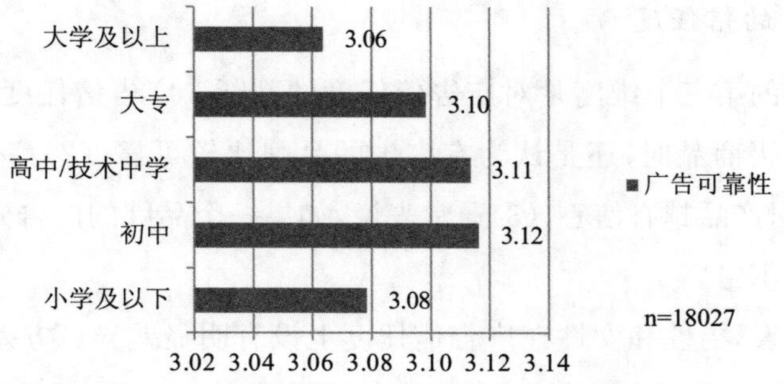

图 2—83　广告可靠性的受教育程度差异

从收入层面看，中等收入和无收入人群对广告可靠性的评分最高（皆为 3.12 分），评分最低的是高收入人群（3.08 分），说明高收入人群在对广告可靠性的评价方面比其他群体更为谨慎（见图 2—84）。

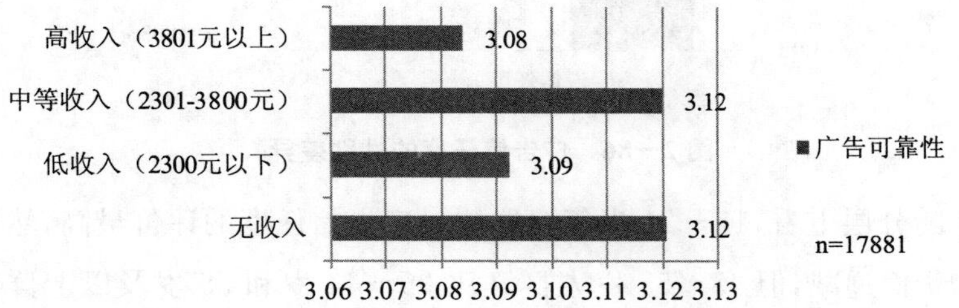

图 2—84　广告可靠性的收入水平差异

在不同职业的人群中，学生群体对广告可靠性的评分最高（3.17 分），其后依次是工人群体（3.15 分）、干部/管理人员（3.12 分）和初级公务员/雇员群体（3.11 分）、个体私营企业主（3.09 分）和其他人群（3.10 分），对广告可靠性评分较低的是退休无工作的人群（3.03 分）（见图 2—85）。

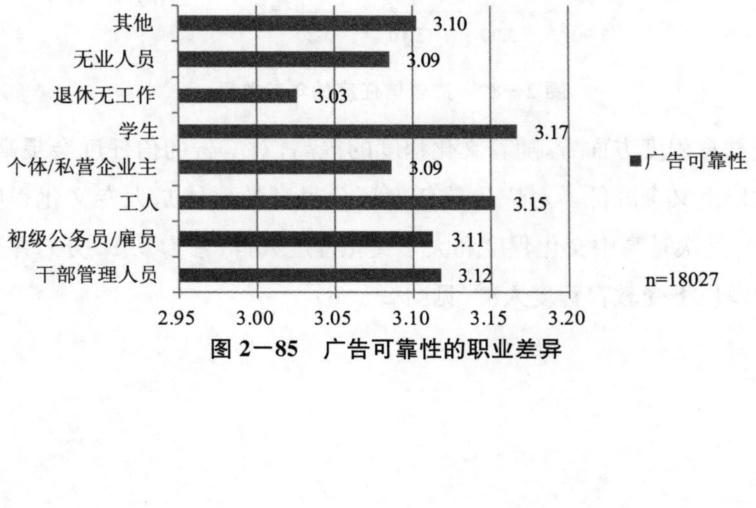

图 2—85　广告可靠性的职业差异

3.对广告的信任度

广告素养的第三个维度是对广告信任度的判断。广告信任度由以下几个维度构成:(1)买商品时,还是认为有广告的品牌比较可靠;(2)广告费支出越多,说明企业对产品越有信心;(3)通常来说,如果一个品牌的广告做得好,那么该产品应该也不错。

从性别上看,男性和女性在广告信任度上没有明显差异。方差分析显示,显著值为0.62,因此性别对广告信任度的差异影响并不显著(见图2—86)。

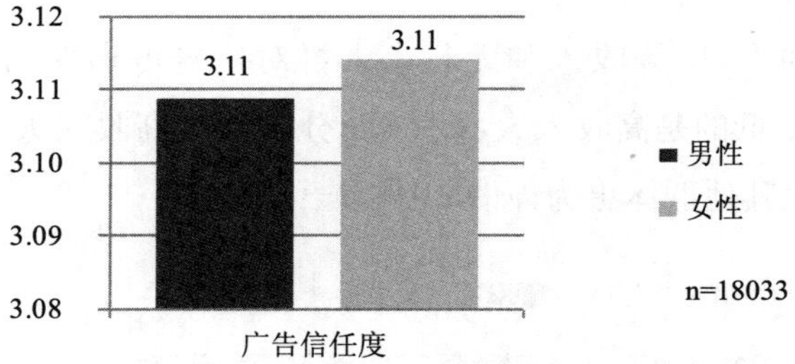

图2—86 广告信任度的性别差异

从年龄分层上看,15—24岁年轻群体对广告信任度的评价最高,然后随着年龄的增长而递减,但45—55岁人群又比35—44岁和55岁及以上群体对广告信任度的评分更高(见图2—87)。

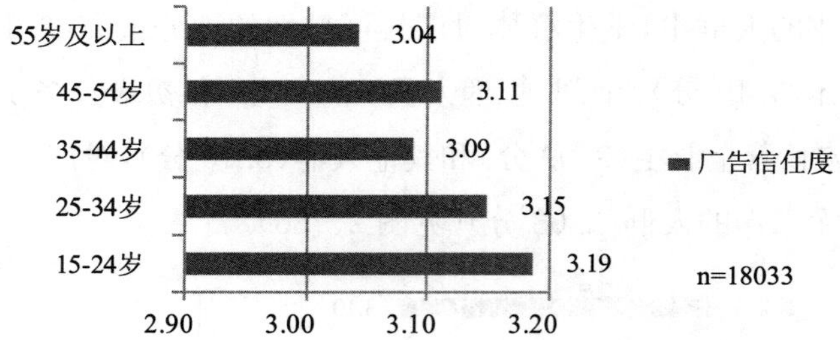

图2—87 广告信任度的年龄差异

从受教育程度方面看,随着文化程度的提高,对广告的信任度会提高,但到大学程度以上又会降低。对广告信任度评分最高的群体是大专文化程度人群(3.14分),其次是高中文化程度和大学文化程度人群(皆为3.12分),评分最低的是小学及以下受教育程度人群(见图2—88)。

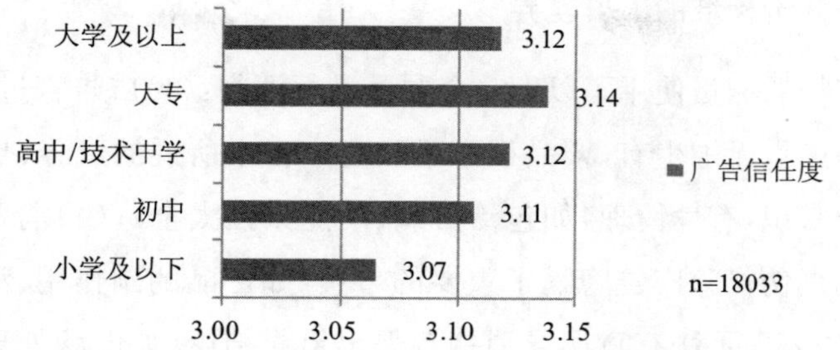

图 2—88 广告信任度的受教育程度差异

从收入分类看，中高收入群体比低收入和无收入群体更信任广告。信任度评分最高的是中等收入人群(3.13 分)，其次是高收入人群(3.12 分)和无收入人群(3.11 分)，最后是低收入人群(3.09 分)(见图 2—89)。

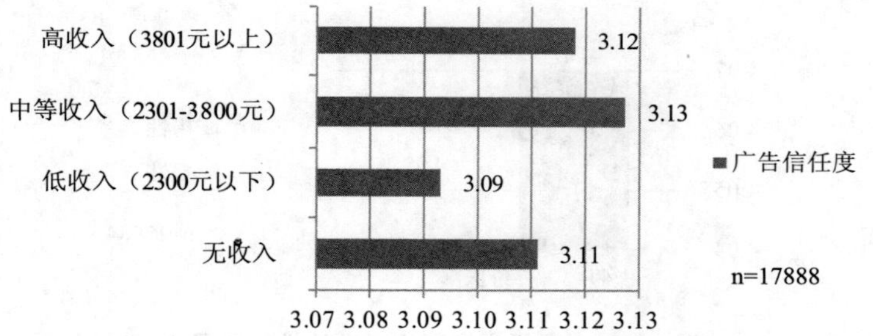

图 2—89 广告信任度的收入水平差异

从职业上看，学生群体对广告信任度的评分最高(3.15 分)，其次是初级公务员/雇员(3.14 分)和干部/管理人员(3.14 分)、工人群体(3.14 分)，退休无工作群体对广告信任度的评分最低(3.05 分)(见图 2—90)，

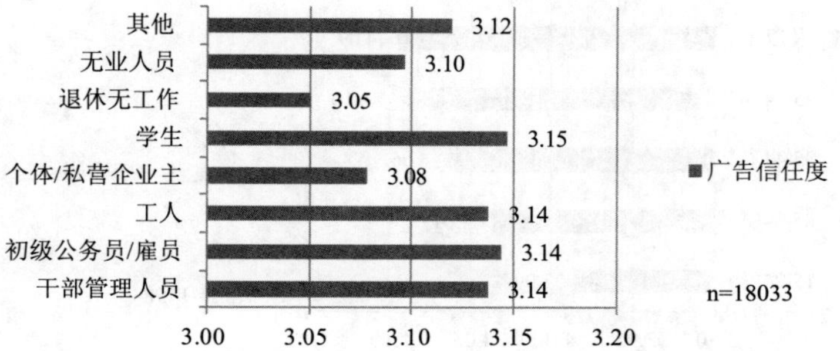

图 2—90 广告信任度的职业差异

(六)虚假广告评价标准的人群差异

对虚假广告的测量使用了以下几个题项进行评判:(1)广告言过其实,夸大产品功用;(2)广告无中生有,产品根本不具备广告中所说的成分、功能等;(3)广告内容不合常识,有悖情理(如包治百病、功能太强太全);(4)消费者无法检验广告承诺的真伪;(5)广告隐瞒了重要的事实(如产品的副作用、消费的附加条件);(6)广告表现手法有意误导消费者得出错误结论(如电脑处理过的使用前后对比画面);(7)广告中采用了一些消费者一眼就能看出的夸张或比喻手法;(8)广告代言人并没有亲自使用该产品;(9)无论企业是否故意,只要广告表现方式在事实上容易引起消费者的误解;(10)违反法律法规明文规定的广告。

从性别上来看,男性对虚假广告的评分高于女性,但差异不大。方差分析显示,显著值为 0.93,说明男性和女性之间对虚假广告的评判标准并没有显著差异(见图 2—91)。

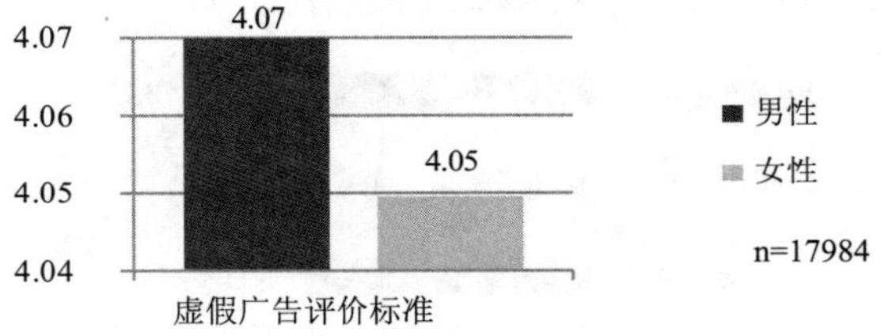

图 2—91　虚假广告评价标准的性别差异

从年龄上看,随着年龄的增长,对虚假广告评判标准的评分越高,15—24 岁年轻群体对虚假广告的评价标准均值最低,这个年龄段的群体对于什么样的广告可算作虚假广告的概念相对较为模糊,评价标准不如中青年群体那么清晰。说明随着年龄的增长,对虚假广告的判别标准和评价越来越清晰(见图 2—92)。

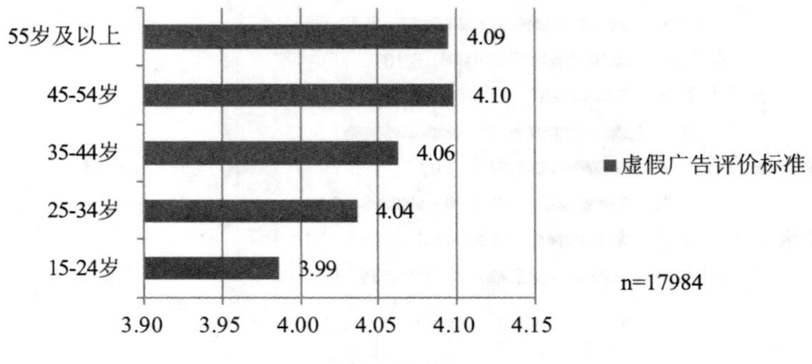

图 2—92　虚假广告评价标准的年龄差异

从文化程度上看，随着受教育程度的提高，对虚假广告的判断评分越来越严格。评分最高的是大学及以上文化程度人群（4.16分），评分最低的是小学及以下文化程度人群（4.01分）。表明受教育水平在人们对虚假广告评价标准的严格程度差异上有显著影响（见图2—93）。

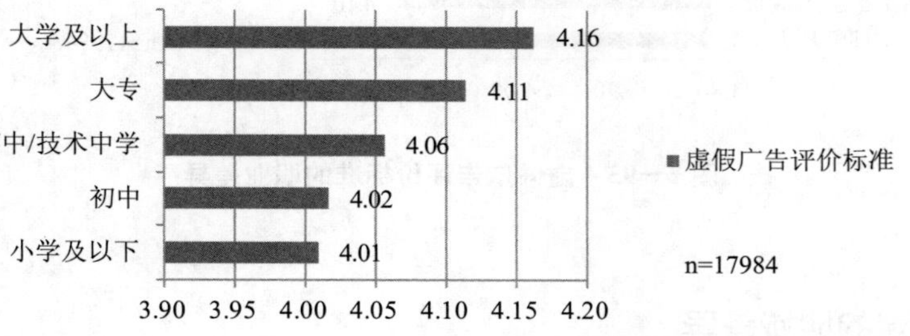

图2—93　虚假广告评价标准的受教育程度差异

从收入上看，高收入人群对虚假广告的判断标准评分最高（4.10分），其后依次是中等收入人群（4.08分）、低收入人群（4.03分）和无收入人群（4.00分）。说明高收入人群对虚假广告的判断更为严格，评价标准更加清晰（见图2—94）。

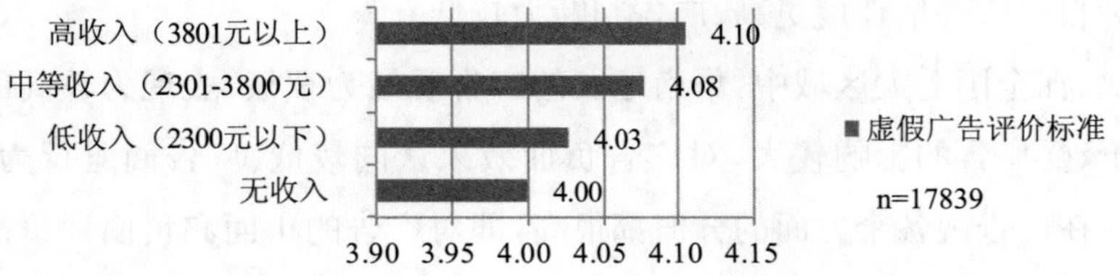

图2—94　虚假广告评价标准的收入水平差异

从职业上看，虚假广告的评判在退休无工作人群中得分最高（4.15分），其次是干部/管理人员（4.11分）、初级公务员/雇员（4.10分）、个体私营企业主（4.04分）、无业人员（4.01分）、工人（4.01分），最后是学生（3.99分）和其他人群（3.98分）。由此可见，虽然学生群体在广告观的其他方面评价较为积极，但在虚假广告的评判标准上却相对较不清晰，退休无工作人群倒反而对虚假广告的评价标准观点最鲜明（见图2—95）。

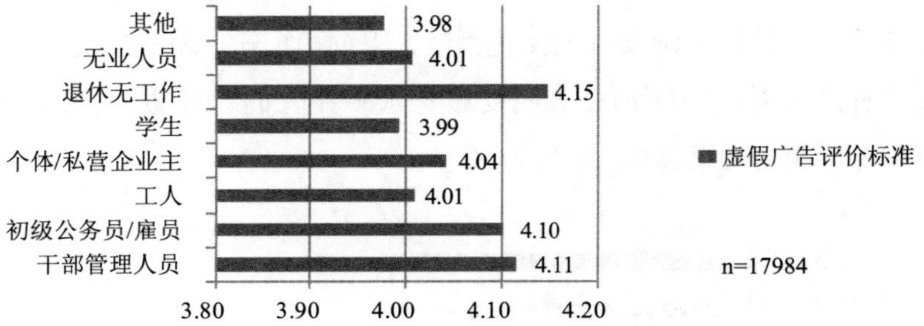

图 2—95　虚假广告评价标准的职业差异

四、广告观的地域差异

本节从广告观的不同方面细致地探究了全国七大区域(华北、东北、华东、华中、西南、华南、西北)的差异,以发现地域对广告观不同层面的影响。

首先,广告观的某些方面存在显著的南北地域差异,如在广告素养上,北方地区城市居民认为自己广告判断力较高、广告信任度较低;而南方地区城市居民则认为自己广告信任度更高、广告判断力较低。

其次,在全国七大区域中:华南地区的广告观最为积极,表现为较高的广告正面评价、受广告的影响较大,对广告负面效果认同较低、广告回避行为较弱。华东地区在广告观各个方面的分值都很高,即对广告的正面和负面评价都较强烈,并有较强的广告回避行为。西北地区受到广告的影响最小,对广告的正面、负面以及个人生活层面的影响感知最弱,有较强的广告回避行为。东北地区虽然在广告观上分值也较低,但与西北地区不同,其对广告的负面社会影响感知较强烈。

本节通过区域间广告观的比较,认为华南地区的广告观最为成熟、超前;华东地区对广告的态度最强烈、矛盾;西北地区受广告影响最弱;东北地区和华中地区的广告市场规范最需关注。

(一)全国七大区域间的广告观差异

1. 不同区域的广告总体评价

对广告的总体评价包括三个方面，分别是："总的来说，我认为广告是件好事"，"总体而言我喜欢广告"和"广告是必不可少的"。对于这三个观点的认同程度反映出受众对于广告的总体好感度。就单个问题来看，受众对于"广告是必不可少的"，即广告的必要性认可度最高，对于广告本身也基本认可，但在个体对广告的喜爱程度方面则认可度最低。

在广告总体评价的平均值中，华南地区、华东地区、华北地区和西北地区对广告的总体评价都超过 3.20 分，与其他区域相比对广告的评价更高，而华中地区和东北地区对广告的评价最低，分别只有 2.98 分和 2.95 分(见图 2—96)。

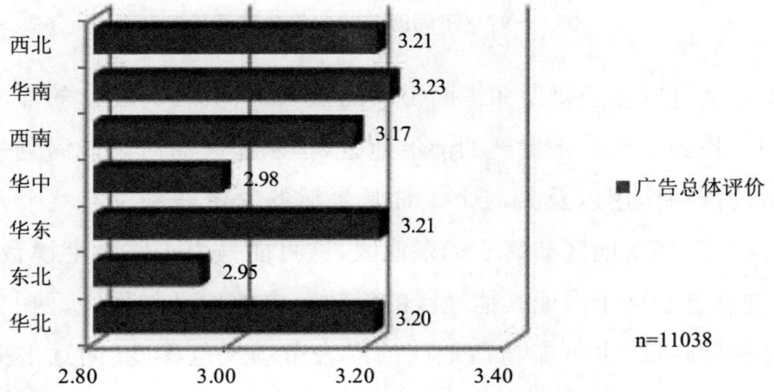

图 2—96　不同区域的广告总体评价均值

从单个问题来看，华南地区的受众最认同"广告是件好事"，西北地区的受众最不认同；华南地区的受众最认同"我喜欢广告"的说法，西北地区的受众最不认同；华东地区的受众最认同"广告是必不可少的"，东北地区的受众最不认同(见图 2—97)。

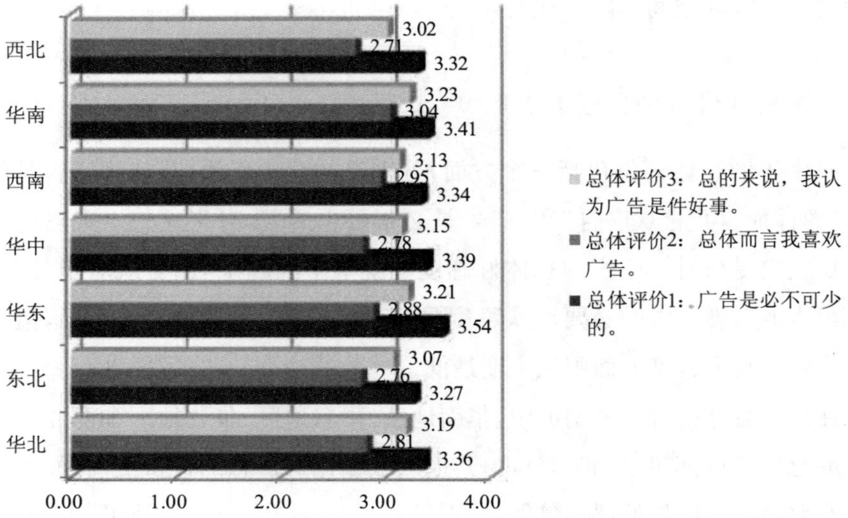

图 2—97　不同区域的广告总体评价

华东地区对广告必要性和正面价值的认同，与其较为发达的经济水平是分不开的。作为全国经济发展的前沿地区，华东地区的居民能深刻感受到广告对经济的推动作用以及其与个人日常生活的紧密联系。但就个人对广告的好感度而言，华南地区却高于华东地区，这可能是由于临近港澳台地区，广告制作、创意水平高于内地其他地区的缘故。内地地区如华中、西北、东北等的广告好感度较低，也可能与该地区的广告市场规范程度、创意水平和制作水平有关。

2. 不同区域对广告影响的评价

对于广告的宏观社会影响，问卷设计了涉及道德和价值观方面的题目，其中大部分为对广告的负面评价，因此在对正面评价选项进行反向处理后，可以得出对广告宏观社会影响（负面影响）的总体态度。从地区来看，华东地区得分最高（3.25 分），表明华东地区的受众对广告带来的宏观社会影响（负面评价）最为认同，西北地区的受众则最不认同（2.95 分）（见图 2—98）。

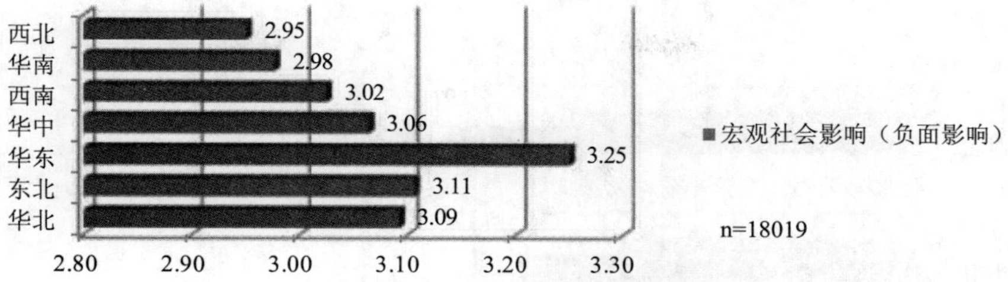

图 2—98　不同区域的广告宏观社会影响总体评价

从单个问题来看，受众认可度最高的说法是“虚假广告的传播导致社会诚信的下降”和“公益广告倡导良好的社会公德”，说明我国受众比较认可广告在社会道德方面的直接影响。其中，全国大部分区域的受众对“公益广告倡导良好的社会道德”这一说法的认可度都超过其他题项，但华东地区的受众对于“虚假广告的传播导致社会诚信下降”这一说法的认可度超过其他题目，说明华东地区的受众更关注虚假广告带来的社会负面影响。相对来说，我国受众认可度最低的说法是“广告会让人们仅仅为了炫耀而去购买他们负担不起的商品”和“广告在我们的社会上宣扬不良的价值观”。其中，对于广告会造成炫耀性消费的说法最认同的是华东地区（3.30 分），最不认同的是西北地区（2.94 分）；而对于广告会宣扬不良价值观的说法认同度最高的是华东地区（3.38 分），最低的是华南地区（2.77 分）（见图 2—99）。

在全国七大地区中，华东地区最为认同广告具有负面社会价值的观点。值得注意的是，在普遍较为认同的公益广告的积极作用方面，华东地区表现并不突出，但在虚假广告带来的消极作用方面，华东地区则强烈地认同。同时，在全国其他地区认同程度相对不高的观点上，华东地区表现出明显的认同态度，特别是在广告引发的炫耀性消费和物质主义方面。虽然同是经济发达地区，但华南地区的态度却非常缓和。因此，华东地区对广告的消极心理应当引起相关重视，在广告市场规范和广告创意水平等方面都应当有所警惕。

对于广告的宏观经济影响，本问卷设计了相应的三个子问题，以测试中国居民对广告宏观经济影响（正面影响）的认同程度。首先从平均总分值来看，对广告的宏观经济影响认同程度最高的地区是华东，得分为 3.35 分，认同度最低的地区为西北，得分为 3.03 分（见图 2—100）。

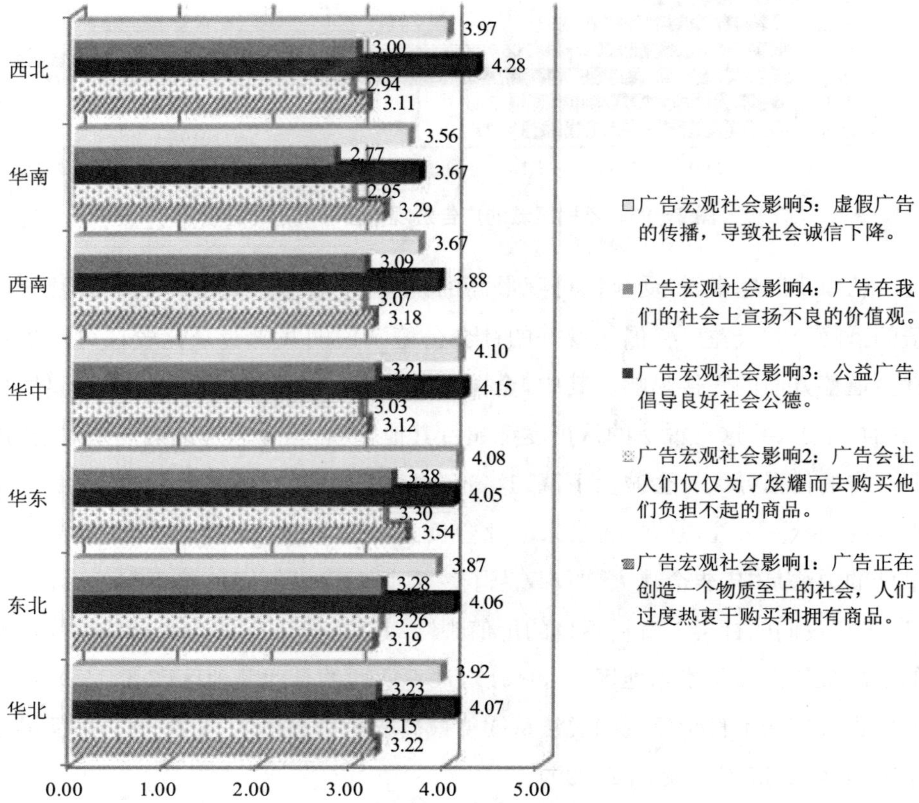

图 2—99　不同区域的广告宏观社会影响

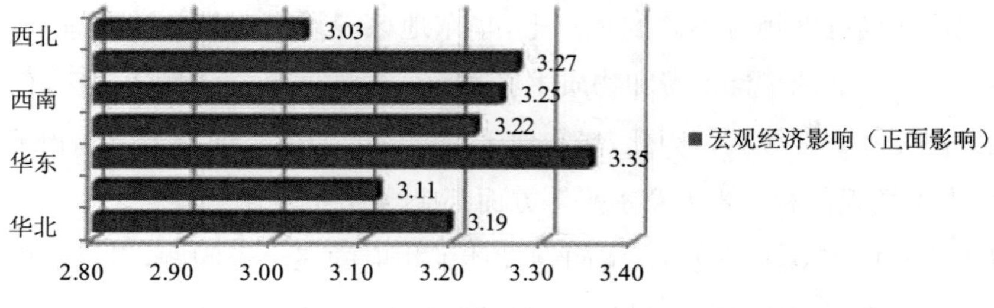

图 2—100　不同区域的广告宏观经济影响总体评价

从单个题项的得分情况来看，全国七个地区都对“广告能带来更好的产品”这一说法认可度低，说明目前中国的广告产业发展并没有从实质上改善产品质量。相对来说，认可程度最高的说法是“广告推动竞争并最终对消费者有利”，即广告间接地对消费者产生利益，可能体现在价格或产品种类增多等方面。而对“广告有助于提高生活水平”这一说法，各地区观点不一，华东地区最为认可，西北和东北地区最不认可（见图 2－101）。

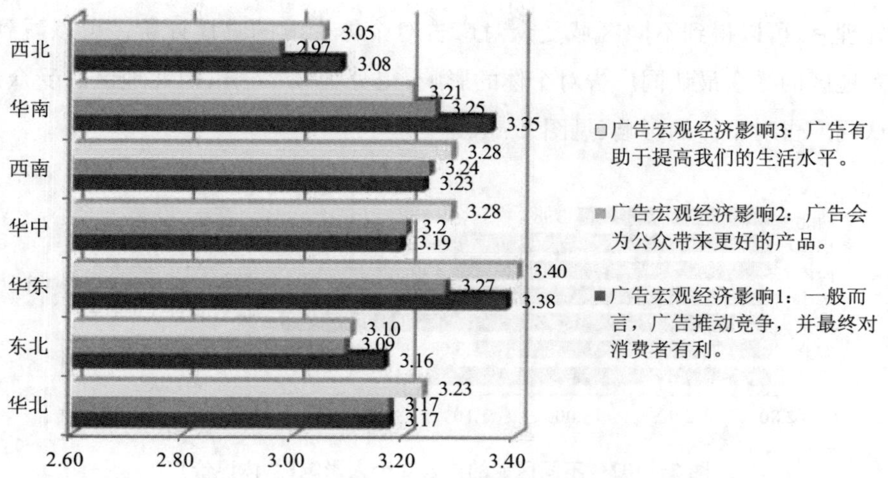

图 2－101　不同区域的广告宏观经济影响评价

不同区域都有各自的特征：华东地区在所有题目上的得分都最高，说明华东地区对于广告的宏观经济影响认可度最高，其中认可度最高的是“广告有助于提高生活水平”这一说法，其次是“广告能推动竞争，最终对消费者有利”的说法，相对来说认同度较低的说法是“广告会为公众带来更好的产品”。华南地区的分值也相对较高，但与华东地区不同，华南地区的受众对于“广告有助于提高生活水平”这一观点认可度较低（3.21 分）。换言之，华东地区受众对于广告提升生活水平和推动市场竞争的作用感受最为强烈，而华南地区则只认可广告推动市场竞争的作用，对广告提升生活水平的作用感受较少。

从其他地区来看，华北地区、西南地区和华中地区则相反，对于广告能提升生活水平的作用的认可度高于其他两种观点。西北地区和东北地区的总体认可度最低，且相对来说都更认同广告“推动竞争，并最终对消费者有利”的说法，更少认同“广告会为公众带来更好的产品”这一说法。尤其是西北地区，对这一说法的认可度只有 2.97 分，是所有地区中最低的。这可能是由于西北地区的广告产业发展相对落后，或与当地的经济水平、市场环境有关。

对于个体来说，广告对个人的影响是最直接的，因此问卷将广告的个人影响分为了三方面，分别为广告对个体购买行为的影响，广告对个体生活方式的影响和广告对个体娱乐生活的影响。

在广告对个体的影响部分，我们将“我很少受广告的影响”这一选项进行反向处理后，可以得到不同区域受众对广告对个体影响的总体评价。可以看到，华东地区的受众最认同广告对个体的影响，得分为 3.27 分，西北地区的受众最不认同广告对个体的影响（见图 2—102）。

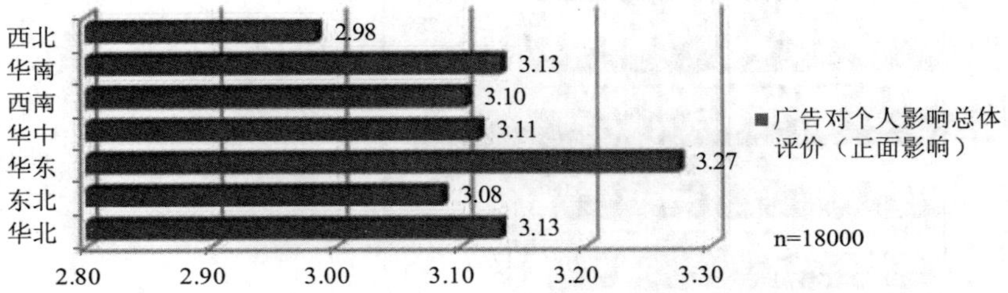

图 2—102　不同区域的广告对个人影响(总体评价)

如果从单个题项来看，每个区域都有不同的情况。在广告对个体的购买行为影响方面，西北地区、东北地区和华北地区的受众对“我很少受广告的影响”这一观点的认同显著大于其他观点。其中，东北地区对此说法的认同度是所有区域中最高的，达到 3.61 分，而这几个区域的受众相对也较认同“广告提供给我关于产品的重要信息”这一说法。华南地区、华中地区的受众也最认同个体很少受广告的影响，但对其他说法的认同度分值也差异较小，他们相对更认同“如果对广告有兴趣，我会尝试新的品牌”这一说法，即较能认同广告对于建立新品牌的帮助作用。西南地区和华东地区则相对最认同的说法是“广告提供给我关于产品的重要信息”，其次认同的是“我很少受广告的影响”。而不论在哪个区域，受众都最不认同“广告告诉我哪个品牌是最好的购买选择”这一说法，在西北地区这一态度达到了最低值 3.01 分（见图 2—103）。

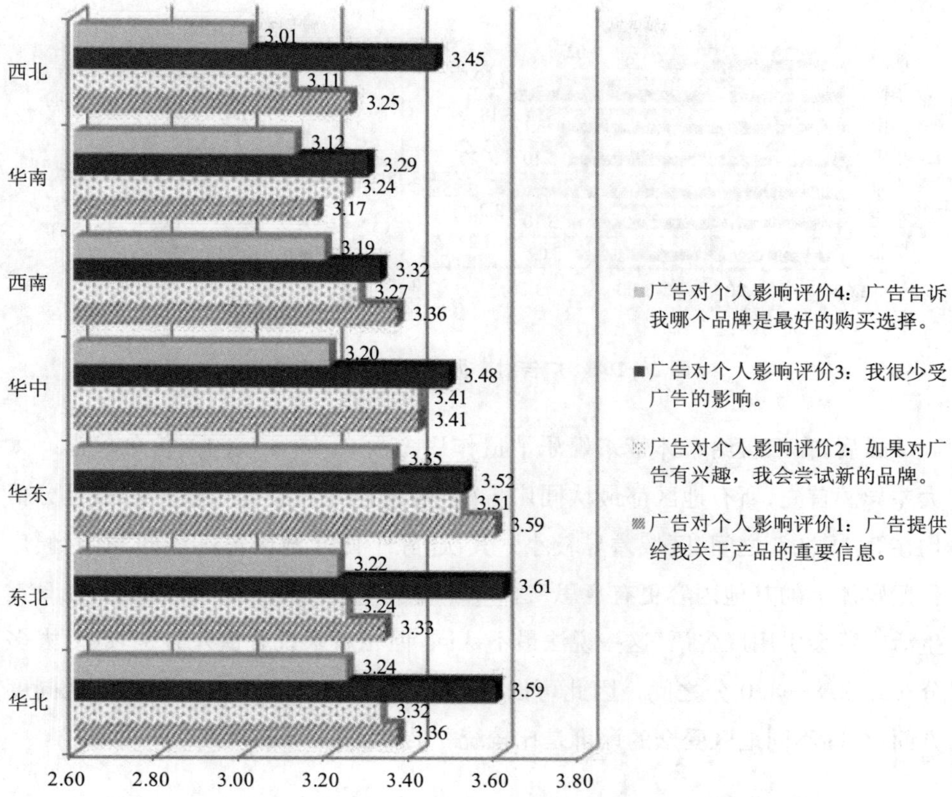

图 2－103　广告对个人的影响(购买行为)

在广告对个体的生活方式影响方面，大部分地区的受众都相对更认同“广告告诉我与我有类似生活方式的人会买什么、用什么”这一观点，只有华南地区的受众更加认同“从广告中我学习时尚、学习购买什么才能给别人留下较深的印象”这一观点。说明在华南地区，受众比较认可广告对于时尚潮流和提升个体社交能力的作用，而在其他地区，广告则是实现群体认同的重要步骤，且更多的是带来个体对群体的认同。相比之下，个体通过学习广告中的时尚而强化个人形象，更多的体现出个体主义的需求。由此可见，华南地区的城市居民已经开始更多的通过广告彰显自我个性而非对群体的认同，但全国大部分地区的城市居民仍然有强烈的群体认同需求，尤其在华东地区，这一需求达到最大值(3.35分)(见图 2－104)。

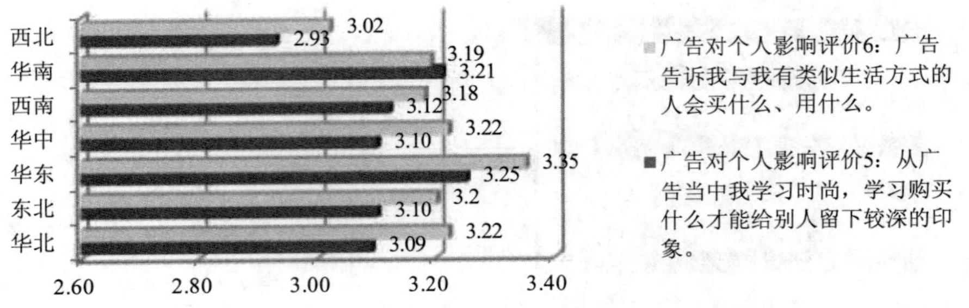

图 2—104 广告对个人的影响(生活方式)

最后，在广告给个体带来娱乐消遣作用方面，不同区域的评价分值没有太大差异。首先，所有地区都最认同广告能“带来趣味和娱乐”这一说法，且分值均在 3.1—3.6 之间，区域差异较小。其次，除了西北地区最不认同“有时候广告比媒体上的其他内容更有意思”这一观点之外，其他地区的受众都对“在日常生活中我会引用广告语”这一说法最不认同，但相对来说分值差异也较小，大多分布在 2.8—3.0 分之间。因此可以说，在广告对个体娱乐消遣作用的认同度方面，全国不同地区受众的评价是比较统一的(见图 2—105)。

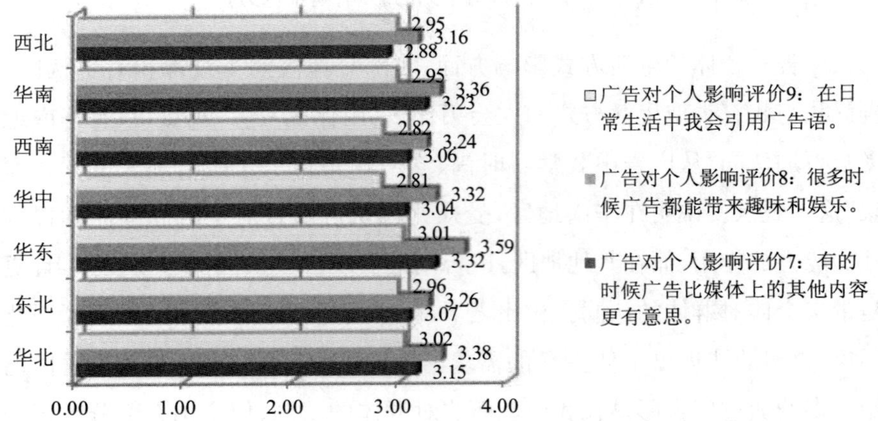

图 2—105 广告对个人的影响(娱乐生活)

综合广告的社会影响、经济影响和对个人的影响，华东和华南是受到广告影响最大的地区，而西北和东北则是受到广告影响最小的地区。华东地区对广告正面影响或负面影响的感受都非常强烈，而华南地区则更多的感受到广告的积极作用而非负面作用，且在购物决策方面更少受到广告的影响，更倾向于通过广告学习时尚风格、彰显个性，而非追求群体认同。西北地区对广告的正面或负面影响感受都较少，而东北地区虽然对广告的正面经济影响感受较少，但对广告的负面社会影响较为认同。

3. 不同区域的广告回避态度

受众对广告的回避态度总共由五道子问题组成，通过将量表相加后得到均值，可以反映出我国不同地区受众对于广告的总体回避态度，分值越高的地区，对广告的回避倾向更强烈。研究结果显示，出大部分地区的广告回避态度都比较强烈，如西北、华中、华东、东北地区的分值都在 3.70 以上，其中华东地区分值最高。华南地区和西南地区的广告回避态度相对更轻，华南地区的分值为 3.15，西南地区的分值为 3.50（见图 2－106）。

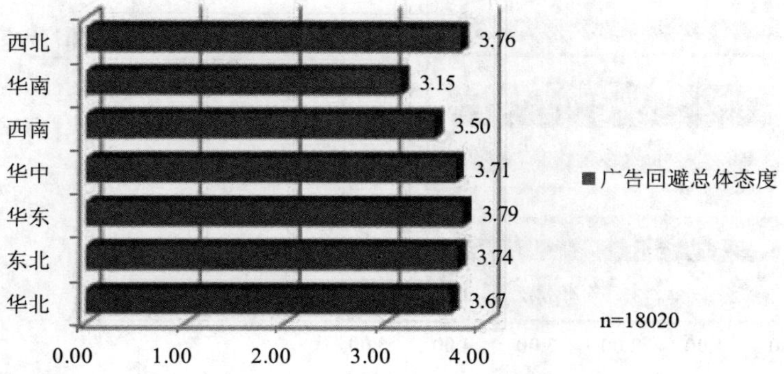

图 2－106 不同区域的广告回避总体态度

从单个题项来看，我国不同地区的受众对广告的回避态度比较一致。所有地区的受众都最认同“禁止在电视剧中插播广告是必要的”这一说法，其次则是“大量的广告使我厌烦”。除了华中地区以外，其他地区的受众相对最不认同的说法是“广告是一种不受欢迎的闯入和干扰”，华中地区的受众最不认同的说法是“我认为看广告是浪费时间”。这说明我国受众目前对广告的回避态度主要源自大量的广告信息造成的负面情绪，源自某些广告播出方式对受众观看电视剧造成的干扰（见图 2—107）。

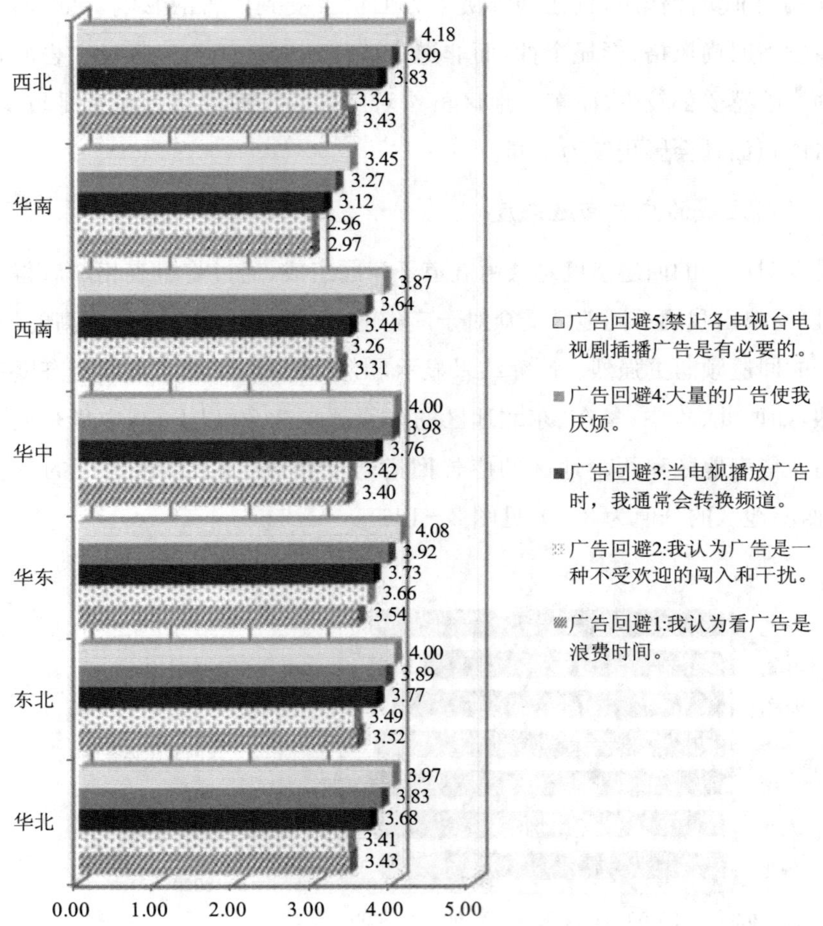

图 2—107　不同区域的广告回避态度

华南地区对广告的低回避态度值得引起关注：同为东部经济较发达地区，华东、华北地区的广告回避态度却较高。华南地区广告回避态度较低的问题，可能与其广告创意水平较高或广告投放方式有关，具体情况有待进一步研究。

4. 不同区域虚假广告的评价标准

本问卷中列出了10个虚假广告的评价标准，根据每个评价标准的分值，可以看出不同区域的受众对于虚假广告评价标准的差异。为了便于分析，本书将10个题项划分为三个部分进行分析：广告承诺、广告表现和广告法规。

首先，在广告承诺方面，除了华南地区以外，所有地区的受众都最认同“广告内容不合常理、有悖情理（如包治百病、功能太强太全）”这一评价标准；而华南地区的受众最认同“广告无中生有，产品根本不具备广告中所说的成分、功能等”这一说法。此外，除了华东地区以外，其他地区的受众也都相对最不认同“消费者无法检验广告承诺的真伪”这一评价标准，而华东地区的受众相对更不认同“广告言过其实、夸大产品功用”这一说法（见图2—108）。

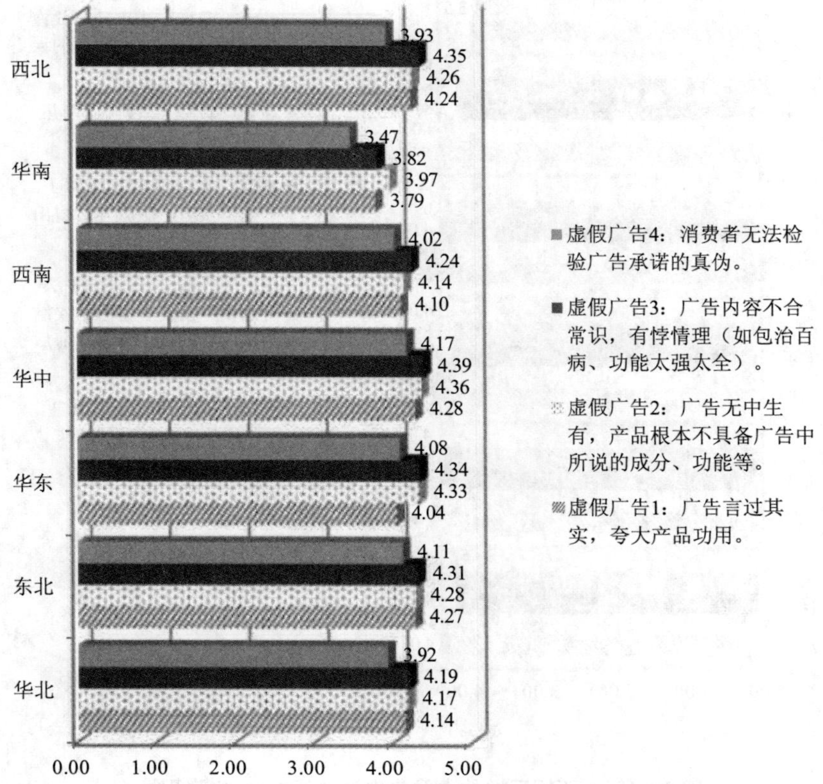

图2—108　不同区域的虚假广告评价标准（广告承诺）

其次，在广告表现方面，所有地区的受众都相对最认同"广告隐瞒了重要的事实"这一标准；而西北地区的受众相对最不认同"不论企业是否故意，只要广告表现方式事实上容易引起消费者的误解"这一标准；华北地区的受众最不认同"广告中采用了一些消费者一眼就能看得出的夸张或比喻的手法"这一标准；其他地区的受众最不认同的说法是"广告代言人并没有亲自使用该产品"（见图2—109）。

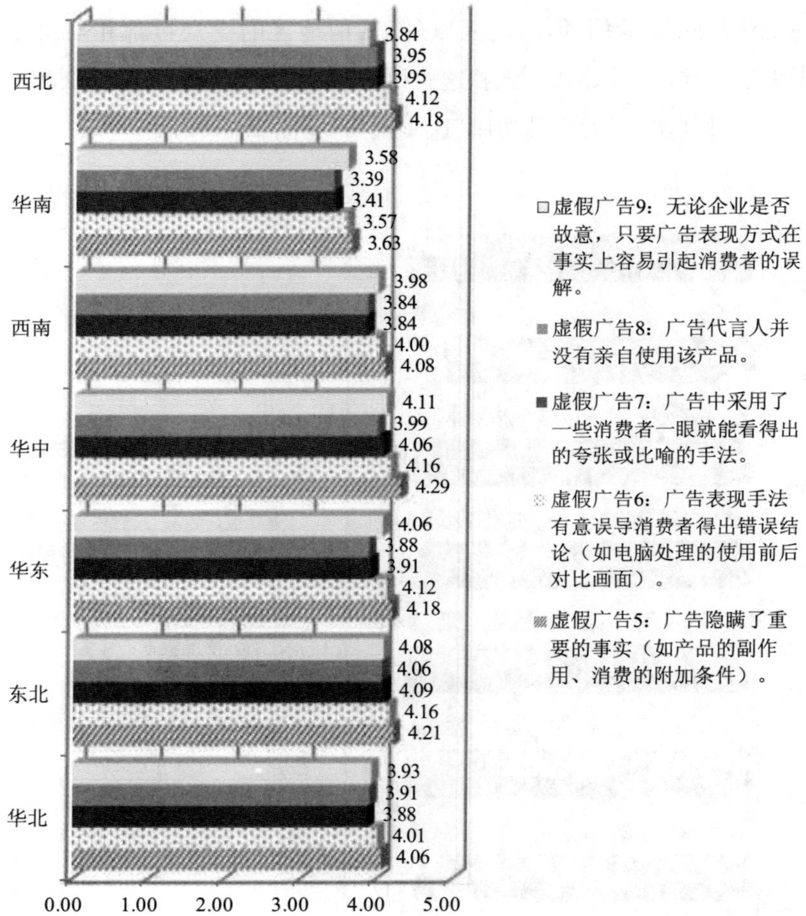

图 2—109　不同区域的虚假广告评价标准（广告表现）

最后，在广告法规方面，对于“违反法律法规明文规定的广告”这一说法。从分值上来看，所有地区的受众都相对较认同，虽然华南地区的受众在这一标准上只给出了 3.99 分，但在所有虚假广告的评价标准中也达到了最高分，其中从分值来看，认同度最高的地区是华中地区，达到了 4.38 分(见图 2—110)。

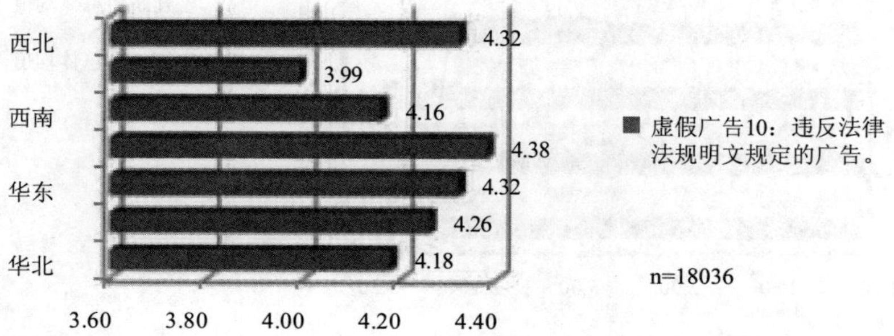

图 2—110　不同区域的虚假广告评价标准(广告法规)

5. 不同区域的广告素养

广告素养共有 10 个题项，分为“广告信任度”和“广告判断力”这两个子量表。广告信任度共有 6 个子问题，表明中国居民对广告的信任程度，包括对广告的真实性、对产品和品牌的信任程度；广告判断力都是表明中国居民对广告真实性的判断能力。

首先从总体均值上来看，不同地区的广告判断力和广告信任度有较大差异。从绝对分值上来看，广告判断力最高的地区是东北地区，广告信任度最高的地区是华东地区。但从相对分值来看，西北地区受众的广告判断力远高于他们对广告的信任程度，东北和华北地区的受众虽然对广告的判断力高于对广告的信任度，但相差并不如西北地区那样明显；而华南、西南、华中和华东地区的受众则相反，对广告的信任度要高于对广告的判断力。华东地区在两项上的分值都相对较高、相差不大，但华中地区和华南地区则很明显地显示出广告信任度高于广告判断力的倾向。由此可以看出较为明显的南北差异：北方地区受众的广告判断力分值大于广告信任度分值，而南方受众的广告信任度分值则高于广告判断力(见图 2—111)。

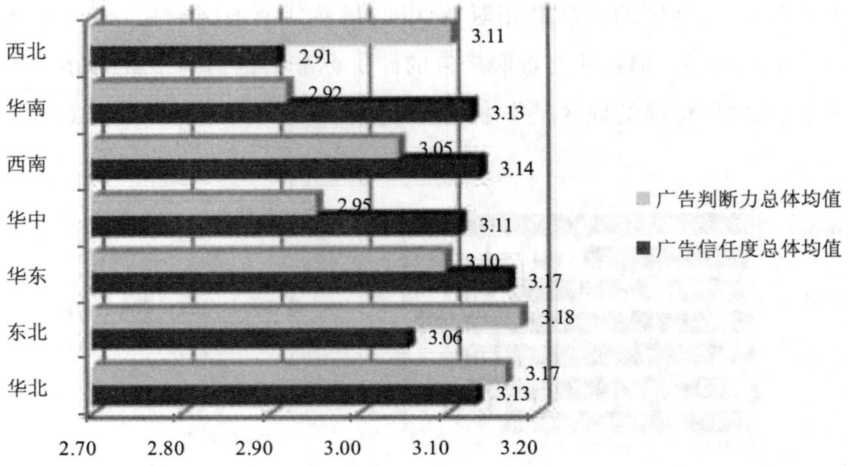

图 2－111　不同区域的广告素养总体均值

在广告信任度方面，不同地区的受众有很明显的差异：华北、西北和华中地区的受众最认同的是“购买商品时，还是认为有广告的品牌比较可靠”，其次是“广告是产品质量和性能的可靠信息来源”，相对最不认同的是“广告费支出越多说明企业对产品越有信心”和“总的来说，广告还是真实的”。东北地区的受众在不同说法的认可度方面差异不大，但较不认同“广告还是真实的”这一说法。华东地区最认同的是“广告是产品质量和性能的可靠信息来源”，其次是“购买商品时，还是认为有广告的品牌比较可靠”，相对最不认同的说法是“广告费支出越多说明企业对产品越有信心”。西南地区在最认同的说法上与其他地区没有明显差异，但最不认同的是“总的来说，广告表现了产品或服务的真实图景”这一说法，华南地区对“总的来说，广告还是真实的”这一说法非常认同，在所有地区的认可度中最高，最不认同的说法是“购买商品时，还是认为有广告的品牌比较可靠”这一说法，并在这一题项上的得分为所有区域中最低(2.93 分)，表明该地区受众在品牌选择方面较不依赖广告(见图 2－112)。

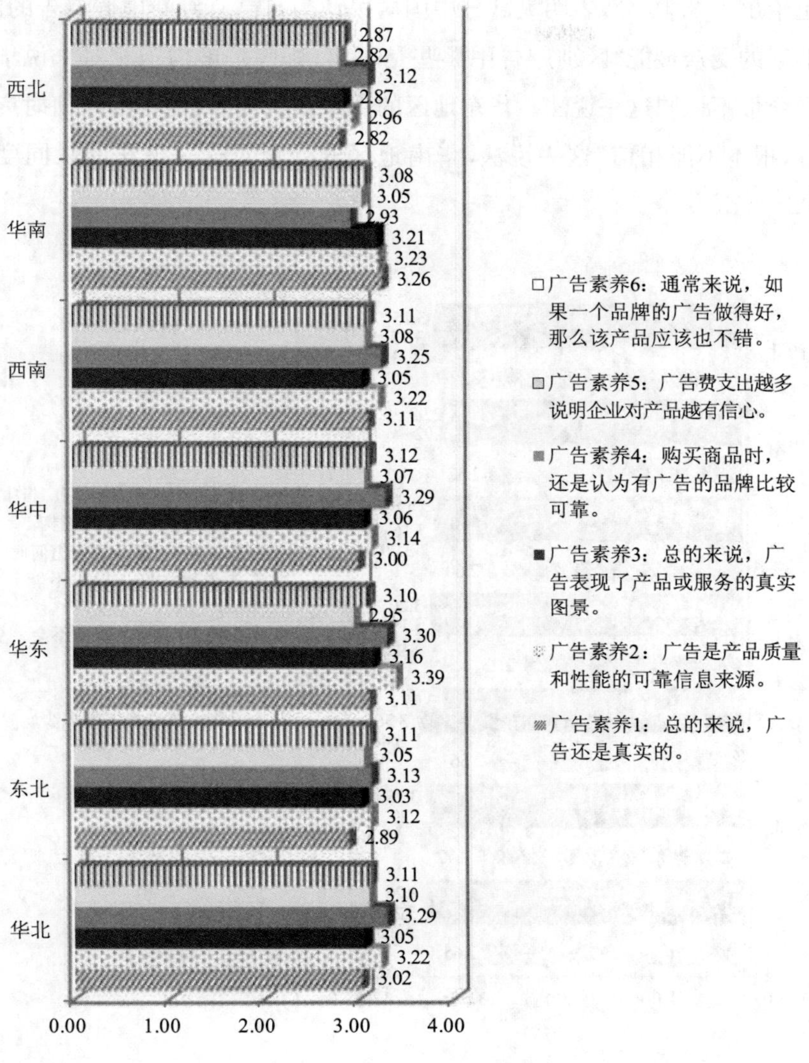

图 2－112　不同区域的广告素养：广告信任度

在对广告的判断力方面，所有地区的受众最不认同的说法是“我能估计出一个品牌广告费投入的多少”，这一问题的分数大多在 2.70 以下，在华中地区最低，只有 2.23 分，表明大部分中国居民无法判断出品牌投入广告费的多少。所有地区的受众最认可的说法是“我从来都不会被虚假广告误导”，尤其是东北地区的受众，对这一说法的认同程度达到了 3.56 分，即使评分最低的华中地区受众也给出了 3.19 分，表明大部分中国居民认为自己有判断虚假广告的能力。华北地区的受众最能“区别广告中哪些是事实、哪些是虚构”，相对来说华南地区的受众最不认同这一说法。华东地区的受众最认同“我能推断出何时广告说得太好，根本不能相信”这一说法，华南地区的受众对这一说法的认同度最低（见图 2—113）。

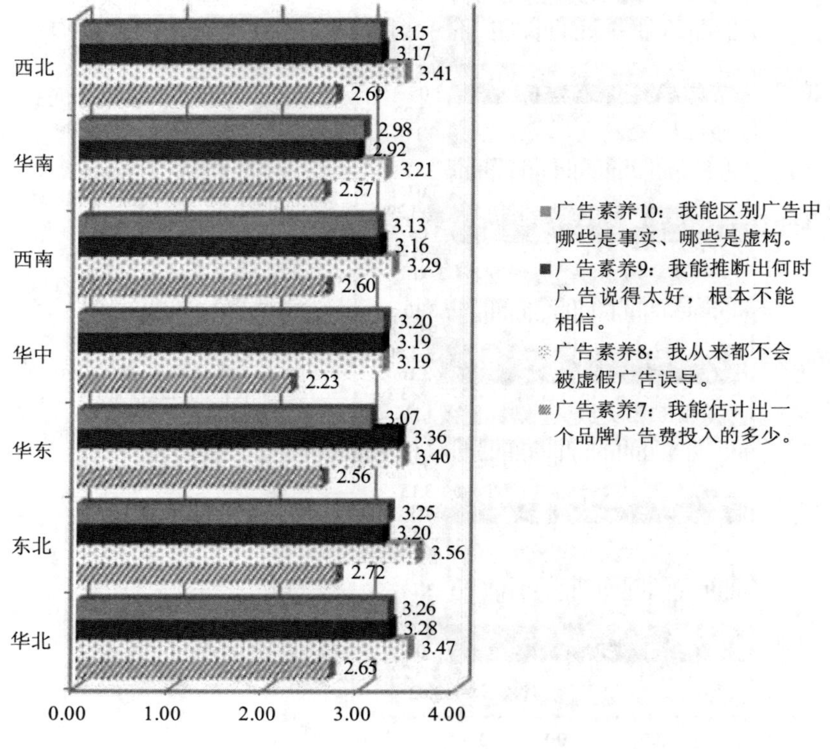

图 2—113　不同区域的广告素养：广告判断力

正如前文所说，北方地区城市居民相对认为自己的广告判断力更高，尤其在“我从来都不会被虚假广告误导”这一选项上，东北、华北、西北地区的受众得分最高，且也超过同区域的其他题项得分。相对来说，华中地区受众的判断比较保守，表现出对广告判断力低。华中地区的这种现象值得研究者进一步关注。

(二)区域内部的广告观差异

本节以华东、西南和华北三大区域内部差异为分析视角,试图挖掘区域内一二三线城市在广告媒介接触和广告观上存在的差异。一二三线城市由于广告业发展程度不同而存在着显著的差异,但这种差异并非是单向性的,也并非是一成不变的。数据发现,三线城市在某些媒体的广告接触上甚至优于一二线城市,对广告的回避倾向也较弱。

在广告观方面,在华东区域,上海对广告持积极支持的态度,南京则较为偏向于抵制和批判,淮安相对中立。在西南地区,重庆作为一线城市,其广告观反而较为消极,成都则对广告持积极支持的态度,宜宾对广告的抵制最为强烈。在华北地区,北京的广告观在不同群体中分布较为均匀,天津或支持或抵制,观点明确,太原呈中立偏向抵制的趋势,晋城地区的广告观则较为积极。由此可见,借助于对区域内部的分析,可以帮助我们打破一线城市优于二线城市、二线城市领先于三线城市的思维惯性,并为整个广告产业的发展提供有价值的参考。

1.华东区域——上海、南京、淮安

(1)广告观

具体来看,三地对广告必要性的评价最高,也最一致;对广告的好感度评价最低,只有上海高于3分,其他两地均持反对态度;对广告积极性的评价,三地虽然均超过3分,但南京和淮安明显低于上海。

就不同城市而言,上海对广告的评价最高,不仅认为广告是必不可少的,并且也较喜欢广告,认为广告是件好事,对广告的必要性、喜爱性和正面评价较为一致。

南京对于广告的评价较为矛盾。在“广告是必不可少”的评价中,南京地区的评分最高,而对广告的喜爱程度,南京的评分最低,受众的广告观可以说是“爱憎分明”:虽然广告是必不可少的,甚至也是一件好事,但是我不喜欢广告。淮安的广告态度夹在两地之间,并且较为接近临界值3分,但总体来看,其广告态度和南京较为接近(见表2—1)。

表 2—1 上海、南京、淮安广告总体评价比较

	南京	淮安	上海
广告是必不可少的	3.63	3.28	3.58
总体而言我喜欢广告	2.63	2.75	3.09
总的来说，我认为广告是件好事	3.01	3.02	3.40

(2)宏观影响

宏观社会影响主要侧重于广告对社会风气的影响，尤其是在对社会物质主义、不良价值观的传播等方面所造成的影响。其中南京对此的评分最高，上海其次，三地都对广告的宏观社会影响持赞同态度。

具体来看，各地一致赞同"虚假广告造成社会诚信下降"，并且认为广告创造了一个物质社会，宣扬了不良的价值观念。但就"广告会让人们仅仅为了炫耀而去购买他们负担不起的商品"这一观点，南京和上海对此的评分较高，持赞同态度，淮安的评分则低于 3 分，持反对态度，这可能受市民消费习惯和消费观念的影响。同时，三地一致赞同"公益广告倡导良好的社会公德"。

就不同城市而言，南京对于广告宏观社会影响的评分最高，尤其是对"广告创造一个物质社会、宣扬不良的价值观"，评分高于其他两地，这可能也是南京地区受众不喜爱广告的一个重要原因。上海对广告宏观社会影响的评分和南京接近。值得注意的是"广告会让人们仅仅为了炫耀而去购买他们负担不起的商品"，上海对此评分最高。淮安对广告宏观社会影响的评分最低，为 3 分，较为中立，其立场不像上海和南京那样鲜明，但是它对"广告会让人们仅仅为了炫耀而去购买他们负担不起的商品"这一观点持反对意见(见表 2—2)。

表 2—2 上海、南京、淮安宏观社会影响评价比较

	南京	淮安	上海
广告正在创造一个物质至上的社会，人们过度热衷于购买和拥有商品	3.65	3.21	3.58
广告会让人们仅仅为了炫耀而去购买他们负担不起的商品	3.34	2.93	3.40
公益广告倡导良好社会公德	4.13	3.99	4.02
广告在我们的社会上宣扬不良的价值观	3.55	3.01	3.40
虚假广告的传播，导致社会诚信下降	4.11	3.91	4.12
宏观社会影响	3.31	3.013	3.29

宏观经济影响主要考察受众是否认为广告对消费者有利，是否促进了经济发展，提高了生活水平。对此，上海评价最高，南京最低。

具体来看，三地对“一般而言，广告推动竞争，并最终对消费者有利”均较为同意，南京评分最高。对“广告有助于提高我们的生活水平”，南京和淮安均评价一般，上海较为赞同。三地最不赞同的是“广告会为公众带来更好的产品”，南京和淮安均持反对意见，上海也对此评价一般。

就不同城市而言，上海对广告宏观经济影响的评价最高，认为广告推动了竞争，有助于提高生活水平。南京评价最低，尤其不认为广告会为公众带来更好的产品，淮安和南京较为接近，对广告宏观经济影响的评价一般(见表2—3)。

表2—3　上海、南京、淮安宏观经济影响评价比较

	南京	淮安	上海
一般而言，广告推动竞争，并最终对消费者有利	3.63	3.28	3.58
广告会为公众带来更好的产品	2.63	2.75	3.09
广告有助于提高我们的生活水平	3.01	3.02	3.40
宏观经济影响	3.07	3.18	3.59

(3)个人影响

广告对个人的影响主要包括对个人购买行为的影响，对生活方式和娱乐的影响。对此，上海评分最高，淮安最低。

◎对购买行为的影响

该影响包括广告提供产品信息、影响受众的品牌选择等。三地均较为赞同广告对受众购买行为有影响，上海和南京的评分相对较高。值得注意的是，在“我很少受广告影响”这一观点中，上海的评分最高，南京其次，三地均持赞同意见，与“广告告诉我哪个品牌是最好的购买选择”等语句的评分结果相互矛盾，这也许表明广告对受众的影响比他们愿意承认的要大。

◎对生活方式的影响

该影响主要指广告对塑造受众时尚观念、引导受众生活方式的影响。三地均较为赞同广告对生活方式有影响，尤其是上海，对广告在生活方式上的影响评分均高于其他两地，表明广告在上海社会中有引领潮流、塑造流行、构建参照群体的重要作用。相对而言，三地中淮安的评分最为一般。

◎对娱乐生活的影响

对娱乐生活的影响指广告的娱乐性给受众带来趣味享受、广告流行语对受众的影响等。受众对广告的娱乐趣味性评价较高，尤其是上海和南京两地。但是三地对“在日常生活中我会引用广告语”的评分较低，尤其是淮安和南京两地，均持反对意见（见表2—4）。

表2—4　上海、南京、淮安个人影响评价比较

	南京	淮安	上海
广告提供给我关于产品的重要信息	3.59	3.38	3.66
如果对广告有兴趣，我会尝试新的品牌	3.47	3.23	3.62
我很少受广告的影响	3.59	3.41	3.52
广告告诉我哪个品牌是最好的购买选择	3.32	3.10	3.45
从广告当中我学习时尚，学习购买什么才能给别人留下较深的印象	3.15	3.00	3.40
广告告诉我与我有类似生活方式的人会买什么、用什么	3.33	3.18	3.43
有的时候广告比媒体上的其他内容更有意思	3.25	3.11	3.44
很多时候广告都能带来趣味和娱乐	3.66	3.29	3.64
在日常生活中我会引用广告语	2.92	2.89	3.11
个人影响	3.23	3.08	3.36

（4）广告回避

三地的广告回避评分均较高，南京最高，为3.90分。三地对“禁止电视台电视剧插播广告是必要的”赞同度最高，三地均超过4分。各地受众对广告的情感回避都较强烈，均认为“大量的广告使我厌烦”，但是各地在广告的认知回避和行为回避方面却有一定的差距。认知回避是三地中评分最低的一种回避方式，尽管受众赞成看广告是浪费时间，但这种态度没有其他回避方式那么强烈。在行为回避方面，南京的行为回避倾向最强，在电视播放广告时会换频道，其次为淮安，上海最低。而在“我认为广告是一种不受欢迎的闯入和干扰”方面，三地均持赞同态度，但是淮安评分最低，南京和上海较为接近（见表2—5）。

表 2—5　上海、南京、淮安广告回避比较

	南京	淮安	上海
我认为看广告是浪费时间	3.68	3.39	3.50
我认为广告是一种不受欢迎的闯入和干扰	3.79	3.31	3.70
当电视播放广告时，我通常会转换频道	3.95	3.70	3.59
大量的广告使我厌烦	4.01	3.84	3.89
禁止各电视台电视剧插播广告是有必要的	4.04	4.37	4.01
广告回避	3.90	3.72	3.74

(5)广告素养

三地在广告素养方面存在着一定的差异：上海最高，为 3.33 分；南京最低，为 2.89 分；淮安为 3.05 分，接近 3 分。

◎真实性

在有关广告真实性的判断中，上海和南京、淮安两地存在着一定的差异。上海受众赞同广告是真实的，而南京和淮安则否认“广告是真实的”这一观点。除了在“广告是产品质量和性能的可靠信息来源”方面三地均持赞同态度外，其他则都持反对意见。

◎信任度

在对广告的信任程度方面，三地也存在着一定的差距，上海对广告的信任度最高，认为有广告的品牌比较可靠，认为广告费高、广告做得好表明企业对产品有信心，产品应该不错。南京反对上述观点，评分全部低于 3 分。淮安则介于两地之间，评分也较为接近 3 分。

◎判断力

在对广告的判断力方面，三地较为接近。尤其是对“我能估计出一个品牌广告投入的多少”，三地均持反对意见，南京最低，为 2.37 分。在是否会被广告误导方面，三地受众均表示不会被广告误导。而在“我能区别广告中哪些是事实、哪些是虚构”方面，南京为 2.76 分，表明南京地区的受众对广告中的真实和虚构成分普遍有所疑惑；而淮安和上海则分别为 3.15 分和 3.24 分，相对高于南京地区。在“我能推断出何时广告说得太好，根本不能相信”方面，三地均持赞同态度。数据显示，各地区受众对虚假广告、广告说服的判断力较高，而对广告成本、广告创作的判断力较弱(见表 2—6)。

表 2—6　上海、南京、淮安广告素养比较

	南京	淮安	上海
总的来说，广告还是真实的	2.72	2.86	3.45
广告是产品质量和性能的可靠信息来源	3.27	3.08	3.57
总的来说，广告表现了产品或服务的真实图景	2.77	2.98	3.47
购买商品时，还是认为有广告的品牌比较可靠	2.75	3.25	3.68
广告费支出越多说明企业对产品越有信心	2.57	2.94	3.21
通常来说，如果一个品牌的广告做得好，那么该产品应该也不错	2.77	3.01	3.35
我能估计出一个品牌广告费投入的多少	2.37	2.74	2.64
我从来都不会被虚假广告误导	3.48	3.37	3.36
我能推断出何时广告说得太好。根本不能相信	3.44	3.16	3.38
我能区别广告中哪些是事实、哪些是虚构	2.76	3.15	3.24
广告素养	2.89	3.05	3.33

(6)虚假广告

三地对判断和评价虚假广告的说法均持赞成态度，南京最高，为 4.21 分，上海为 4.15 分，淮安略低，为 3.88 分。

在广告承诺方面，三地对于广告承诺的评价较为一致，基本上均高于 4 分，尤其对“广告内容不合常识，有悖情理(如包治百病、功能太强太全)”的评分最高，最为赞成。在广告表现方面，南京地区居民的评分均高于 4 分，持非常赞同的态度。上海对“广告中采用了一些消费者一眼就能看得出的夸张或比喻的手法”和“广告代言人并没有亲自使用该产品”的评分略低于其他说法，表明上海市居民可能在广告采用夸张手法和代言人是否使用产品这两个方面评价较为宽容。淮安地区居民在广告表现方面的评分均不足 4 分，相对低于其他两个城市，表明淮安地区市民对广告表现方面的说法认同度相对较低。在广告法规方面，三地均认同“违反法律法规明文规定的广告”这一说法，均高于 4 分(见表 2—7)。

表 2—7　上海、南京、淮安虚假广告评价比较

	南京	淮安	上海
广告言过其实，夸大产品功用	4.04	4.09	4.04
广告无中生有，产品根本不具备广告中所说的成分、功能等	4.32	4.04	4.43
广告内容不合常识，有悖情理（如包治百病、功能太强太全）	4.31	4.16	4.42
消费者无法检验广告所做承诺的真伪	4.22	3.69	4.13
广告隐瞒了重要的事实（如产品的副作用、消费的附加条件）	4.25	3.89	4.23
广告表现手法有意误导消费者得出错误结论（如经电脑处理的使用前后对比画面）	4.24	3.83	4.14
广告中采用了一些消费者一眼就能看得出的夸张或比喻手法	4.20	3.66	3.80
广告代言人并没有亲自使用该产品	4.10	3.66	3.81
无论企业是否故意，只要广告表现方式在事实上容易引起消费者的误解	4.14	3.64	4.13
违反法律法规明文规定的广告	4.31	4.12	4.40
虚假广告	4.21	3.88	4.15

2.西南区域——重庆、成都、宜宾

(1)广告观

具体来看，三地对广告的必要性评分最高，也最一致；对广告的好感度评价最低，只有成都高于3分，重庆和宜宾都低于3分；对广告积极性的评价，成都最高，为3.40分，其他两地接近3分，评价一般。就不同城市而言，成都不仅认为广告是必不可少的，并且也较喜欢广告，认为广告是件好事，对广告的必要性、好感度和正面评价较为一致。宜宾对广告的评价较为矛盾，虽然对广告的必要性评价较高，但是对广告是件好事和好感度方面的评价都低于3分；重庆则较为接近3分，对广告的评价一般(见表2—8)。

表 2—8　重庆、成都、宜宾广告总体评价比较

	成都	重庆	宜宾
广告是必不可少的	3.50	3.24	3.31
总体而言我喜欢广告	3.27	2.84	2.63
总的来说，我认为广告是件好事	3.40	3.01	2.98

(2)广告宏观社会影响

宏观社会影响方面主要侧重于广告对社会风气的影响,尤其是对社会物质主义、不良价值观的传播等造成的影响。三地都在 3 分左右,对广告宏观社会影响的评价一般。

具体来看,各地一致赞同“公益广告倡导良好的社会公德”,并且赞同“虚假广告会造成社会诚信下降”,宜宾对此的评分最高。在“广告正在创造一个物质至上的社会”,“广告会让人们仅仅为了炫耀而去购买他们负担不起的商品”和“广告在我们的社会上宣扬不良的价值观”方面,成都均持赞同态度;重庆则均为 3 分,评价一般;宜宾赞同“广告正在创造一个物质至上的社会”,但不赞同“广告会让人们仅仅为了炫耀而去购买他们负担不起的商品”和“广告在我们的社会上宣扬不良的价值观”(见表 2—9)。

表 2—9 重庆、成都、宜宾广告宏观社会影响评价比较

	成都	重庆	宜宾
广告正在创造一个物质至上的社会,人们过度热衷于购买和拥有商品	3.41	3.05	3.11
广告会让人们仅仅为了炫耀而去购买他们负担不起的商品	3.22	3.03	2.92
公益广告倡导良好社会公德	3.93	3.73	4.26
广告在我们的社会上宣扬不良的价值观	3.21	3.05	2.95
虚假广告的传播,导致社会诚信下降	3.65	3.59	3.94
宏观社会影响	3.11	3.00	2.93

宏观经济影响主要考察受众是否认同广告对消费者有利,促进了经济发展,提高生活水平。其中成都对此评价最高,重庆和宜宾分别为 3.15 分和 3.07 分,更接近中立。具体来看,城市间的差异较为明显,不同观点之间的差异则较小。成都对“一般而言,广告推动竞争,并最终对消费者有利”,“广告会为公众带来更好的产品”和“广告有助于提高我们的生活水平”均持赞同态度,对“广告有助于提高生活水平”的评价最高。重庆和宜宾对广告宏观经济影响的评价较为一般(见表 2—10)。

表 2—10 重庆、成都、宜宾广告宏观经济影响评价比较

	成都	重庆	宜宾
一般而言，广告推动竞争，并最终对消费者有利	3.37	3.18	3.13
广告会为公众带来更好的产品	3.48	3.14	3.03
广告有助于提高我们的生活水平	3.61	3.14	3.05
宏观经济影响	3.49	3.15	3.07

(3)广告个人影响

广告对个人的影响主要包括对个人购买行为、生活方式和娱乐的影响。成都对此评分最高，为 3.30 分，宜宾最低，为 2.96 分。

◎购买行为

购买行为包括广告提供产品信息、影响受众的品牌选择等。三地均较为赞同广告对受众购买行为有影响，成都相对较高。但值得注意的是，在“我很少受广告影响”这一说法中，宜宾评分最高，成都评分最低，这和其他说法的评分结果较为一致。

◎生活方式

生活方式主要指广告对塑造受众时尚观念、引导受众生活方式的影响。成都对此的评价最高，赞同广告对受众生活方式有影响；重庆则分别为 3.02 分和 3.11 分，对此评价一般；宜宾则均持反对意见。

◎娱乐生活

娱乐生活指广告的娱乐性给受众带来的趣味享受和广告流行语对受众的影响等。三地在“很多时候广告都能带来趣味和娱乐”上的评分较为一致，均高于 3 分；在“有的时候广告比媒体上的其他内容更有意思”方面，成都评分最高，重庆和宜宾均持反对意见；在“日常生活中我会引用广告语”方面，成都评价为一般，重庆和宜宾均持反对意见。就不同城市而言，成都对广告的娱乐性评价最高，较为赞同广告的娱乐性，而重庆和宜宾则对广告的娱乐性持反对意见。

就不同城市而言，成都对广告个人影响的评价较高，无论是在购买行为、生活方式还是娱乐生活方面都持赞同态度；重庆对购买行为的影响评价较高，对生活方式的评价一般，而对娱乐生活的评价则持反对意见；宜宾对购买行为的影响评价也较高，但对生活方式和娱乐生活则都持反对意见(见表 2—11)。

表 2—11 重庆、成都、宜宾广告个人影响评价比较

	成都	重庆	宜宾
广告提供给我关于产品的重要信息	3.55	3.25	3.34
如果对广告有兴趣，我会尝试新的品牌	3.45	3.18	3.17
我很少受广告的影响	3.30	3.29	3.45
广告告诉我哪个品牌是最好的购买选择	3.44	3.12	2.93
从广告当中我学习时尚，学习购买什么才能给别人留下较深的印象	3.37	3.02	2.93
广告告诉我与我有类似生活方式的人会买什么、用什么	3.38	3.11	2.97
有的时候广告比媒体上的其他内容更有意思	3.30	2.93	2.96
很多时候广告都能带来趣味和娱乐	3.42	3.15	3.12
在日常生活中我会引用广告语	3.04	2.72	2.68
个人影响	3.30	3.02	2.96

(4)广告回避

三地的广告回避评分均较高，宜宾最高，为 3.75 分，成都最低，为 3.40 分。三地对“禁止电视台电视剧插播广告是必要的”赞同度最高，宜宾最高为 4.29 分。各地对“我认为看广告是浪费时间”和“我认为广告是一种不受欢迎的闯入和干扰”的评价也较为一致。但值得注意的是，在行为回避——“当电视播放广告时，我通常会转换频道”方面，宜宾最高，为 3.75 分，成都和重庆较为接近，分别为 3.36 分和 3.40 分，宜宾对广告的行为回避高于重庆和成都两地。而在情感回避——“大量的广告使我厌烦”方面，宜宾最高，为 4.10 分，成都最低，为 3.41 分，重庆为 3.64 分，宜宾对广告的情感回避也显著高于重庆和成都两地（见表 2—12）。

表 2—12 重庆、成都、宜宾广告回避比较

	成都	重庆	宜宾
我认为看广告是浪费时间	3.23	3.35	3.32
我认为广告是一种不受欢迎的闯入和干扰	3.25	3.26	3.27
当电视播放广告时，我通常会转换频道	3.36	3.40	3.75
大量的广告使我厌烦	3.41	3.64	4.10
禁止各电视台电视剧插播广告是有必要的	3.75	3.82	4.29
广告回避	3.40	3.49	3.75

(5)广告素养

三地在广告素养方面存在着一定的差异，成都为3.26分，重庆为3.06分，宜宾则为2.91分。

◎真实性

三地对"广告是产品质量和性能的可靠信息来源"方面的意见最为一致，均高于3分；成都最高，为3.48分；宜宾最低，为3.03分。在有关广告真实性的判断中，成都受众赞同广告是真实的；重庆对此评价一般；而宜宾则持反对态度。在"广告表现了产品或服务的真实图景"中，成都最高，为3.17分；重庆评价为3.03分；宜宾则持反对意见。

◎信任度

在对广告的信任程度方面，成都对广告的信任度最高，认为有广告的品牌比较可靠，认为广告费高、广告做得好表明企业对产品有信心，产品应该不错；宜宾的评分全部低于3分；重庆介于两地之间，评分在3分左右。

◎判断力

在对广告的判断力方面，三地较为接近。尤其是对"我能估计出一个品牌广告投入的多少"，三地均持反对意见，宜宾最低，为2.20分。在是否会被虚假广告误导方面，三地受众均表示不会被误导。而在"我能区别广告中哪些是事实、哪些是虚构"和"我能推断出何时广告说得太好，根本不能相信"方面，三地均在3.10分左右。由此可见，各地区受众对虚假广告、广告说服的判断力较高，而对广告成本、广告创作的判断力较弱(见表2—13)。

表2—13　重庆、成都、宜宾广告素养比较

	成都	重庆	宜宾
总的来说，广告还是真实的	3.41	3.05	2.69
广告是产品质量和性能的可靠信息来源	3.48	3.11	3.03
总的来说，广告表现了产品或服务的真实图景	3.17	3.03	2.87
购买商品时，还是认为有广告的品牌比较可靠	3.45	3.21	2.99
广告费支出越多说明企业对产品越有信心	3.28	3.02	2.87
通常来说，如果一个品牌的广告做得好，那么该产品应该也不错	3.27	3.10	2.83
我能估计出一个品牌广告费投入的多少	2.87	2.56	2.20
我从来都不会被虚假广告误导	3.35	3.22	3.39

续表

	成都	重庆	宜宾
我能推断出何时广告说得太好，根本不能相信	3.18	3.17	3.11
我能区别广告中哪些是事实、哪些是虚构	3.13	3.15	3.05
广告素养	3.26	3.10	2.91

(6)虚假广告

三地对判断和评价虚假广告的说法均持赞成态度，评分均达到了 4 分左右。

◎广告承诺

三地对于广告承诺的评价较为一致，基本上均高于 4 分，其中重庆尤其对“广告内容不合常识，有悖情理（如包治百病、功能太强太全）”的评分最高，最为赞成。

◎广告表现

三地市民对广告表现的评分略低于广告承诺。具体来看，各地均对“广告隐瞒了重要的事实”评分较高，但是对“广告代言人并没有亲自使用该产品”和“广告中采用了一些夸张或比喻的手法”的评价相对较为宽松。

◎广告法规

在广告法规方面，三地均认同“违反法律法规明文规定的广告”这一说法，均高于 4 分（见表 2—14）。

表 2—14　重庆、成都、宜宾虚假广告评价比较

	成都	重庆	宜宾
广告言过其实，夸大产品功用	4.02	4.16	4.10
广告无中生有，产品根本不具备广告中所说的成分、功能等	4.07	4.17	4.15
广告内容不合常识，有悖情理（如包治百病、功能太强太全）	3.99	4.40	4.25
消费者无法检验广告承诺的真伪	3.99	4.08	3.91
广告隐瞒了重要的事实（如产品的副作用、消费的附加条件）	4.20	4.04	3.97
广告表现手法有意误导消费者得出错误结论（如经电脑处理过的使用前后对比画面）	4.07	3.98	3.90
广告中采用了一些消费者一眼就能看得出的夸张或比喻的手法	3.75	3.90	3.83

续表

	成都	重庆	宜宾
广告代言人并没有亲自使用该产品	3.85	3.87	3.72
无论企业是否故意，只要广告表现方式在事实上容易引起消费者的误解	4.04	4.02	3.70
违反法律法规明文规定的广告	4.06	4.25	4.10
虚假广告	4.01	4.09	3.96

3.华北区域——北京、天津、太原、晋城

(1)广告观

具体来看，四地对广告的必要性和广告的积极性评分较为一致，均高于3分，持赞同态度。但是对广告的好感度评价较低，只有晋城高于3分，太原最低，为2.60分。

就不同城市而言，晋城对广告的评价最高，不仅认为广告是必不可少的，并且也较喜欢广告，认为广告是件好事，对广告的必要性、喜爱性和正面评价较为一致。北京、天津和太原的态度较为接近，虽然认为广告是必不可少的，但并不喜欢广告(见表2—15)。

表2—15　北京、天津、太原、晋城广告总体评价比较

	北京	天津	太原	晋城
广告是必不可少的	3.36	3.19	3.40	3.72
总体而言我喜欢广告	2.91	2.61	2.60	3.15
总的来说，我认为广告是件好事	3.15	3.29	3.10	3.33

(2)广告宏观影响

对广告宏观社会影响的评价，四地较为一致，均在3分左右。在宏观社会影响方面，主要侧重于广告对社会风气的影响，尤其是对社会物质主义、不良价值观的传播等所造成的影响。

具体来看，各地一致认同虚假广告造成社会诚信下降，但也认同“公益广告倡导了良好的社会公德”的说法。

四地在“广告创造了一个物质社会，宣扬了不良的价值观念”及“广告会让人们仅仅为了炫耀而去购买他们负担不起的商品”这些观点上评分较为一致，一般在 3 分左右，太原相对低于其他三个城市（见表 2—16）。

表 2—16　北京、天津、太原、晋城宏观社会影响评价比较

	北京	天津	太原	晋城
广告正在创造一个物质至上的社会，人们过度热衷于购买和拥有商品	3.20	3.27	3.12	3.51
广告会让人们仅仅为了炫耀而去购买他们负担不起的商品	3.25	3.24	3.02	3.14
公益广告倡导良好社会公德	3.94	4.07	4.28	4.20
广告在我们的社会上宣扬不良的价值观	3.33	3.33	3.09	3.25
虚假广告的传播，导致社会诚信下降	4.00	3.75	4.08	3.89
宏观社会影响	3.17	3.10	3.01	3.12

宏观经济影响主要考察受众是否认为广告对消费者有利，促进了经济发展，提高生活水平。其中晋城评价最高，太原评价最低。具体来看，晋城对宏观经济影响各方面的评价最高，尤其是在“广告推动竞争，并最终对消费者有利”方面。太原对广告宏观经济影响的评价是四地中最低的，对广告“推动竞争”、“为公众带来更好的产品”等经济方面的影响评价一般。北京和天津对广告宏观经济影响的评价较为接近，均为 3.22 分，在四地中居中间位置（见表 2—17）。

表 2—17　北京、天津、太原、晋城宏观经济影响评价比较

	北京	天津	太原	晋城
一般而言，广告推动竞争，并最终对消费者有利	3.21	3.07	3.02	3.52
广告会为公众带来更好的产品	3.19	3.27	3.03	3.35
广告有助于提高我们的生活水平	3.27	3.34	3.10	3.42
宏观经济影响	3.22	3.22	3.05	3.43

（3）广告个人影响

广告对个人的影响主要包括对个人购买行为、生活方式和娱乐的影响。晋城对此评价最高，为 3.28 分；太原最低，为 3.02 分。

◎购买行为

购买行为包括广告提供产品信息、影响受众的品牌选择等。四地均较为赞同广告对受众购买行为有影响，太原相对低于其他城市。值得注意的是，在“我很少受广告影响”这一观点中，北京的评分最高，晋城最低，与“广告告诉我哪个品牌是最好的购买选择”等说法评分结果相互矛盾，这也许表明广告对受众的影响比他们愿意承认的要大。

◎生活方式

生活方式主要指广告对塑造受众时尚观念、引导受众生活方式的影响。晋城、北京和天津较为赞同广告对生活方式有影响，而太原则对广告对受众生活方式的影响评价一般。

◎娱乐生活

娱乐生活指广告的娱乐性给受众带来的趣味享受和广告流行语对受众的影响等。晋城对广告的娱乐趣味性评价较高，也会在日常生活中引用广告语。四地对广告趣味性的评价较为一致，均认为“很多时候广告都能带来趣味和娱乐”。尤其是天津评价最高，为 3.71 分；太原相对较低，为 3.20 分。在“有的时候广告比媒体上的其他内容更有意思”方面，晋城对此评价最高；太原评价最低持，持反对态度；北京和天津则较为接近。而在日常生活中对广告语的引用方面，晋城最高，为 3.25 分；天津和太原都对此持反对意见。

就不同城市而言，晋城对广告个人影响的评价较高，无论是在购买行为、生活方式，还是在娱乐生活各个方面，都持赞同态度。北京和天津对广告在购买行为方面的影响较为赞同，在生活方式和娱乐生活两方面的评价相对较低。太原是三地中对广告个人影响评价最低的一个城市，尤其是在生活方式和娱乐生活两个方面(见表 2—18)。

表 2—18　北京、天津、太原、晋城个人影响评价比较

	北京	天津	太原	晋城
广告提供给我关于产品的重要信息	3.30	3.44	3.32	3.52
如果对广告有兴趣，我会尝试新的品牌	3.34	3.44	3.23	3.39
我很少受广告的影响	3.70	3.61	3.56	3.46
广告告诉我哪个品牌是最好的购买选择	3.26	3.41	3.08	3.29
从广告当中我学习时尚，学习购买什么才能给别人留下较深的印象	3.13	3.11	2.99	3.26
广告告诉我与我有类似生活方式的人会买什么、用什么	3.23	3.35	3.09	3.34
有的时候广告比媒体上的其他内容更有意思	3.15	3.24	2.97	3.43
很多时候广告都能带来趣味和娱乐	3.34	3.71	3.20	3.50
在日常生活中我会引用广告语	3.07	2.98	2.85	3.25
个人影响	3.13	3.23	3.02	3.28

(4)广告回避

四地的广告回避评分均较高，其中北京最高，为3.79分；其次为太原和天津，分别为3.70分和3.68分；晋城最低，为3.54分。

四地对“禁止电视台电视剧插播广告是必要的”赞同度较高，太原为4.19分，晋城为3.74分。

四地对广告的情感回避——“大量的广告使我厌烦”和行为回避——“当电视播放广告时，我通常会转换频道”评价较为一致，均持赞同态度。在认知回避“我认为广告是一种不受欢迎的闯入和干扰”方面，四地虽均持赞同态度，但存在一定的差距，北京最高，为3.62分；晋城最低，为3.27分。在“我认为看广告是浪费时间”方面，也存在着同样的情况(见表2—19)。

表2—19　北京、天津、太原、晋城广告回避比较

	北京	天津	太原	晋城
我认为看广告是浪费时间	3.64	3.53	3.36	3.25
我认为广告是一种不受欢迎的闯入和干扰	3.62	3.46	3.33	3.27
当电视播放广告时，我通常会转换频道	3.75	3.70	3.73	3.67
大量的广告使我厌烦	3.93	3.75	3.89	3.77
禁止各电视台电视剧插播广告是有必要的	3.99	3.97	4.19	3.74
广告回避	3.79	3.68	3.70	3.54

(5)广告素养

四地在广告素养方面较为接近，晋城最高，为3.24分；太原最低，为3.00分；北京为3.19分；天津为3.22分。

◎真实性

在有关广告真实性的判断中，晋城和天津较为赞同“广告是真实的”，尤其赞同“广告是产品质量和性能的可靠信息来源”。北京赞同广告是产品可靠的信息来源，但并不赞同“总体来说，广告还是真实的”，太原则赞同“购买商品时，还是认为有广告的品牌比较可靠”，但对广告真实性的其他方面均持反对态度。

◎信任度

在对广告的信任程度方面，天津对广告的信任度最高；太原最低。四地均认为“有广告的品牌比较可靠”，在“广告费支出越多说明企业对产品越有信心”

方面，天津最为赞同；北京和晋城评价一般；太原则持反对意见。在“如果一个品牌的广告做得好，那么该产品应该也不错”这一观点上，太原持反对意见；北京、天津和晋城的评分接近 3 分，评价一般。

◎判断力

在对广告的判断力方面，北京、天津和太原均对“我能估计出一个品牌广告投入的多少”持反对意见，天津最低，仅为 2.25 分；唯有晋城评分 3.02 分，评价为一般。在是否会被虚假广告误导方面，四地受众均表示不会被广告误导。而在“我能推断出何时广告说得太好，根本不能相信”和“我能区别广告中哪些是事实、哪些是虚构”方面，四地均持赞同态度，太原相对较低。数据显示，各地区受众对虚假广告、广告说服的判断力较高，而对广告成本的判断力较弱（见表 2—20）。

表 2—20　北京、天津、太原、晋城广告素养比较

	北京	天津	太原	晋城
总的来说，广告还是真实的	2.99	3.16	2.86	3.27
广告是产品质量和性能的可靠信息来源	3.25	3.50	2.97	3.32
总的来说，广告表现了产品或服务的真实图景	3.07	3.09	2.91	3.26
购买商品时，还是认为有广告的品牌比较可靠	3.25	3.51	3.13	3.34
广告费支出越多说明企业对产品越有信心	3.11	3.32	2.92	3.02
通常来说，如果一个品牌的广告做得好，那么该产品应该也不错	3.20	3.16	2.95	3.08
我能估计出一个品牌广告费投入的多少	2.80	2.25	2.46	3.02
我从来都不会被虚假广告误导	3.59	3.41	3.51	3.50
我能推断出何时广告说得太好，根本不能相信	3.33	3.38	3.16	3.31
我能区别广告中哪些是事实、哪些是虚构	3.27	3.46	3.10	3.24
广告素养	3.19	3.22	3.00	3.24

（6）虚假广告

四地对判断和评价虚假广告的说法均持赞成态度，其中北京地区的评分最高，为 4.23 分；晋城最低，为 3.77 分。

◎广告承诺

北京地区对于广告承诺的评分最高，尤其对“广告无中生有”和“广告言过其实”的评分最高。四地对于“广告内容不合常识”的评价最为一致。四地市民对广告表现的评分略低于广告承诺。具体来看，各地均对“广告隐瞒了重要的事实”评分较高，但是对“广告代言人并没有亲自使用该产品”和“广告中采用了一些夸张或比喻的手法”评价则相对较为宽松；仅有北京地区对广告表现的评分超过 4 分；天津和晋城对广告表现的评分较低，对这方面的虚假广告认定较为宽容。

◎广告法规

在广告法规方面，四地均认同“违反法律法规明文规定的广告”这一说法（见表 2—21）。

表 2—21　北京、天津、太原、晋城虚假广告评价比较

	北京	天津	太原	晋城
广告言过其实，夸大产品功用	4.34	3.94	4.08	3.96
广告无中生有，产品根本不具备广告中所说的成分、功能等	4.36	3.87	4.18	4.03
广告内容不合常识，有悖情理（如包治百病、功能太强太全）	4.29	3.76	4.28	4.09
消费者无法检验广告所做承诺的真伪	4.10	3.78	3.92	3.74
广告隐瞒了重要的事实（如产品的副作用、消费的附加条件）	4.25	3.89	4.09	3.79
广告表现手法有意误导消费者得出错误结论（如经电脑处理的使用前后对比画面）	4.19	3.83	3.97	3.69
广告中采用了一些消费者一眼就能看得出的夸张或比喻的手法	4.11	3.58	3.80	3.60
广告代言人并没有亲自使用该产品	4.07	3.69	3.81	3.54
无论企业是否故意，只要广告表现方式在事实上容易引起消费者的误解	4.20	3.77	3.83	3.56
违反法律法规明文规定的广告	4.40	3.99	4.23	3.75
虚假广告	4.23	3.81	4.02	3.77

第三章　广告观与媒介行为的相互关系

一、用广告观区分人群

总体广告观被细分为对广告必要性、喜爱度和正面性的评价，本节通过这三个维度对样本进行划分，将总分在3－8分之间的样本归为消极群体，9－10分的样本归为中立群体，11－15分的样本归为积极群体。

数据显示，在全国18043个样本中，32.8%的受访者属于消极群体，37.1%的受访者属于中立群体，30.1%的受访者属于积极群体。总体而言，中立群体的比重最高，但三个群体的分布相对较为均衡。然而，随着我国广告业的发展，城市居民对广告的卷入程度越来越高，中立群体可能会向消极群体或积极群体移动，城市居民的广告观也会更加清晰明确（见图3－1）。

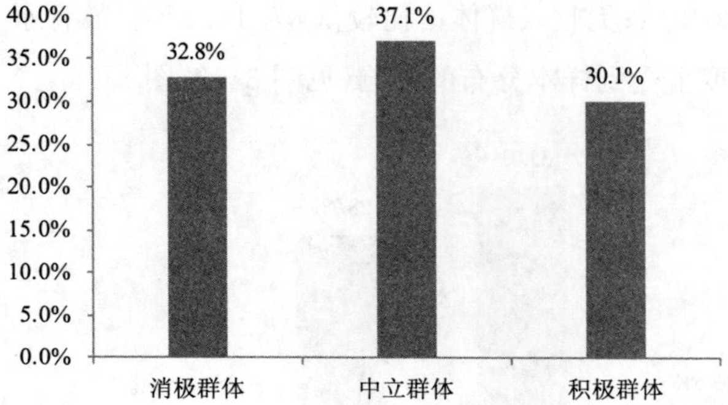

图3－1　广告观分群描述

（一）消极群体

在消极群体中，男性和女性群体分别为51.5%和48.5%，男性比例略高；在年龄段的分布中，55岁及以上的群体占比最高，其次为35－44岁群体。

在消极群体中，随着年龄的增长，各年龄段所占比重也相应有所增长，尤其是女性群体，有明显的增长趋势；男性总体上也呈现出增长趋势，尤其在 35—44 岁这个年龄段，持消极广告观的男性相对较多（见图 3—2）。

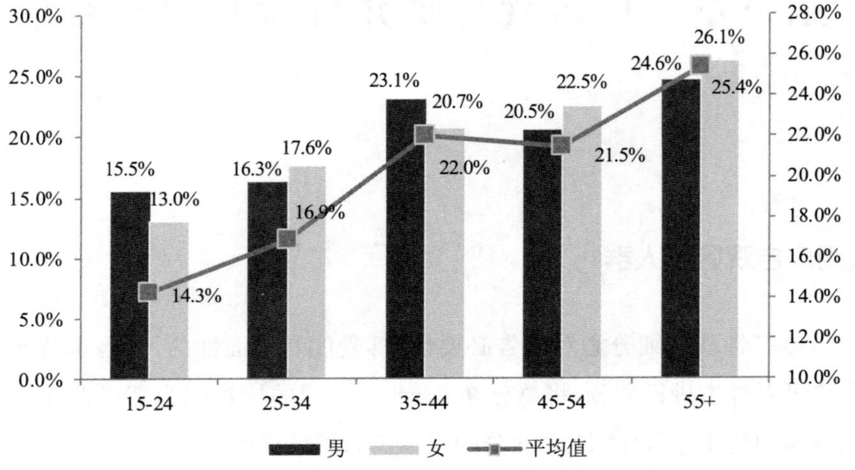

图 3—2 消极群体（年龄/性别）

在消极群体中，初中学历受众占比较高，为 33.0%；其次是高中/技术中学学历受众，为 28.7%；小学及以下、大专和大学及以上学历受众的比例偏低且相当。在收入方面，低收入和中等收入群体占比较高，分别为 29.2%和 28.5%；高收入群体为 25.3%；无收入群体占比较低，为 16.0%。教育水平和收入水平的差异，一定程度上受到样本分布的影响（见图 3—3、图 3—4）。

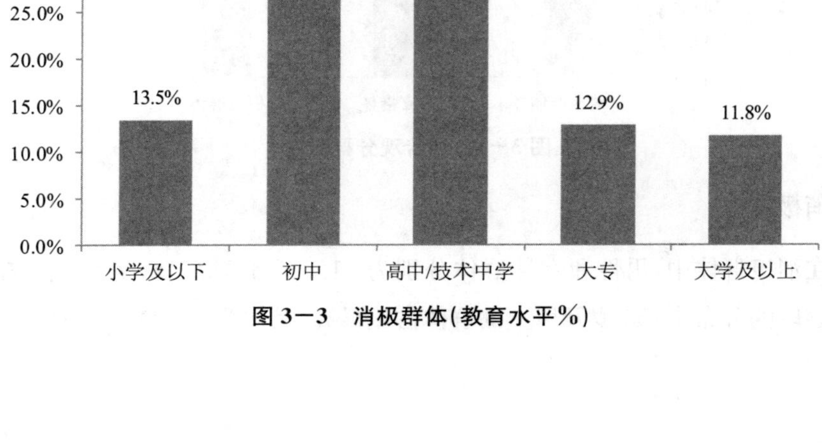

图 3—3 消极群体（教育水平%）

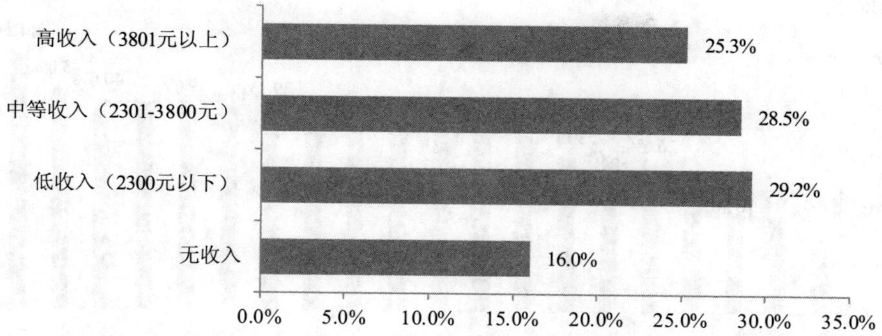

图 3—4　消极群体(收入水平%)

就城市级别而言，约 29.0%的一线城市受众属于中立群体，二线和三线城市分别为 34.7%和 33.8%，一线城市显著低于二线和三线城市。消极群体在二线和三线城市中占比较高，这可能受二三线城市经济文化发展水平，尤其是广告业发展水平的影响(见图 3—5)。

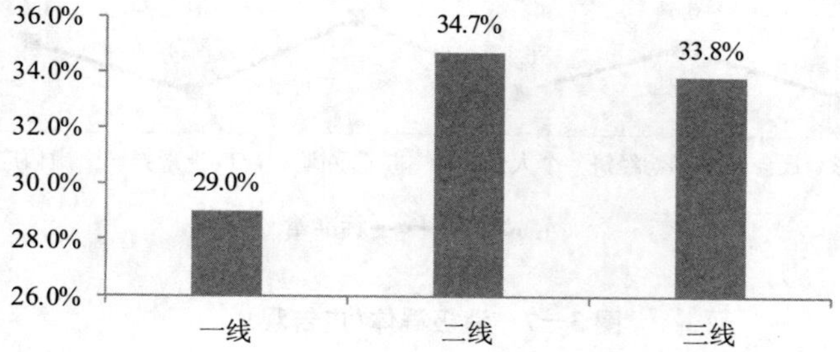

图 3—5　消极群体(城市级别)

数据显示，约有 49.4%的乌鲁木齐受众属于广告观消极的群体，这一比例显著高于其他城市；同时，锦州、荆州和重庆的比例也相对较高。与之相反，仅有 16.0%的晋城市民属于广告观消极群体，上海、广州和成都等地的比例也较低，表明在这些地区，持消极广告观的受众相对较少(见图 3—6)。

就均值而言，消极群体对广告的宏观影响、个人影响和广告素养的评分均较低，均低于 3 分，持反对态度。而广告回避评分则较高，同时对虚假广告的评分也较高，表明这一群体对广告的评价较低，对广告的回避倾向较为强烈，同时对虚假广告的判定也较为严格(见图 3—7)。

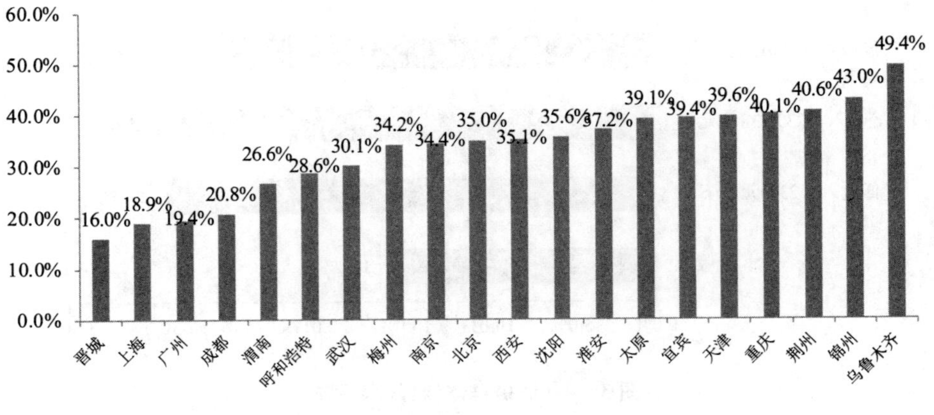

图 3—6　消极群体(城市分布)

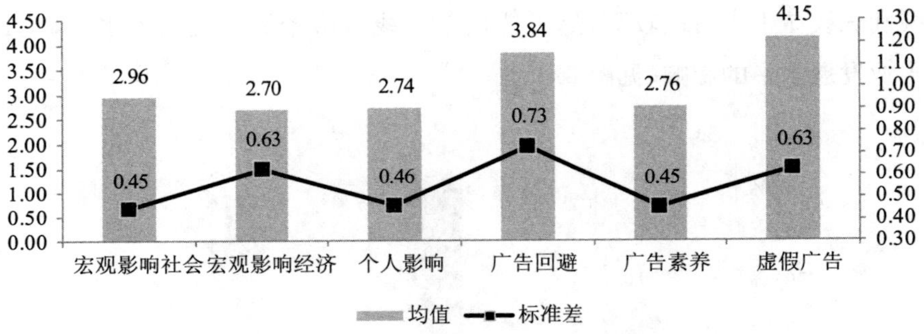

图 3—7　消极群体(广告观)

(二)中立群体

在中立群体中,男性占比为 48.9%,女性为 51.1%,女性比例略高。在年龄段的分布中,35—44 岁年龄段占比较高,为 23.5%;其次为 25—34 岁和 55 岁及以上两个年龄段,分别在 20.0%左右。

在中立群体中,35—44 岁中青年所占比例较高,15—24 岁青少年和 45—54 岁中年人占比相对较低,但总体来看,中立群体在年龄分布上较为均匀,性别之间的差异也较小(见图 3—8)。

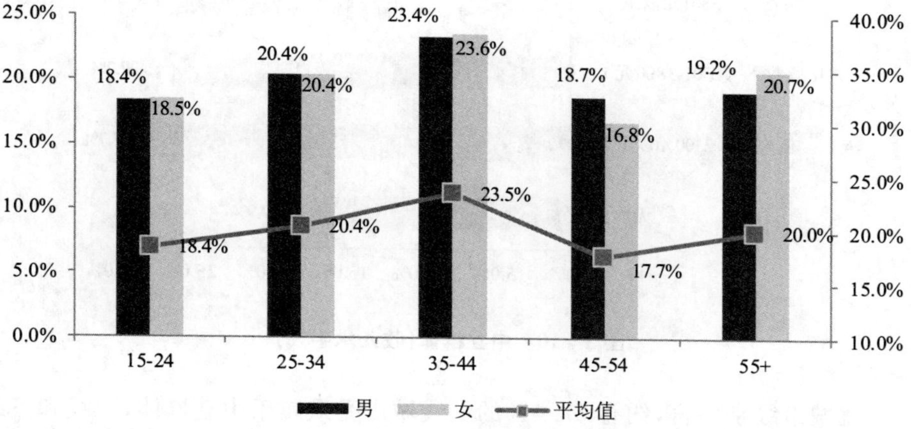

图 3—8　中立群体(年龄/性别)

在中立群体中,初中学历和高中/技术中学学历受众的比重最高,分别为31.7%和29.6%,小学及以下、大专和大学及以上学历受众所占比例较低且较为接近。就收入水平来看,约有26.5%的高收入群体属于中立群体,中等收入和低收入群体分别在27.2%和27.7%,无收入群体为17.9%,占比较低(见图3—9、图3—10)。

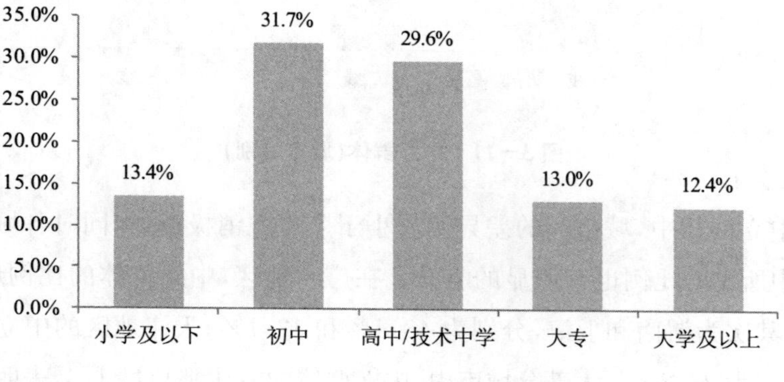

图 3—9　中立群体(教育水平%)

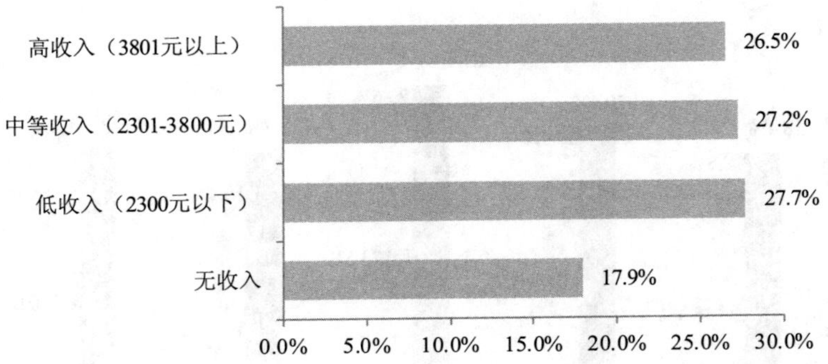

图 3—10　中立群体(收入水平%)

就城市级别而言，约有 37.4%的一线城市受众属于中立群体，二线和三线城市则分别为 36.3%和 38.4%。不同城市级别的差距非常小，这和消极群体的分布情况略有不同(见图 3—11)。

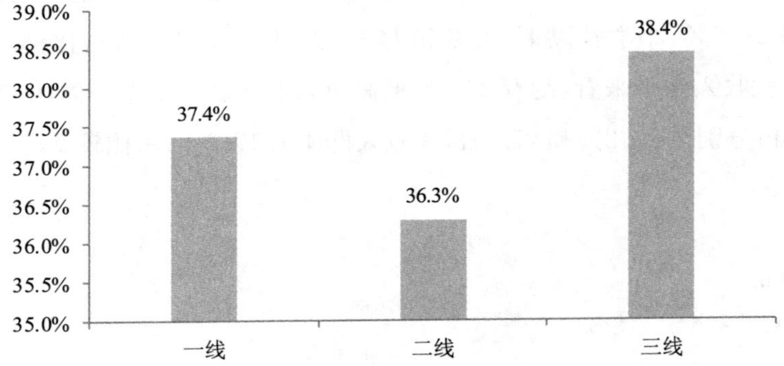

图 3—11　中立群体(城市级别)

在中立群体中，城市间的差异明显小于广告观消极群体，同时各城市在这一群体中所占的比例也有明显的上升。在广州地区，中立群体的比例最高，为 45.5%；其次为渭南和上海，分别为 43.4%和 42.1%；天津地区的中立群体占比最低，仅为 28.2%。大部分城市中，中立群体的占比都超过 1/3，表明广告观较为中立的群体是当下的主流群体(见图 3—12)。

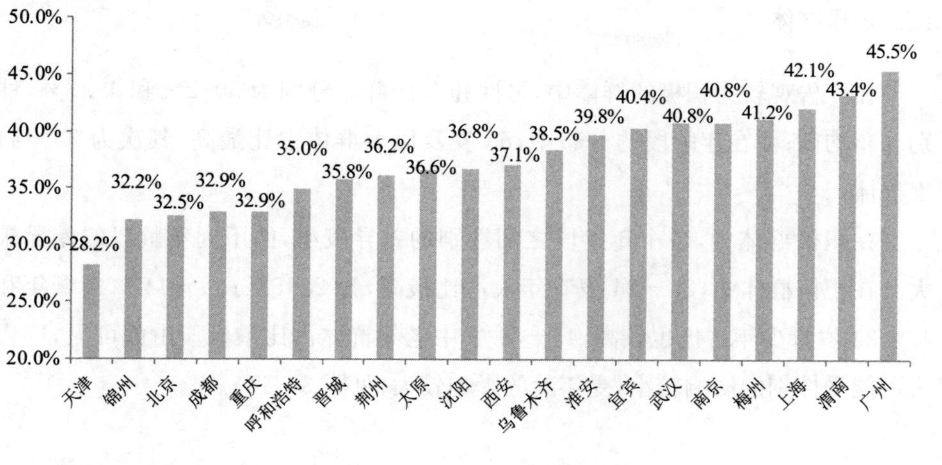

图 3—12　中立群体(城市分布)

就均值而言,中立群体对广告的宏观影响、个人影响和广告素养的评分也在 3 分左右,持中立态度;而对广告回避评分则较高,同时对虚假广告的评分也较高,这一点和消极群体较为接近,表明尽管这一群体的广告观较为中立,但对广告的实际接受程度仍然较低,对虚假广告的评断也较为严格(见图 3—13)。

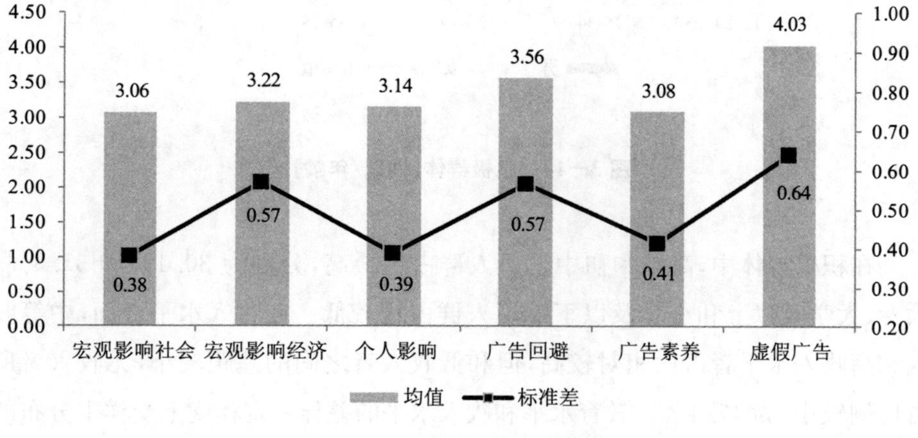

图 3—13　中立群体(广告观)

(三)积极群体

在广告观较为积极的群体中,男性和女性群体分别为 50.2%和 49.8%,性别分布均衡;而在年龄段的分布中,55 岁及以上群体占比最高,其次为 35—44 岁群体。

在积极群体中,各个年龄段之间性别的差异较小,而不同年龄段的差异较大。在积极群体中,25—34 岁青年人占比最高,为 22.5%;35—44 岁中青年和 15—24 岁青少年占比也较高,45—54 岁中老年群体占比最低。由此可见,广告观可能受性别的影响较小,受年龄的影响较大(见图 3—14)。

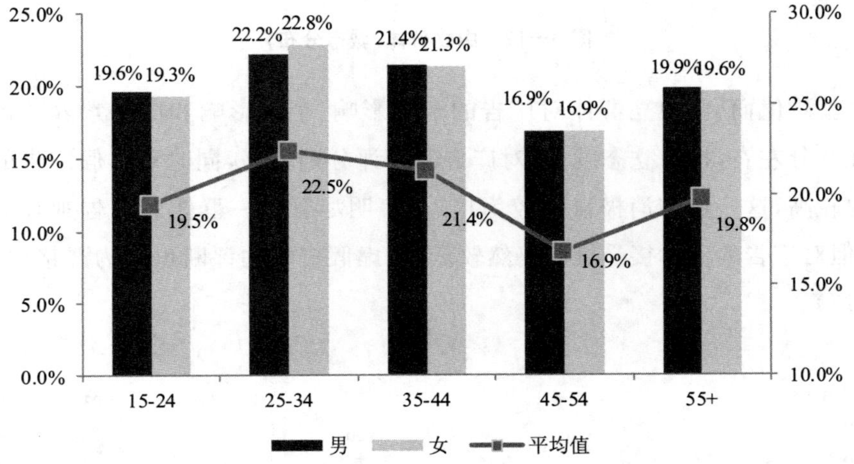

图 3—14 积极群体(性别/年龄)

在积极群体中,高中和初中学历人群占比最高,分别为 30.1%和 31.3%;大专、大学及以上和小学及以下学历人群占比较低。在收入水平方面,中等收入和高收入水平者占比相对较高,但和低收入者之间的差距较小,无收入者所占比例较小,为 17.4%。教育水平和收入水平的差异一定程度上受样本分布的影响(见图 3—15、图 3—16)。

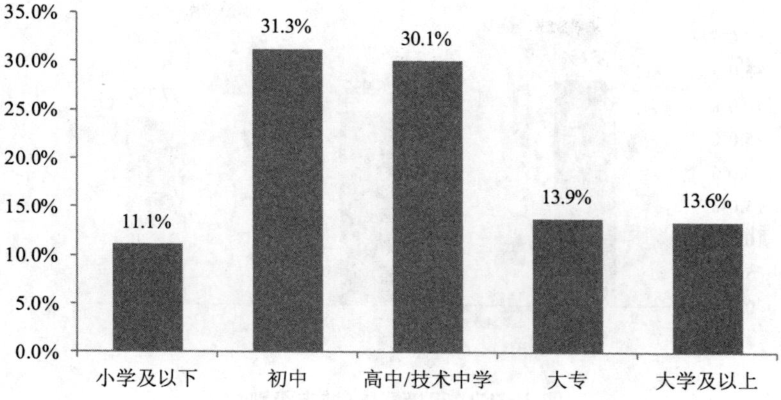

图 3—15　积极群体(教育水平%)

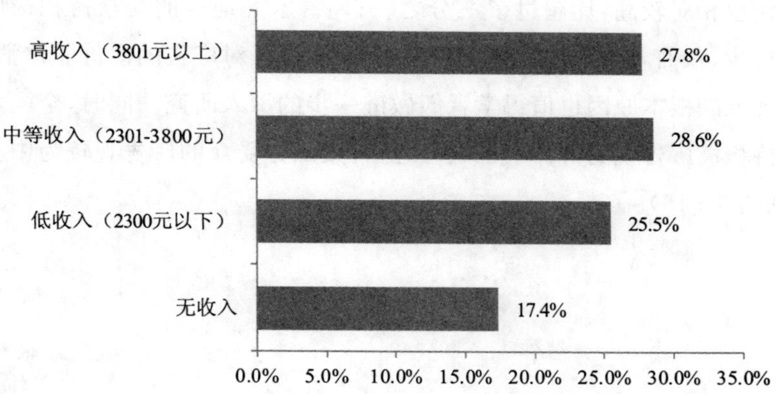

图 3—16　积极群体(收入水平%)

在一线城市中，持积极广告观的受众高达 33.6%，高于二线和三线城市。由此可见，持积极广告观的受众群体是一线城市的主流群体，这可能受一线城市经济文化发展水平，尤其是广告业发展水平的影响。随着广告业在二线和三线城市的发展，持有积极广告观的受众群体可能也会随之增加(见图 3—17)。

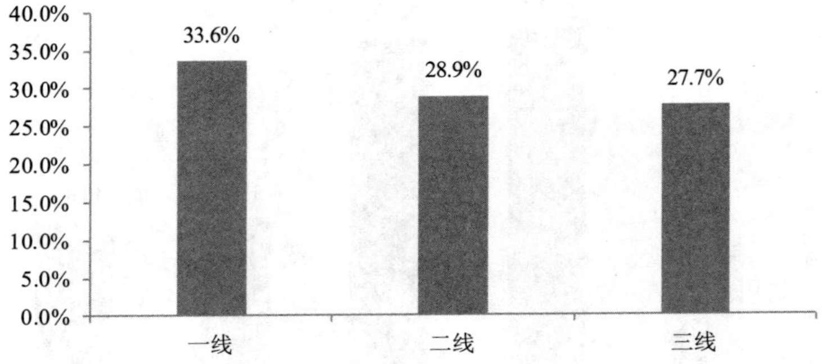

图 3—17　积极群体(城市级别)

就具体的城市而言,晋城地区持积极广告观的受众比例最高,为 48.2%,接近半数,这可能受晋城地区经济发展形态的影响;成都、上海和呼和浩特的积极群体比例也相对较高,均超过了三分之一;乌鲁木齐地区的受众持积极广告观的比例最少,仅有 12%,显著低于其他地区,该地区对广告的评价非常消极,造成这一现象的根本原因也值得学者们做进一步的深入研究。同时,全国大部分城市中持积极广告观的群体不足三分之一,大部分受众的广告观较为中立甚至消极(见图 3—18)。

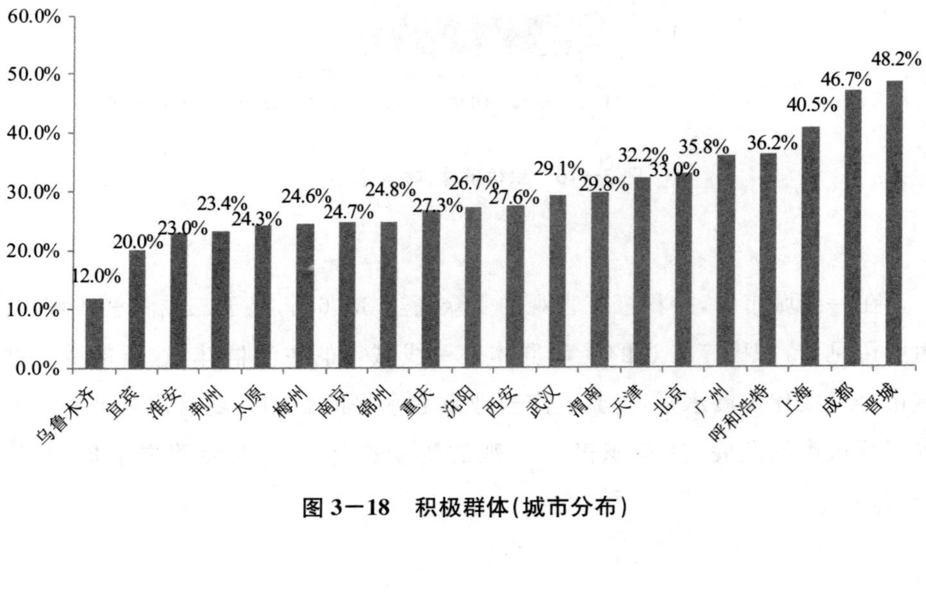

图 3—18　积极群体(城市分布)

就其他指标而言，积极群体对其他指标的评分显著高于中立群体和消极群体，尤其在宏观经济影响、个人影响和广告素养方面，他们更为认可广告对经济发展的促进作用、广告对个人的影响及自身的广告素养。而在广告回避和虚假广告方面，他们也仍旧持赞同态度，对广告具有较强的回避性，对虚假广告的判定也比较严格，但是均值略低于消极群体和中立群体（见图 3－19）。

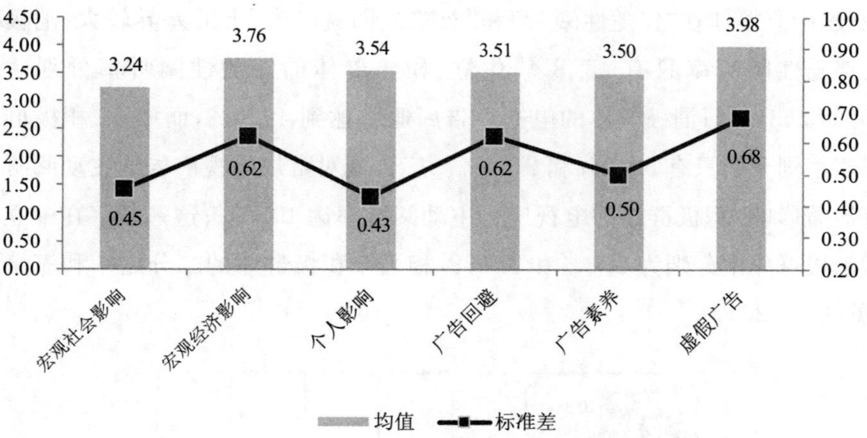

图 3－19　积极群体（广告观）

二、三种人群的媒介接触行为

通过将广告观人群分为消极、中立和积极三种，可以看出广告观对中国城市居民的媒介行为有怎样的影响。本次研究发现，广告观对媒介行为有显著的积极影响，广告观积极的人群接触广告的行为更频繁，广告观消极的人群媒介接触行为频率偏低。

（一）三种人群的传统媒介广告接触状态

从日常的媒介广告接触状态来看，广告观的积极、消极程度对中国城市居民的传统媒介广告接触状态有很大影响。总体来看，广告观的积极程度与日常媒介接触率①呈正相关关系，与主动阅听率、伴随性阅听率呈正相关关系，与广告回避率呈负相关关系，但也有例外。总而言之，可以用“广告观越积极，媒介接触率、阅听率越高，回避率越低”一句话来概括。

电视常规广告的普及率最高，因此持有不同广告观的人群在“没有接触过这类广告”的比例上没有显著差异。从其他项目的差异程度上来看，消极群体与积极、中立群体在“伴随性阅听”和“忽略或回避广告”上的差异较大：消极群体的伴随性阅听率只有 45.8%，中立、积极群体的伴随性阅听率分别达到 60.9%和 63.6%；消极群体的电视广告回避率达到 49.6%，而中立、积极群体的回避率则分别只有 32.0%和 24.4%。广告观对常规电视广告的主动阅听率也有显著影响：积极群体的电视广告主动阅听率达 10.3%；这一数字在中立群体和消极群体中分别为 5.6%和 3.0%，相当于积极群体的二分之一和三分之一（见图 3－20）。

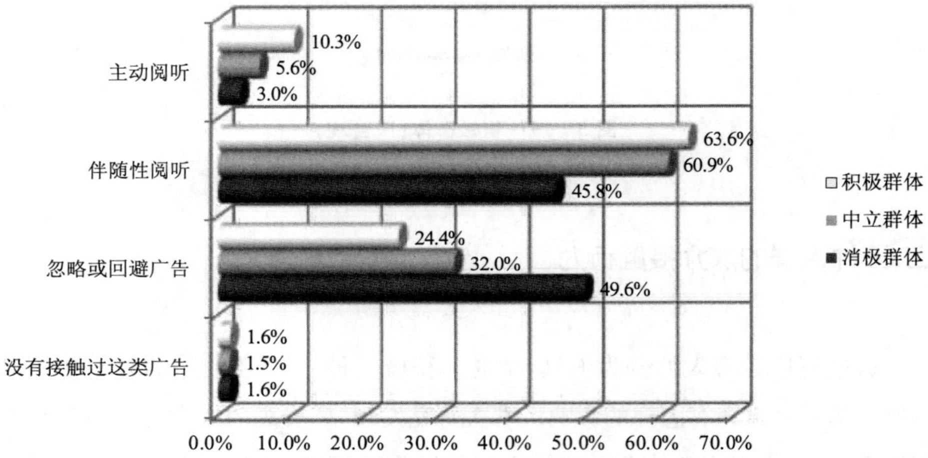

图 3－20　不同广告观群体的电视常规广告接触状态

在广播广告的接触状态上，积极、中立和消极群体比例数值相差较小，但仍表现出有规律的差异：没有接触过广播广告的人群比例与广告观积极程度呈负相关关系，广告回避率与广告观积极程度呈负相关关系，伴随性阅听和主动阅

① 这里指的是媒介接触状态百分比中，去除“没有接触过这类广告”选项之后的统计结果，即“主动阅听”、“伴随性阅听”和“忽略或回避广告”三个选项的百分比之和。

听率与广告观积极程度呈正相关。其中，在广播广告的主动阅听方面，中立群体和消极群体的主动阅听率分别为 1.9％和 1.4％，差异较小；而广告观积极群体的主动阅听率则达到 3.5％（见图 3－21）。

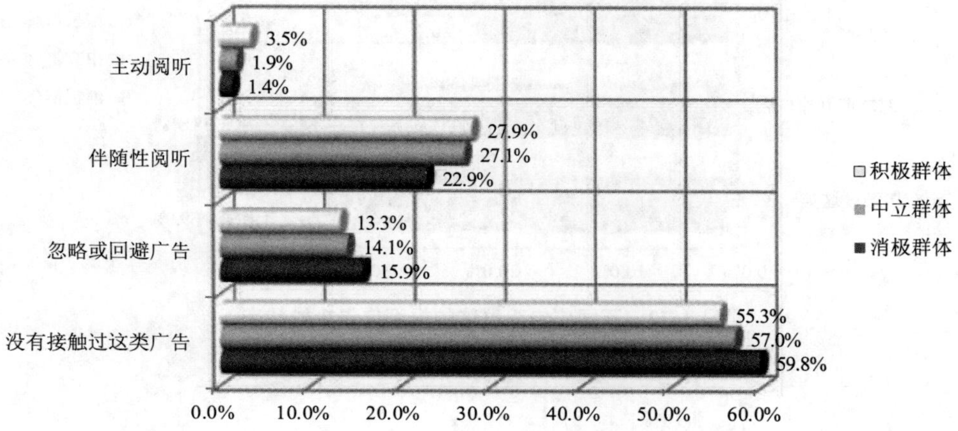

图 3－21　不同广告观群体的广播广告接触状态

广告观积极程度不同的群体在报纸广告的媒介接触状态各方面差异都较大，差异表现符合前文所述的“广告观越积极，媒介接触率、阅听率越高，回避率越低”的规律。其中，伴随性阅听率和广告回避率表现出的差异较为明显，积极群体的报纸广告伴随性阅听率达到 31.1％，广告回避率为 28.8％，而消极群体的伴随性阅听率只有 19.0％，广告回避率则达到 38.8％；积极群体的报纸广告主动阅听率接近消极群体的 3 倍（见图 3－22）。

广告观积极程度对受众的杂志广告接触状态也有明显影响，其中影响最大的是杂志广告的伴随性阅听率和主动阅听率。积极群体的主动阅听率和伴随性阅听率分别达到 3.8％和 18.0％，而消极群体则分别只达到 1.3％和 11.4％。在杂志广告的回避率上，积极群体略超过中立群体，最高的仍然是消极群体，达 28.7％。造成这种现象的原因可能是由于杂志广告本身数量较多，但具体原因仍待进一步研究（见图 3－23）。

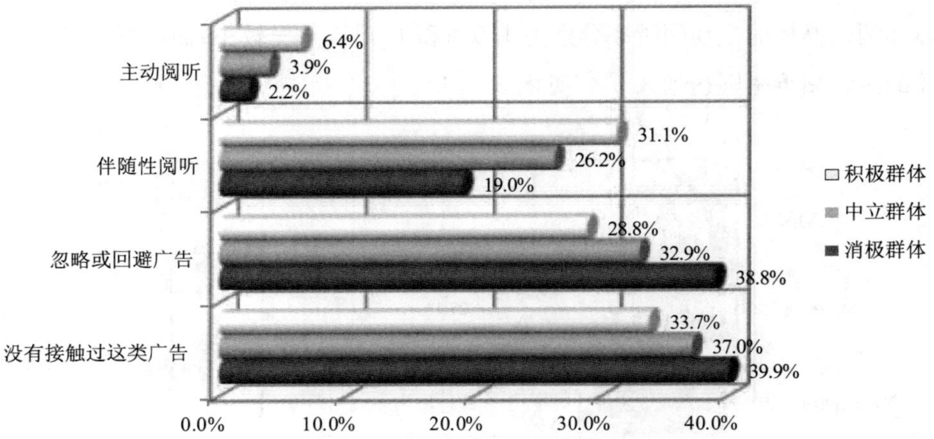

图 3.22　不同广告观群体的报纸广告接触状态

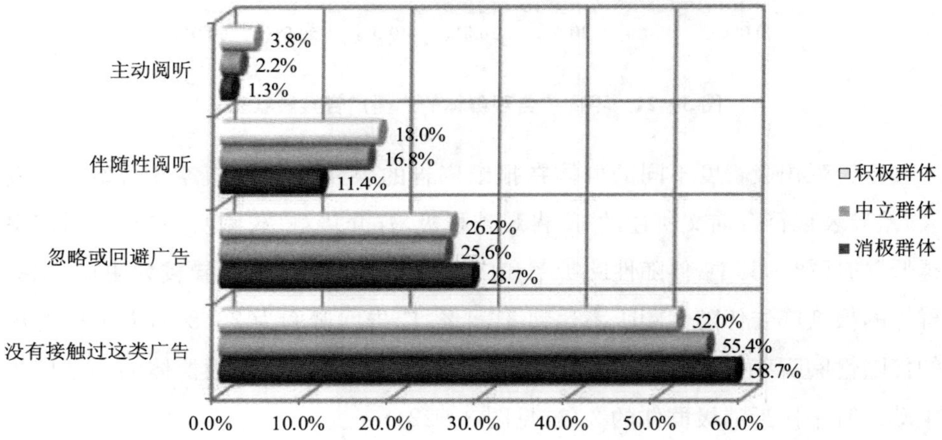

图 3—23　不同广告观群体的杂志广告接触状态

(二)三种人群的网络媒介广告接触状态

网络媒介广告的接触状态在不同广告观人群中的差异较为相似，相对来说，媒介广告的日常接触率和伴随性阅听率的差异较大，而广告的回避率相对差异较小。总体来看，广告观对受众的网络媒介广告接触仍然有积极的影响：广告观越积极，受众对网络广告的阅听率越高、回避率越低。

网页广告和网络视频广告受广告观影响的差异度较为相似：积极群体在主

动阅听率上达到 2.2%，消极群体则只达到 0.7%；积极群体的伴随性阅听率达到 23.2%，消极群体只达到 14.6%。在广告回避率上，消极群体和中立群体的回避率较为接近，而积极群体的回避率则显著少于前两个群体。在广告日常接触率方面，积极群体和中立群体的接触率较为接近，而消极群体明显更少接触网页广告和网络视频广告（见图 3－24、图 3－25）。

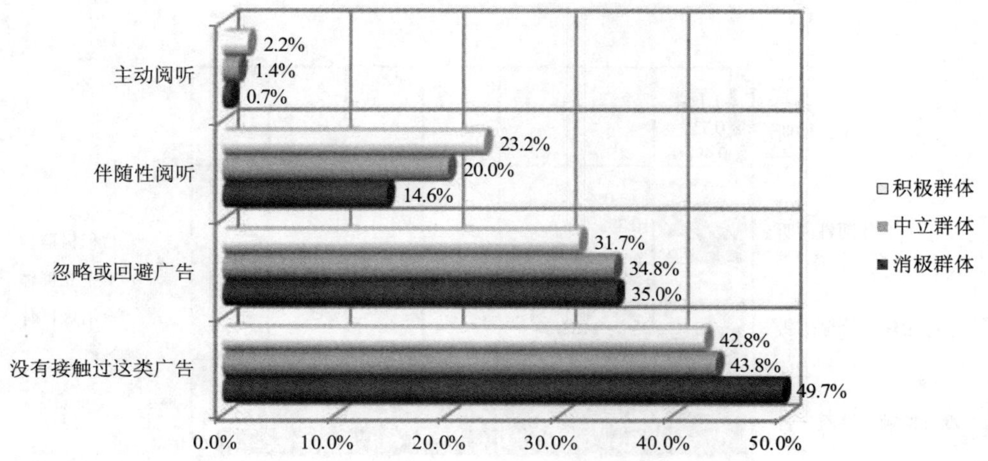

图 3－24　不同广告观群体的网页广告接触状态

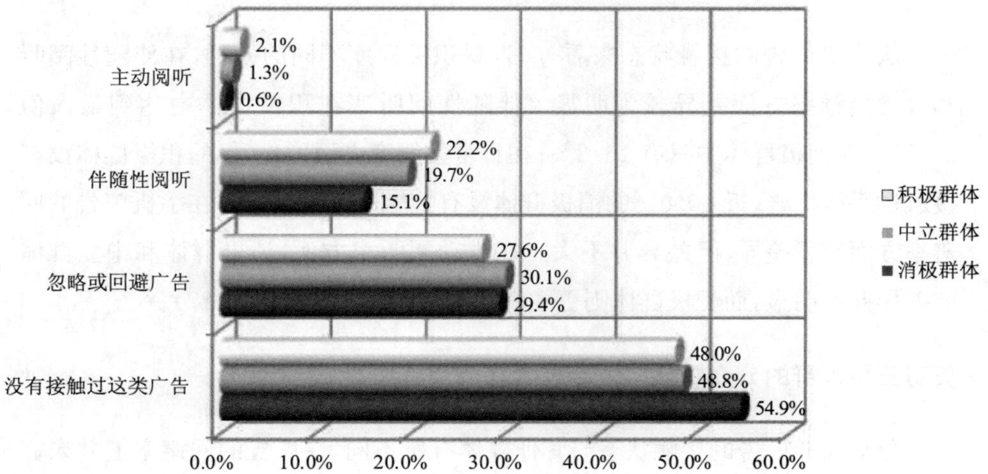

图 3－25　不同广告观群体的网络视频广告接触状态

电子邮件广告的普及率较低，尤其在广告观消极群体中，他们中有 67.9％的受众没有接触过电子邮件广告，这一数字在积极群体中也达到了 59.7％。电子邮件广告的回避率在不同广告观群体中较为相似，尤其是积极群体和中立群体。值得一提的是，广告观消极的受众对电子邮件广告的伴随性阅听率远远小于中立群体和积极群体，只有 6.9％，后两者分别为 10.3％和 12.0％（见图 3—26）。

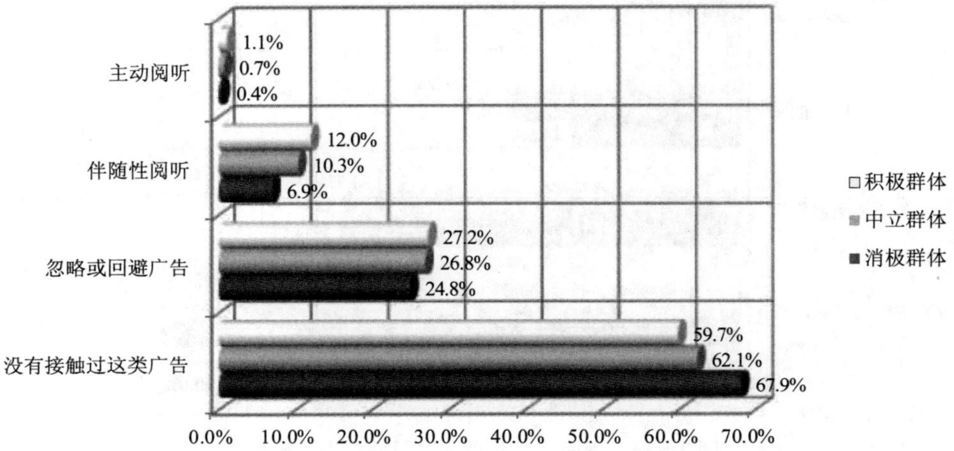

图 3—26　不同广告观群体的电子邮件广告接触状态

从手机广告的接触状态来看，广告观积极程度不同的人群，在伴随性阅听和日常接触率方面差异较为明显。伴随性阅听率在积极群体中达到最大值 24.7％，在消极群体中只有 16.2％；在日常接触率方面，31.0％的积极群体没有接触过手机广告，近 40.0％的消极群体没有接触过。三个群体在手机广告的回避率方面有所差异，但差异并不大。在主动阅听率方面，消极群体和中立群体的差异并不明显，而积极群体则更主动阅听手机广告（见图 3—27）。

（三）三种人群的分众媒介广告接触状态

分众媒介广告的接触状态与其他媒体有所不同，在广告的回避率上并未完全表现出与广告观积极程度呈负相关的关系，如数字电视平台点播广告和电影广告就呈现了正相关的态势，即广告观积极群体反而更回避该类型的广告。值

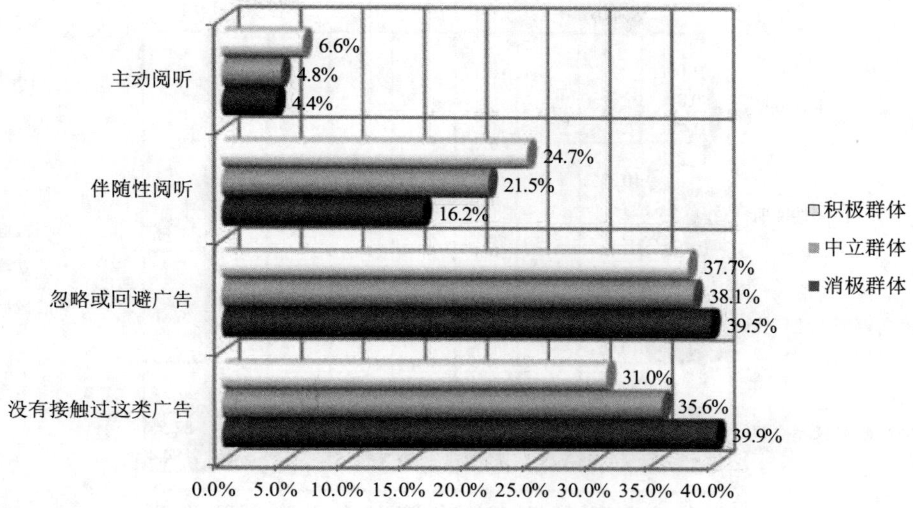

图 3—27　不同广告观群体的手机广告接触状态

得一提的是，这两种类型的广告有共通点，都属于在影视类产品播放之前的强制性贴片广告。但同时，广告观越积极的人群，对此两种类型的广告的阅听率也更高。但这种现象仍然需要引起重视。

数字电视平台点播广告在广告观积极人群中普及率更高，达到 22.7%，这可能是由于广告观积极群体更多来自一线城市的缘故。同时，积极群体的伴随性阅听率也更高，达到 10.3%，而中立群体和消极群体则分别只有 6.8%和 4.5%。在广告回避率方面，积极群体更多地回避数字电视平台点播广告，达到 11.4%，中立群体最少回避该类型广告，为 9.8%（见图 3—28）。

从直投广告的接触状态来看，广告观的积极程度对媒介接触状态有积极影响，三种群体之间的差异较程度较均匀。其中值得注意的是，在伴随性阅听率方面，消极群体只有 8.6%，显著小于中立群体的 12.4%和积极群体的 13.6%。广告回避率与广告观积极程度呈负相关关系，主动阅听率与广告观积极程度呈正相关关系（见图 3—29）。

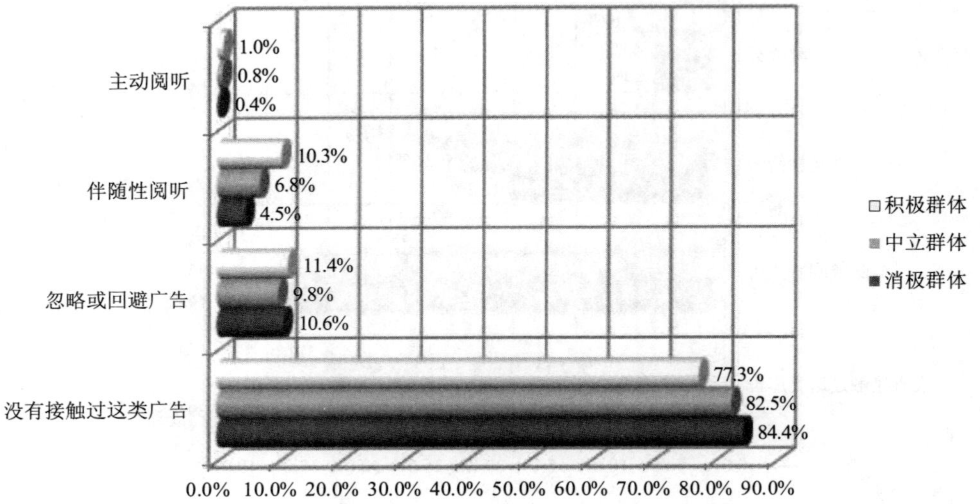

图 3—28　不同广告观群体的数字电视平台点播广告接触状态

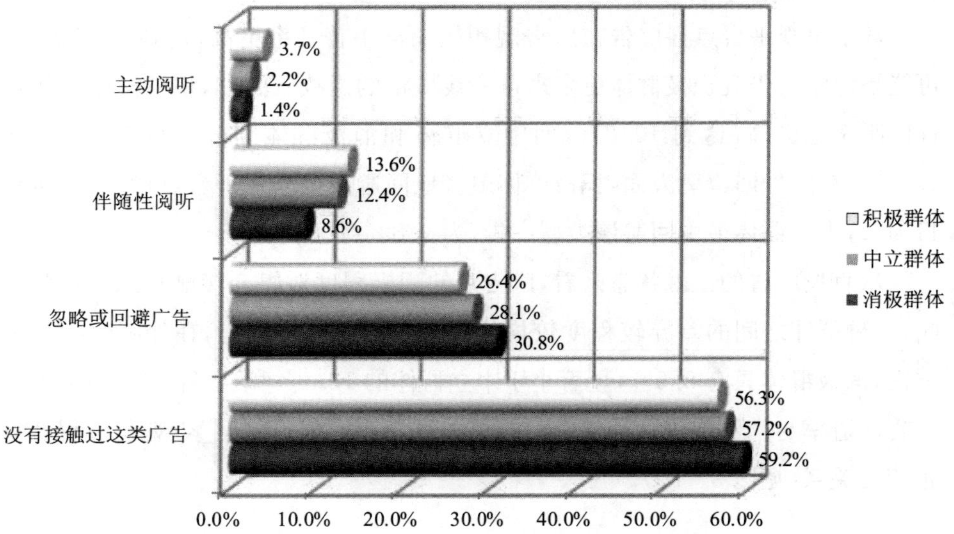

图 3—29　不同广告观群体的直投广告接触状态

电影广告除了在没有接触过的人群比例上与广告观积极程度有负相关关系之外，在其他比例上都与广告观有正相关关系。即广告观越积极，对电影广告的态度也越极端，即更高的阅听率和更高的回避率。广告回避率在积极群体中达到 15.0%，在中立群体中为 14.1%，在消极群体中则只有 13.1%（见图3—30）。

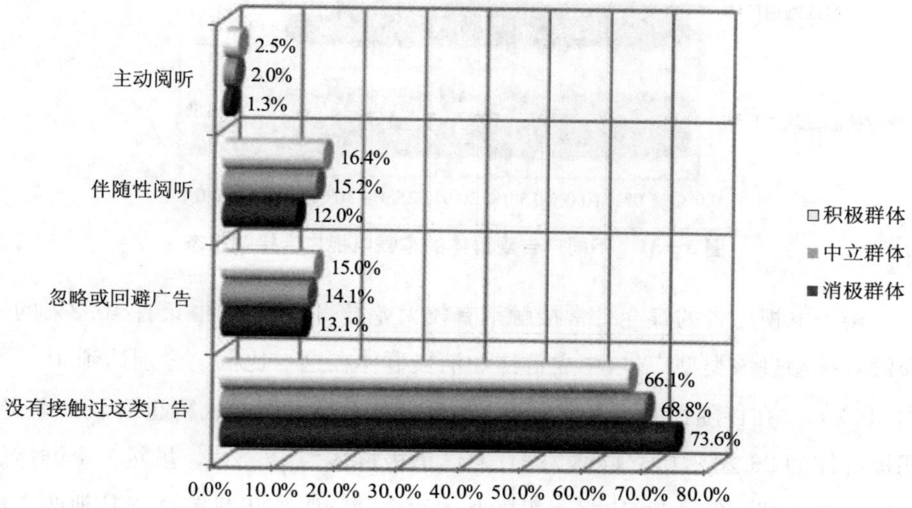

图 3—30　不同广告观群体的电影广告接触状态

出于各种原因，车载电视广告的伴随性阅听率很高。积极群体和中立群体的伴随性阅听率都高于其广告回避率，因此消极群体对车载电视广告的高回避和低伴随性阅听率就显得尤为突出。只有 26.9%的消极群体会伴随性阅听车载电视广告，而这一数字在积极群体中是 36.5%。同时，在积极群体和中立群体的车载电视广告回避率都较低的情况下，消极群体的回避率达到了 32.1%（见图 3—31）。

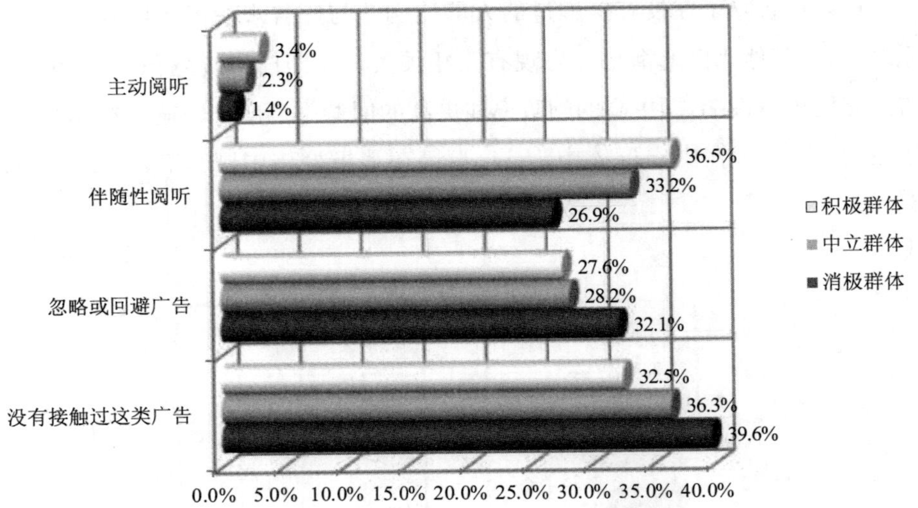

图 3—31　不同广告观群体的车载电视广告接触状态

楼宇电视广告的媒介日常接触率有较大差异，积极群体中只有 40.2％的受众没有接触过该类型广告，中立群体和消极群体在这一比例上分别达到 45.2％和 49.2％。在伴随性阅听率方面，广告观积极程度不同的人群也有较大差异：积极群体为 26.8％，中立群体为 21.7％，消极群体为 17.8％。虽然三个群体的主动阅听率都很低，但相比之下积极群体的主动阅听率仍显著高于其他两个群体。三个群体在楼宇广告的回避率方面相对差异较小(见图 3—32)。

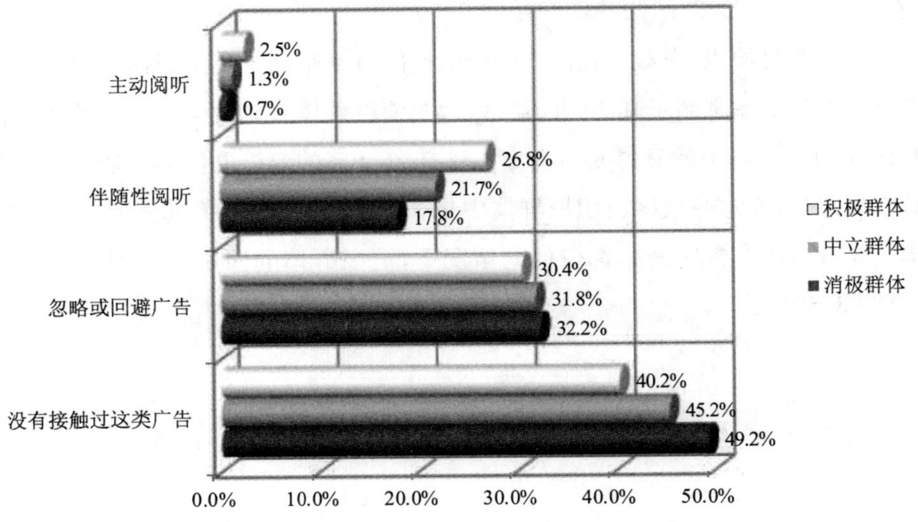

图 3—32　不同广告观群体的楼宇电视广告接触状态

(四)三种人群的户外媒介广告接触状态

户外广告的媒介接触状态也同样受广告观的影响,广告观越积极的人群,对户外广告的接触率更高、阅听率更高、回避率更低。不同的户外媒体接触状态在不同广告观群体中的差异形态较为相似,但伴随性阅听率的差异最大,广告日常接触率差异幅度相对较小。由于5种不同的户外媒体接触状态差异形态相似,在此不再一一赘述(见图3—33、图3—34、图3—35、图3—36)。

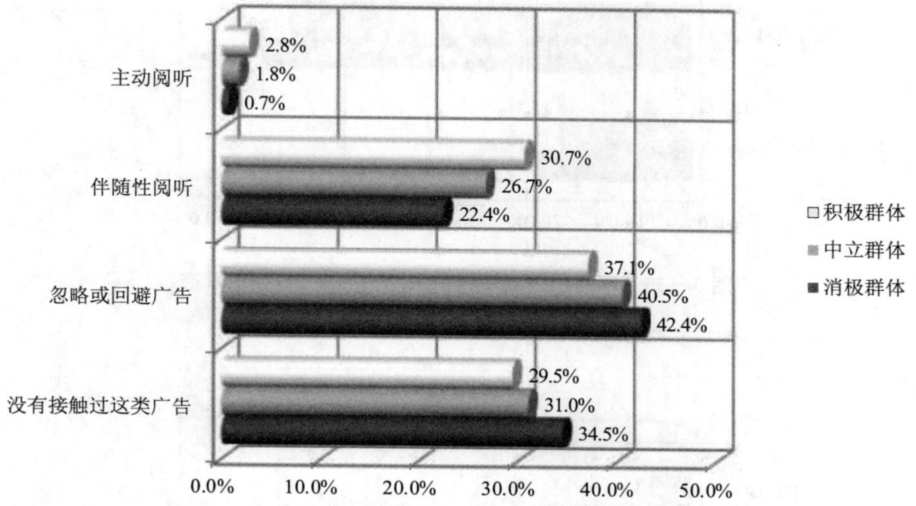

图3—33 不同广告观群体的户外电子屏广告接触状态

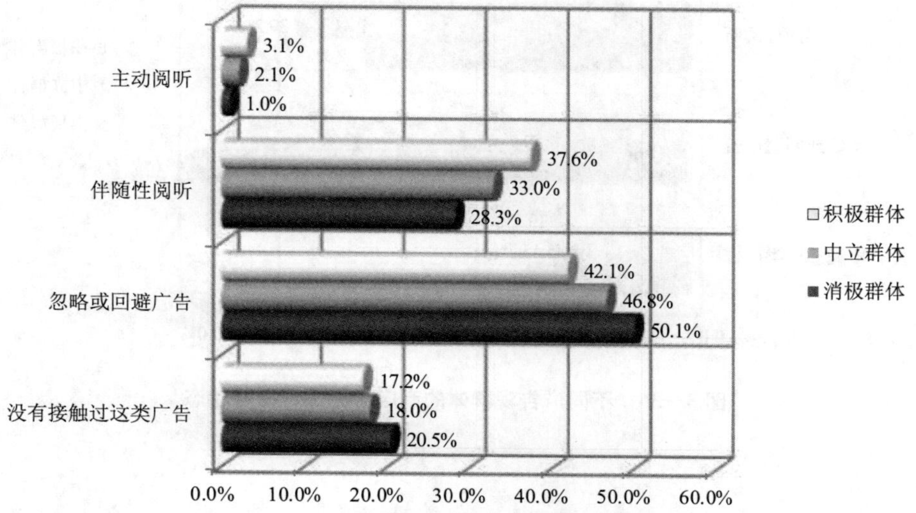

图3—34 不同广告观群体的车体广告接触状态

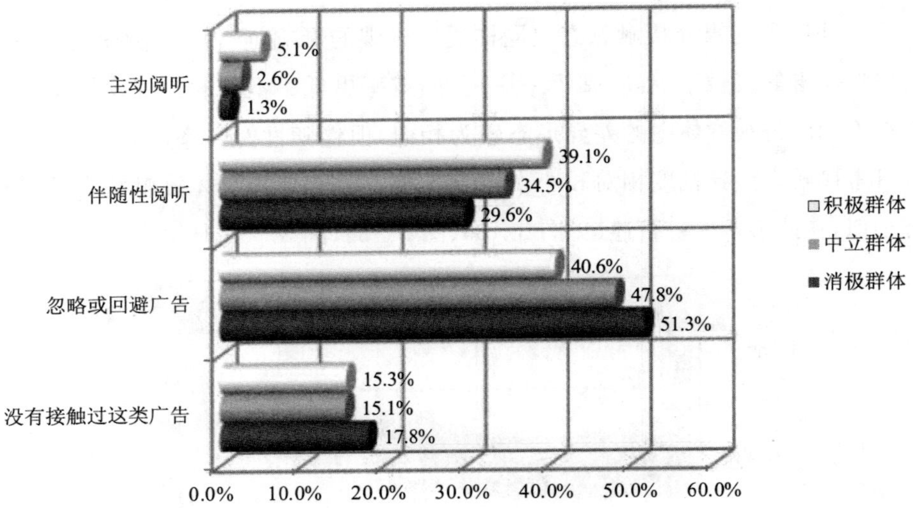

图 3—35　不同广告观群体的站牌/灯箱广告接触状态

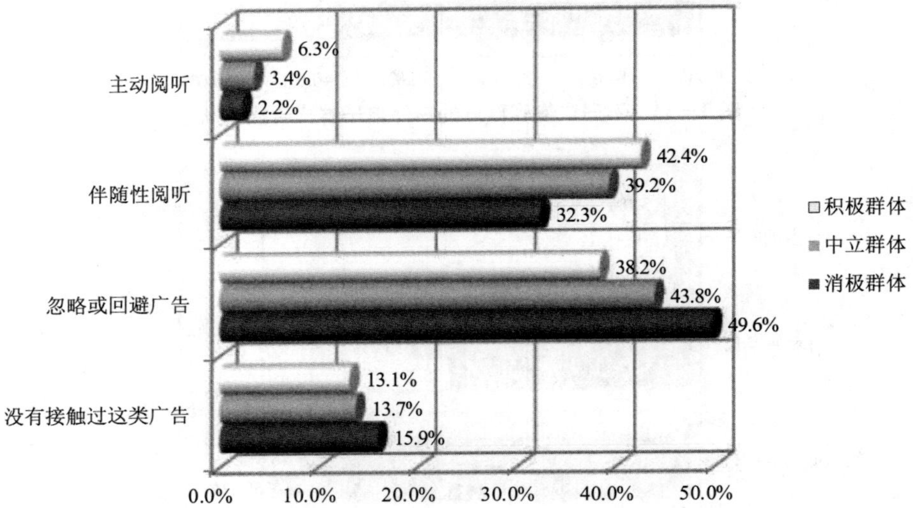

图 3—36　不同广告观群体的商店店面广告接触状态

(五)总结:广告观越积极,媒介接触越频繁

本次研究的结果证实了广告观对广告行为的重要影响:在17种不同类型的媒介上,除了电视常规广告的日常接触率,杂志广告、数字电视平台点播广告和电影广告的回避率出现个别情况以外,其他媒体的不同接触状态都呈现出"广告观越积极,媒介阅听率越高,回避率越低"的态势。从群体间媒介行为的差异程度上来说,积极群体在主动阅听率上有较强的表现,消极群体则在广告回避率上有更强的表现。

附录 专家解读

中国城市居民广告观的多元视点

作为全国性受众广告观念专项研究的首次尝试，本研究之意图并非在于尽可能全面地展现中国城市居民广告观念的全貌，而是在有限的条件下考察广告观最重要的维度以及研究者最为关注的问题。正如万里之行的第一步、长途跋涉的第一站，探索的开端并不完美，往往伴随着磕碰、挫折和挑战。最重要的并非是结果本身，而是在其完善过程中得到的雕琢、历练和指引。因此，本书乐于接受各界有建设性的批评和指正，目的乃是为了更好地承载从受众观念的角度描绘和理解中国广告业发展之轨迹与趋势的历史使命。

同时，本书虽然从受众的角度揭示了当下中国城市居民对广告观的种种观点态势，以及在人群、地域和经济水平等维度上的差异，但对于这些研究结论，需要更为专业、权威和多元的深度解读，才能挖掘出冰山的水下之貌，捕捉事实背后的深刻洞察。

鉴于以上两点原因，本研究课题组在书稿完成后并未立刻付梓出版，而是通过电话深访的形式，邀请中国广告学界及业界具有代表性的12位专家对本次研究成果进行权威判读，提出专业意见。他们是(按照姓氏拼音首字母排序)：厦门大学陈培爱教授、北京大学陈刚教授、《现代广告》社长陈永先生、复旦大学程士安教授、中国传媒大学丁俊杰教授、厦门大学黄合水教授、上海师范大学金定海教授、中国人民大学倪宁教授、华中科技大学舒咏平教授、深圳大学吴予敏教授、暨南大学杨先顺教授、《中国广告》社长张惠辛先生。这12位专家在各自领域都有相当丰富的广告研究成果或从业经验，在百忙之中仍不吝赐教，给予最大程度的支持和帮助，对本研究提出了丰富、独到、犀利的解读。他们富有智慧的观点形成了本书中最闪耀而不可或缺的一部分，相信读者一定可以在其中找到内心产生共鸣之观点。

陈　刚

差异性、冲突性的结论更有价值

职位：哲学博士。北京大学新闻与传播学院党委书记、副院长、广告学系主任、现代广告研究所所长、新媒体营销传播(CCM)研究中心主任、博士生导师；《广告研究》杂志编委会主任、名誉总编辑

研究方向：广告学、品牌传播

主要作为：出版《新媒体与广告》《当代中国广告史(1979—1991)》《网络广告》《创意传播管理》《关键时刻战略》等专著，并发表多篇论文，所提出的创意传播管理理论和发展广告学理论在行业和学术界产生了重要影响

专家访谈

课题组：请您谈谈作为一个广告专家/学者/业界资深人士，您这么多年来观察到城市居民广告观变化的一些特点或者大体趋势。

陈刚：有两个方面：一方面广告的影响在不断提升，一方面对广告的质疑、批评也越来越突出，这种变化是双向的。

课题组：近年来新媒体发展迅猛，但本次数据显示新媒体广告的接触率却较为普通(没有我们预计的那么突出)，电视依然占据第一，您怎么看待这一现象？

陈刚：我从来没有预计它会突出，互联网广告这种类型逐渐地被边缘化，因为互联网可能不是我们平时习惯的那种很简单、单纯的广告类型，在互联网上它有多种方式可以达到它(广告)的目的。

课题组:所以您觉得这个问题得从互联网广告的类型去谈是吗?

陈刚:不是。你这样把它说成广告是不对的,它就不是广告了。实际上广告这个概念在互联网上是非常不确切的。因为广告是在传统大众媒体阶段解决企业营销问题的工具,它(互联网时代)不一定要有这个工具。在互联网上,你说"微博运营",策划媒体的运营,不叫广告。它本身具有我们所理解的传统广告效果,是一种跟消费者沟通的特别好的方式。

课题组:那我们在问卷中问到的是比较传统的网页广告,比如横幅广告。

陈刚:你这个问题设置是不对的,这种广告其实在企业互联网运用中占的比例是非常低的。我们现在整个广告行业的广告教育要变化,要接受、要改变自己,不是说坚持我原来就是做这一块,那这样的话(发展)空间会越来越小。

互联网不是广告的时代,企业要解决营销传播,有非常多的方法。所以如果再坚持传统理解的广告,那么企业不需要,从而广告行业没法发展。

课题组:在广告接触的地区差异上,数据显示华南和西北地区表现出独特的广告接触行为。您在日常研究/工作中是否有留意到?您觉得这种现象背后的原因可能是什么?(华南地区:电视媒体偏好强烈,9种媒体昨日接触率比全国其他地区低,户外媒体广告、分众媒体广告注意力偏低;西北地区:电视常规广告接触率全国最低,13种媒体昨日接触率上高于全国其他地区。)

陈刚:华南(对电视广告的偏好)跟地理环境有关系吧,跟媒体的覆盖也有关系,另外华南的夜生活比较常态。不过你这个数据我还是有些质疑的,我自己的感觉可能在西北电视的影响会更强烈,因为互联网在那边的普及并不是很高,他们最主要接触的媒体应该是电视和户外,这两种对他们影响应该是最大的。但华南地区互联网普及已经很高,所以他们对电视依赖应该在降低。华南相对西北来讲经济比较发达,互联网普及率高,尤其像在广州这种一线城市,普及率是非常高的,像手机这类的也已经非常普及了。

我觉得是样本的问题,可能是样本量太小。我觉得西北跟农村是很像的,我做过农村(的项目),包括西北、甘肃、青海的调研。电视的覆盖和影响肯定是最大的,因为现在影响电视最大的就是互联网,还有夜晚的生活方式。西北(地区居民)到晚上基本就得在家里待着,华南很多(晚上的生活)是在户外。

课题组：本次研究明确提出了“广告观”概念，简报中我们总结出国人广告观的大致特点（“广告观基本成型，整体呈现积极接触、理性判断、不断学习适应的观念”）。您感觉这一总体结论符合您平时的研究/观察吗？

陈刚：我觉得更重要的是在一个阶段的差异性变化，比如2012年在中国不同区域（广告观）可以分成哪几种类型？你概括成一个整体我觉得很难，这种共性可能不用调查，大家拍拍脑袋也能想明白，但是差异性应该是更有价值。中国的差异性太大，广告观可能在同一阶段不同区域有很大差异。另外，你们的调查中没有农村，农村占中国人口的一半，中国人的广告观没有农村怎么能叫广告观？不能说农村人不是我们当代的中国人。其实这种差异性、冲突性的结论我想更有价值。

课题组：中国城市居民一方面认可广告作为购物信息的作用，享受广告的工具性以及娱乐性；但另一方面保持较高的回避态度（如认同“禁止插播广告是必要的”）。您怎么看待这种广告行为？您自己会主动回避广告吗？理由？

陈刚：在过去广告有强烈的影响，早期促销类的广告比较多。现在，随着整个市场的变化，从创意、制作、各方面，应该说整体质量在提升，那么广告的好感度确实是在变化。谈到广告回避，我觉得它应该是一种心理上的状态，但是还是会不同程度地受到广告影响。另一方面，互联网的变化可能加剧了广告回避。

（对于我自己来讲）在互联网上的时候，可能对广告的回避是一种常态。电视是没有办法，电视可能是最具有强制性的。报纸之类的平面媒体对广告的回避可能也是比较突出的。

课题组：本次研究发现，国人对公益广告和虚假广告问题表现比较敏感，普遍对“公益广告能促进社会公德提升以及虚假广告会破坏社会诚信”这一观点表示认同。对此您怎么看？

陈刚：我其实对虚假广告特敏感。虚假广告伤害到所有人的利益，是大家深恶痛绝的，这种态度我觉得是更加明确的。这本来就不是广告业中应该有的现象，（这种现象出现是）因为现在中国广告业中的市场环境、法制环境还是处在需要进一步改善的阶段。让虚假广告尽可能地不存在，让广告发挥更好的作用，民众对广告真实性的担心就会减少、降低。

课题组:数据显示:一线城市受众的广告观更积极、理性;二线城市受众的广告回避态度最强;华南地区受众的广告观最积极,西北地区受众的最消极,南北受众的广告观表现差异明显。您感觉这一城市地域差异结论符合您平时的研究/观察吗?

陈刚:我觉得不符合,可能一线是回避,二线三线他们更积极。其实广告客户也非常清楚,就是广告效果更好的不是在一线,而是在二三线。现在可能更多的下沉到县级市,甚至很多客户现在进入到乡村了。这个一线积极、二线回避好像不是很通,在广告效果上,对草根来说,很多在二线以下的消费者是最积极的。比如说在湖南卫视,OPPO就做得很好,还有很多名不见经传的品牌在湖南卫视暴露出来,很快销量就上去了,但是这些品牌在北京试一下,做不起来的。

课题组:您对简报中的其他研究结果有什么看法和建议吗?

陈刚:我更喜欢看到这种差异性和冲突性,要关注农村的变化。我很关注农村的变化,现在这种变化更加巨大了。

我觉得对农村,大家原来有一个刻板印象。但是我们发现,其实在农村,消费者其实也是分层的,很多跨国品牌在乡村占据了第一品牌的主导地位,而不是我们以为的乡村(品牌)都是假冒伪劣的。然后从媒体接触来看,广播影响非常小。很多人以为乡村对广播有偏向,其实不是,打破了很多人过去的想法。(农村)互联网发展非常快,这也是令我们非常诧异的,互联网很快会成为,其实现在已经成为(农村)第三大媒介类型。第一大是电视,第二大是户外,第三大就是互联网。

我希望这个研究能做得更细一点,然后考虑到中国的巨大差异性和冲突性,这样比一般的、简单的概括可能更有价值。

陈培爱

广告观的变化和经济发展有很大关系

职位:厦门大学新闻传播学院博士生导师,原教育部新闻学学科教学指导委员会委员,中国广告协会学术委员会主任,中国广告教育研究会会长,福建省传播学会会长

研究方向:广告学理论、广告文案、广告策划、广告文化、广告史、品牌与广告、广告教育等

主要作为:1983年参与创建中国大陆高校中首创的广告学专业,主持并完成十多项国家级、省部级与各类社科研究课题。二十多年来致力于中国广告学理论的研究与建立,并颇有建树,是我国广告教育的开拓者与先行者之一。曾任中国市场学会"金鼎奖"评委、中国广告协会"中国广告学院奖"评委、教育部"全国大学生广告艺术大赛"评委、"金犊奖"评委等

专家访谈

课题组:请您谈谈作为一个广告专家/学者/业界资深人士,您这么多年来观察到中国城市居民广告观变化的一些特点或者大体趋势。

陈培爱:广告观的变化和经济发展有很大关系。随着我国人民的生活水平逐步提高,大家由不知道广告,到认识了解广告,再到广告过量,人们越来越反感广告,逐渐产生了逆反心理,这是一个过程。现在虚假广告扰乱了整个市场,而且我们的广告量太大,所以后来广电总局也采取了措施来规范。如果广告的质和量都能保证,人们也会愿意接受。

课题组:近年来新媒体发展迅猛,但本次数据显示新媒体广告的接触率却较为普通(没有我们预计的那么突出),电视依然占据第一。您怎么看待这一现象?

陈培爱:这是非常符合实际的结果,根据我的感觉仍然是电视第一,中老年人大多还是依赖电视,用大量时间看电视。户外广告的发展也非常快,电子屏、路牌的资源还是很紧张。新媒体目前还不能排在第一,但我相信五到十年就会赶上来。年轻人的收视习惯正在发生变化,新媒体将成为这代人未来生活中重要的媒介,而这代人成长五到十年后将成为中坚力量。互联网会逐渐取代传统媒体的地位,但其在公信力方面还不如传统媒体,需要逐步提高公信力,这是非常重要的。

课题组:在广告接触的地区差异上,数据显示华南和西北地区表现出独特的广告接触行为。您在日常研究/工作中是否有留意到?您觉得这种现象背后的原因可能是什么?(华南地区:电视媒体偏好强烈,9 种媒体昨日接触率比全国其他地区低,户外媒体广告、分众媒体广告注意力偏低;西北地区:电视常规广告接触率全国最低,13 种媒体昨日接触率上高于全国其他地区。)

陈培爱:地域方面(的差异)之所以产生,从深层次看还是经济发展的原因。华南地区对电视节目的偏好是由于接触境外媒体的机会很多,西部地区的结论有点出乎意外,是不是在样本的选择方面出现问题,与日常感受有些出入,样本抽样问题应该再核实一下。西北地区在户外媒体上应该不会突出,受众还是以电视娱乐为主,守在电视机前的时间较多。

课题组:本次研究明确提出了"广告观"的概念,简报中我们总结出国人广告观的大致特点("广告观基本成型,整体呈现积极接触、理性判断、不断学习适应的观念")。您感觉这一总体结论符合您平时的研究/观察吗?

陈培爱:结论有点言过其实了,整体还是被动接触,在被动接触过程中有选择地吸收,但也不是抵触,会因为最近的需求特意关注某些产品,进行有价值的判断,但不可能是全民的积极接受。第二,也不是理性判断,中国人的媒体素养还很低,要随着国民整体文化程度的提高才能得到改进。第三,可以说是在被动中适应,但不可能是主动学习,这个结论还为时过早。

课题组:本次研究发现,国人一方面认可广告的功能作用,另一方面信赖度、好感度却依然走低，您对此有何看法？是什么原因导致中国人对广告的信赖度和好感度始终偏低？您自己对广告的信赖度、好感度如果打分分别打几分？（5分满分）

陈培爱：很重要的一点是媒体的把关，从中央到省级的媒体把关都不严密，省一级的报纸电视台广告很多都是夸大宣传。从把关环节就没有做好，老百姓得到的信息是被夸大的，错误地引导消费者，消费者觉得上当受骗了，当然好感度会很低。能基本保持真实的传递信息是现在媒体和广告主的主要责任，消费者理性准确地判断广告还比较难。我自己只能打3分。

课题组：中国城市居民一方面认可广告作为购物信息的作用，享受广告的工具性以及娱乐性，但另一方面保持较高的回避态度（如认同"禁止插播广告是必要的"）。您怎么看待这种广告行为？您自己会主动回避广告吗？理由？

陈培爱：基于前面的判断，人们是被动接受广告，大量的广告轰炸使得人们对广告更加厌烦，因此大量的重复下回避是必然的。但我们能做到不过量吗？不过量也很难。

我会回避广告，我是基于对生活的需求看广告。

课题组：本次研究发现，国人对公益广告和虚假广告问题的表现比较敏感，普遍对"公益广告能促进社会公德提升以及虚假广告会破坏社会诚信"这一观点表示认同。对此您怎么看？

陈培爱：公益广告必须是下大力气发展，这有利于社会主义精神文明建设，政府用很多力量在宣传，但很多都很生硬，国人接受度较低。公益广告通过艺术的方式转换成有效的信息传播，要比政府生硬地宣传有用得多。在立法的基础上，对虚假广告必须加强管理和加大打击力度，必须重罚，还要强调责任，各个环节的责任都要明确。虚假广告破坏了整个行业的规则，必须严加管理。

课题组：数据显示：一线城市受众的广告观更积极、理性；二线城市受众的广告回避态度最强；华南地区受众的广告观最积极；西北地区受众最消极；南北受众的广告观表现差异明显。您感觉这一城市地域差异结论符合您平时的研究/观察吗？

陈培爱：这个评价过度了，但是东部地区和西部地区还是有差距，消费者有钱了，才会有更多的购物欲望，才会去寻求更多的广告，而西部地区经济发展较为迟缓。然而，随着年轻人的成长，其生活习惯的变化，再加上电商广告发展非常快，会不断缩小地区间的差异，但是根本原因还是经济条件的变化。

课题组：您对本研究中的其他研究结果有什么看法和建议吗？

陈培爱：人们的广告观差异还是基于收入的差别，这点是非常明显的。后续研究可以从现实生活中补充一些深度访问，有些结论明显和现实生活有冲突，这样会破坏调查的可信度。

陈　永

关注互联网时代传媒业变化对受众的影响

职位：《现代广告》杂志社社长；中国广告协会互动网络委员会秘书长，国家广告研究院互动营销实验室主任

主要作为：致力于推动中国广告业发展，率领《现代广告》成长为广告行业的领导品牌杂志。主持创办首个“中国广告业年度人物评选”、“中国互动网络广告高峰论坛”和“中国互动网络广告大赛”等多项享有盛誉的业界活动；创办了中国第一本《互动网络营销专刊》，筹备成立了中国广告协会互动网络委员会，从 2000 年开始为促进、规范我国互联网广告的发展不懈努力；带领中国广告业走入戛纳广告节，2008 年开始在戛纳成功举办“中国在戛纳”系列活动，在戛纳形成了中国影响力；策划了“广告行业生态调查报告”、“中国广告业向何处去”等多项对行业具有引领价值的报道和专题

专家访谈

课题组：请您谈谈作为一个广告专家/学者/业界资深人士，您这么多年来观察到城市居民广告观变化的一些特点或者大体趋势。

陈永：这一点在你们的调查中已经有所反映，但你们的调查呈现的是一个表面状况，这个调查意义非常重大。应该更深层次地挖掘城市居民对广告的真实看法，但这一点在报告中呈现得不够清晰，有点遗憾。可以做一些补充研究，在现有基本数据调查的基础上，补充一些深度访问。我说的深访不是访问我们这些广告业内人事，而是在调查样本中选取一些普通城市居民样本，设定几个关键话题进行深度访问。这样采集回来的观点可能会出乎你们的意料，但会大大增强报告的实用价值。在补充访问中尤其应该关注互联网时代传媒业变化对城市居民消费形态的影响，这一点太重要了。但报告中的研究表现匮乏，仅仅通过一个简单的问卷调查承载这样一个话题是不可能的。要想使这个报告深入反映实际情况，一定要补充专访。在专访中，我们这些人的观点并不重要，因为我们只代表典型观点，具有很大的局限性和特殊性。这个调查的真正价值在于深度了解城市居民（消费者）的真实认知，这对行业指导行业发展非常重要。

这些年来对广告的责骂声始终没有断过。事实是不管你对广告持什么态度，在 30 多年的市场经济发展中，广告发挥着非常重要的作用，不客气地说，没有广告就没有今天市场经济的繁荣。这是基本的事实，不可否认。但由于广告业恢复以来始终处在一种自然生长状态，虽然我们在杂志上几次发出呼吁，也没有引起行业的足够的重视。广告业发展仍然重蹈"港台模式"的覆辙，在快速野蛮成长中，没有完全建立起中国特色的广告体系。受欧美广告形态影响极大，这造成两种不良结果：一是广告的文化形态与我国文化特征（的差异）；二是，广告的市场形态与我国市场经济水平脱节。广告中所传递的价值观，也都是成熟市场经济环境的产物；广告中所表现的价值取向也必然是超社会、超市场的，从而造成了市场消费价值取向的扭曲。所以补充深访样本、深入了解实际情况非常重要。

课题组：我们这次是第一次做关于广告观的全国性的调查，这次的调查是通过和央视一索福瑞合作进行的搭车调查，所以就只是进行了全国性的入户问卷调查，以后我们还会再进行更深入的调查。

陈永：嗯，但是如果不补充深访，只凭问卷分析完成报告，基本说明不了什么问题。充其量也就是完成了一个报告，做了一件事而已，它对行业发展没有任何价值。

课题组：近年来新媒体发展迅猛，但本次数据显示新媒体广告的接触率却较为普通（没有我们预计的那么突出），电视依然占据第一。您怎么看待这一现象？

陈永：电视广告收入仍排第一并不奇怪，但互动网络广告的影响力正在快速提升，这也是事实。互联网对电视、报纸等媒体带来的冲击和改变不可否认，互联网给传统媒体带来的并不是取代，而是改变和融合。比如《中国好声音》第二季，它就已经不是一个单纯的电视节目了，它是电视与互联网高端融合的产物，是一个多媒体互动的案例，它已经与搜狐网进行了深度融合。几年后电视和电视广告依然存在，但电视和电视广告已然不是今天的电视和电视广告，而是依赖互联网可以充分选择节目内容和根据受众现实需求为受众投放特定的广告信息了。所以说互联网从根本上改变了媒体传播的形态，从而也改变了广告的传播方法。这种改变甚至对广告的概念都要重新去理解，重新去定义了。因为在传统的媒体传播环境下，广告只能是广而告之，而媒体被少数特权人垄断，但互联网实现了媒体的社会化，每个人都可以传播。广告也可以满足个性化的需要，因为互联网可以告诉产品的生产者，每个消费者在什么时间需要什么；生产者不仅可以准确地把商品信息投递给需要者，还可以根据消费者需求设计、生产产品，这就是现在正在发生的变化。当然广而告之的广告形式还会继续存在，毕竟品牌推广仍然需要高覆盖的传播，所以传统媒体不会消亡，但需要改变。

如果今天我们还是把电视、报纸、互联网这些媒体割裂开来看，那就是错误的，今天的媒体已经在跨界、融合中发展。有人说电视会死，在我看来电视媒体不是死，而是变，是融合和相互学习。互动时代的电视力量还没有爆发出来，改变后的电视新媒体会更具影响力。所以你们这个调查应该更具前瞻性，把眼界放得远些。千万不能只盯着问卷去分析，困在问卷上是形而上，只能从理论到理论。脱离社会现实的研究没有价值，如果你们能把新媒体环境下"城市居民对广告的认知"解构清楚，对我国广告业发展具有重要意义。

课题组：在广告接触的地区差异上，数据显示华南和西北地区表现出独特的广告接触行为。您在日常研究/工作中是否有留意到？您觉得这种现象背后的原因可能是什么？（华南地区：电视媒体偏好强烈，9种媒体昨日接触率比全国其他地区低，户外媒体广告、分众媒体广告注意力偏低；西北地区：电视常规广告接触率全国最低，13种媒体昨日接触率上高于全国其他地区。）

陈永：这很正常，如果没有区域差异反而不正常。这是因为当地人的生活习惯、文化特征不同而形成的，比如广州人喜欢早茶，像我们这种年纪的人，喝早茶时一定在看报纸,而不是看电视或者杂志。所以很多早茶店都会免费提供报纸,因此广州的报业就特别发达。全国没有一个地区的报纸影响力能强过广州,这就和地区文化特征有关。你们在研究中发现地域特殊性,要搞清楚原因,不能放过去。如果只是简单地分析数据,很难发现问题。尤其这是第一次大规模专业研究,决不应该得过且过,要慎重对待。

课题组:本次研究明确提出了"广告观"概念,简报中我们总结出国人广告观的大致特点("广告观基本成型,整体呈现积极接触、理性判断、不断学习适应的观念")。您感觉这一总体结论符合您平时的研究/观察吗?

陈永:我觉得,说"国人的广告观已经形成",不如说"国人的广告观正在形成"更准确。虽然说中国广告已经恢复三十多年了,但是在一定程度,中国广告业还处在一个学习阶段,能够代表中国特点的广告体系并没有完全建立。到现在还没有基本的行业标准,没有健全的行业培训和再教育系统,消费者对广告的认识还比较片面,行业个体规模过小,广告企业过于分散等等,这都说明国人广告观还没有完全建立。

近年来互联网的快速发展,给全球广告业带来巨大冲击,也为重新构建广告业新秩序创造了条件。使大家平等地站在了同一个起跑线上,这给我们建立广告市场规则和广告观念带来了机会。所以我们开始摸索建立中国的新广告标准和规则,也开始建立培训体系,如国家人事部认定的广告师资格考试等。所以用"正在形成"应该更客观。

程士安

广告观是对广告表现认知的升华，然后形成意识，形成态度

职位：复旦大学新闻学院广告系主任、教授、博士生导师；复旦大学新闻学院院务委员会委员、新闻学院学位委员会副主任、学术委员会委员、第六届中国广告协会学术委员会副主任

研究方向：广告学、应用传播学（营销传播）、传媒经营管理

主要作为：曾先后主持和参与国家社科基金、国家自然科学基金（重点项目）以及教育部、上海社科基金、国际国内研究机构、企事业单位等委托研究项目和实践操作项目；曾获宝钢全国优秀教师奖

专家访谈

课题组：请您谈谈作为一个广告专家/学者/业界资深人士，您这么多年来观察到城市居民广告观变化的一些特点或者大体趋势。

程士安：广告观与广告意识是一个问题的两个方面，广告观是广告态度、广告意识的顶层，是一种方向性的态度和看法的延伸。为此，我认为广告观是一个宏观的概念，在这个宏观概念下才产生的某种广告意识和相应的广告态度。广告观、价值观、社会观念，这些都是比较宏观的概念，具有一定的整体性，比如广告观是对广告的整体的理解和认识。譬如说，有些人从骨子里就对广告这类事物和这类表达方式甚至广告的存在，都有抵触情绪，而有些人则认为广告是社会发展过程中必然存在的客观现实。任何社会个体都会对广告这类客观存在的

现实拥有自己的认知，然后才形成意识，即意识是存在的反映。所以，我认为它不是一个具体的看法，而是一种价值观的表现。是任意社会个体对社会事物判断的一种基本观念。具体表现出的对广告形式的看法，则是一种广告观念的体现。

课题组：近年来新媒体发展迅猛，但本次数据显示新媒体广告的接触率却较为普通（没有我们预计的那么突出），电视依然占据第一，您怎么看待这一现象？（是否认同该结论？原因？）

程士安：这数据是怎么得到的？

课题组：我们这次是由央视—索福瑞调研的，一共调查了20个城市，回收了约18000个样本，被访年龄段是15—55岁及以上。数据结论发现，网页广告、网络视频广告等的接触率和电视常规广告相比还是低很多的。对此您是怎么看的呢？

程士安：央视-索福瑞采用的是什么方法？样本的结构是怎样的？

课题组：方法是入户问卷调查。

程士安：目前，对于入户问卷调查的形式和结果，市场分析已不将其作为一个重要的判断依据。第一，无论是全国5000个样本量还是10000个样本量，关键是如何做入户抽样。现在的城市结构和10年前、20年前完全不一样了。最早在美国出现入户抽样调查方法的时候，美国几乎所有的城市街道是一个个比较有规则的方块状的街区，而每个街区的距离是几乎相等的；按街区抽样之后，为了保证合理性，在选择敲门入户的调查中，还有所谓“左手定律”、“右手定律”，以保证抽样的合理性。但是现在这些方法已经不太适用了，特别是在中国。一二三线城市的建筑格局也不一样。比如上海，调查1000个样本，如果杭州也是1000或者800个样本的话，怎么抽？入户抽样调查方式在执行中很难把握合理性。

还有“电视广告的接触率、接触效果”，概念也不清楚。比如说，我这个年龄的人在家里，几乎每天收看央视的新闻，但是上海有IPTV，就不看广告了，可以过滤掉广告，所以这个（电视广告的）概念在今天特殊技术条件下就需要斟酌。“媒体广告接触率”、“电视常规广告接触率”，怎么来判断？

因此入户的方法难以确认是否科学，怎么来测算这个概念下的数字表达？比如，电视常规广告的接触率达 98.4%，难以确信，凭借常识判断就不很合理。还有，家庭开机时谁在看？现在上海的白领，22－35 岁的人是基本不看电视的，家里客厅的电视机是用于看碟片等。

课题组：在广告接触的地区差异上，数据显示华南和西北地区表现出独特的广告接触行为。您在日常研究/工作中是否有留意到？您觉得这种现象背后的原因可能是什么？（华南地区：电视媒体偏好强烈，9 种媒体昨日接触率比全国其他地区低，户外媒体广告、分众媒体广告注意力偏低；西北地区：电视常规广告接触率全国最低；13 种媒体昨日接触率高于全国其他地区。）

程士安：我们的常规认识和判断，反而是西北比华南更高。西北地区受众对电视的依赖程度和接触还是比较高的，因为很多调查发现，西北地区整体对新媒体的使用程度相对还是中等或者偏下，电视的开机率比较高；尤其在非常偏僻的城市，看电视的行为比较普遍，也几乎没有类似 IPTV 的设备可能过滤广告，所以这两个数据值得商榷。

课题组：本次研究明确提出了"广告观"概念，简报中我们总结出国人广告观的大致特点（"广告观基本成型，整体呈现积极接触、理性判断、不断学习适应的观念"）。您感觉这一总体结论符合您平时的研究/观察吗？

程士安：我们看居民广告观的"总体评价"：(1)"广告是必不可少的"；(2)"总体而言，我喜欢广告"；(3)"总的来说，我认为广告是件好事"。问题给出的选择几乎是一个类别的意见，"肯定"！"必不可少的"就是很好，"喜欢"也是好，三个选项都是正向意见的选题。5 分量表的打分，绝对不能给出的判断语是同一个观点倾向，这样的问题设计就有主导意见的暗示。

通常，问卷采用 5 分量表，给出的选项必须是左、中、右的三个不同的变量。通常任意一个 Yes or No，然后加中立，给三句相对冷静的、能够表达这三种不同态度的叙述性词语，然后，中间有个过渡性描述词语，这样的结论才是比较合理的设计。说句笑话，凡是有人类的地方，都是有左、中、右的，对任何一个事物都是有 Yes or No，或者是不表态的。所以在总体评价(上)一定是好、差和中性，再用 5 分量表区隔变化，才能把整体面貌相对客观地表达出来。

所有的评价，哪怕不是总体评价，单个评价，对任何一个事物一定有中和左、右三种不同的态度，然后细分这左、中、右，再用五分量表测试。那就是用N个分隔度把N个人的态度表现出来，然后数据统计分析就会呈现很清楚的结论。

课题组：本次研究发现，国人一方面认可广告的功能作用，另一方面信赖度、好感度却依然走低，您对此有何看法？是什么原因导致中国民众对广告的信赖度和好感度始终偏低？您自己对广告的信赖度、好感度如果打分？分别打几分？（5分满分）

程士安：问卷对“虚假广告的评价标准”有十个描述：“无中生有”、“内容不符合”、“无法检验”、“隐瞒事实”等等，有各种各样的表现，但是问题是否尽可能穷尽了？要把所谓的虚假广告、文字上的问题、图案上的问题，或者合成整体图像后给人一个错误判断的印象等等，都要把虚假广告的各个问题的类别都梳理清楚，再根据不同的类别给出选项，尽可能让选项设计得穷尽，那么结论才是合理的。

课题组：中国城市居民一方面认可广告作为购物信息的作用，享受广告的工具性以及娱乐性；但另一方面保持较高的回避态度（如认同“禁止插播广告是必要的”）。您怎么看待这种对待广告的行为？你自己会主动回避广告吗？理由？

程士安：所谓“广告回避”，第一种，从根本上就不相信广告，电视一出现就把它关闭或转台，这是一种非常绝对的态度；第二种，回避不好看的广告，广告的表达没有吸引力，没有创意；第三种，广告创意是有的，感觉也没有烦到某种地步，只是广告老打断我的思维。应该大致有这三类情况。在设计问卷的时候，一定是把所有的可能性都考虑到，再把它归纳到相对集中的几个类别。现在问卷中的五个选项没有把各类可能用语言表达得尽可能穷尽。

课题组：数据显示：一线城市受众的广告观更积极、理性；二线城市受众的回避态度最强；华南地区受众的广告观最积极，西北地区受众最消极，南北受众的广告观表现有明显的差异。您感觉这一城市地域差异的结论符合您平时的研究/观察吗？

程士安：一线城市、二线城市、三线城市，然后的题目是：总体态度、社会影响、经济影响、个人影响、广告素养和广告回避。上述五个因素是否可以说明一个城市的基本广告观？也就是说对广告的总体态度包括“广告是不是有社会影响，是不是有经济影响，是不是有个人影响”？

课题组：对。

程士安：问卷的前面对广告观的描述，和这里五个要素在本质上应该是对应的。

课题组：前面这个广告观是先做一个概念性的表达。

程士安：广告观是一个相对宏观的表述，既然是宏观的，广告观和广告意识为何是“一体两面的关系”，那么和广告态度的关联性呢？它不是一体两面的，似乎应该是一个从观念到意识，从意识到态度，从态度到行为的过程，它是一个人从认知到表达的过程。从认知心理学的角度来看，它是一个层层递进、从理念到行为的过程。这句话表达可以再斟酌。如果根据这个说法，那么再来看广告观维度的问题，涉及经济等，则不是更宏大了吗？

课题组：经济的这个因素是指消费者认为“广告是否对经济有影响”。

程士安：在你们的研究中究竟是调查“广告观的差异”，还是“广告作用的差异”？报告公布的五个细分指标和报告前面提及“广告观和广告意识是一体两面的关系”，似乎难以匹配。对于广告观的细分维度，我认为其中的“社会影响，经济影响”，是指“广告存在的价值”。那么，“个人影响”是指什么呢？不清楚。

课题组：应该是“广告对于个人的购物行为、消费行为的影响”。

程士安：如果这样解释，我们是否可以这样理解：选项中“社会影响”和“经济影响”是指广告的作用；“广告素养”好像应该是指受众由训练和实践而获得的相关技巧或能力？“广告回避”是指受众的态度。那么“个人影响”是指什么呢？是说“广告对我的影响”，即“广告对于个人的购物行为、消费行为的影响”。那么，这五个判断指标不在一个逻辑层面。这三个不同的概念，归属在“广告观”的概念下表达，似乎需要修正。

还有，问题的设计不能带有任何主观暗示。比如，“社会影响”和“经济影响”是指广告本身产生的社会影响和经济影响，而“广告素养”和“广告回避”是每一个社会个体对广告的认知反应，“广告回避”是一个非常绝对的反向指标！而广告观、广告素养，都有正向、反向和中性选项，为什么在考量“广告观”差异时，只是把“广告回避”这样一个反向意见作为一个考量的指标？

还有,“个人影响”是什么含义?是广告对我的个人行为的影响,还是因为我个人的价值观、生活方式等因素影响了我对广告的看法?“个人影响”这四个字概念不清晰。所以,这五个指标放在一个逻辑层面让被访者回答,最终的“广告观差异”的结论就很难成立。它们不是在一个逻辑层面讨论问题。答题人接受到你的每一个题目、每一个指标的心理暗示和引导,思考就会混乱,在混乱的心理导向下答题,给出的分值也是没有价值的。问卷设计需要斟酌,否则结论会被质疑。

课题组:您对本研究的其他研究结果有什么看法和建议吗?

程士安:我认真阅读了这份报告。

第一个疑问是,目前我们的广告公司和客户还会把这些调查结论作为一个主要的依据去理解和看待广告的价值吗?时下,广告的呈现方式发生了极大的变化,尤其是数字媒体环境下的广告媒体、广告样式、广告表达、广告影响的内涵和外延,已经不是单靠传统的方法可以去评价、测量和评估(的了)。目前,广告界出现了“第三方机构”,就是对广告评价的新型分析机构,是以尽可能采集到的客观数据来判断广告影响和效果,因为数据分析结果会影响到广告持续的表达以及和目标受众之间的互动和分享的结论。

目前呈现的这个报告,在一定程度上反映了中国城市居民的广告观。任何形式的调查都(会)尽可能地追求客观性,然而,在主观和客观之间永远存在距离,我们在存在的距离中间博弈,追求的是相对的客观。任何调查,我们一定是尽可能地追求相对客观的数据,去呈现真实的社会现实。

比如,现在究竟有多少人对视频广告感兴趣?这个视频广告在央视播放有影响,还是从央视微博进入了优酷土豆有影响?它的导航系统在哪里?这些导航是否能够带来一定的目标人群的流量?为此,我们一定用相对客观的数据来说话。所谓大数据,即在特定的分析框架下,用数据来分析社会个体是否会主动搜索、如何搜索、如何获取特定的信息。

如果站在传统媒体电视的角度去分析一条广告视频,目前的调查也需要思考这样的特定场景:社会个体究竟是坐在电视机前被动看到的?还是用 iPad 看电视节目被动获得的?还是用智能手机主动获取的?还是用智能手机连带着用微博看见的?是主动搜的吗?这些数据的获取和分析,就为广告与受众之间的"推和送"带来了新的运作契机。为此,视频广告的效果需要用特定的数据来验证,并反馈给广告主该如何表达、在哪里投放、投放的位置和规律等等。

在大数据时代的"广告观"该如何调研和分析?究竟是以人的行为为出发点,来发现他何以形成这样行为的主观可能?还是以受众的广告观念表达,发现其行为产生的本原?大数据时代,对主观意见表达的调研方法还是很有价值的,比如在社会化媒体平台上设置话题,从"对话"的语义分析中发现新的价值等。

总之,今天我们对"广告观"做调研分析,应该有大量的、动态的客观数据分析,才能呈现一个相对客观的社会行为的概貌,再依据行为的ABC做不同的深访,发现行为是如何产生的内在动因。

近年来,业界一直追求从大数据的角度,去分析、推导相关营销议题的合理性和可实施性,这是业界发展的趋势。甲方、乙方在商谈一个营销策划案的同时,需要有第三方在场,希望他们给出某些信息的重要传播节点上的数据分析和数据验证,协助广告的实施并由此产生一定的预期效果。因为媒体变化了,由观念导致的行为是可以数据量化的,那么,未来的行为预测或许就能达到相对精准的可能。

上述意见,纯属个人看法,仅供参考。

丁俊杰

不要把“虚”“假”广告混为一谈

职位：中国传媒大学教授、博士生导师，兼任中国传媒大学国家广告研究院院长，亚洲传媒研究中心（韩国高等教育财团资助的合作研究机构）主任，首都传媒经济研究基地（北京市哲学社会科学重点研究基地）主任，党报党刊研究中心（人民日报社资助的校内研究机构）主任

研究方向：广告学、媒介产业经营

主要作为：著有《现代广告活动的理论与操作》、《现代广告通论》等。任《媒介》杂志联合总编、《IAI 中国广告作品年鉴》主编、《IAI 中国终端营销展示年鉴》编委会副主任、《IMI 消费行为与生活形态年鉴》主编、《国际品牌观察》主编、《广告导报》杂志社社长等职务

专家访谈

课题组：请您谈谈作为一个广告专家/学者/业界资深人士，您这么多年来观察到城市居民广告观变化的一些特点或者大体趋势。

丁俊杰：“观”者，是对某个事物或者某种现象的系统的看法或者说相对固定的看法。“观”是与行为密切相关的。关于广告观，我个人认为，中国消费者的言行是背离的，对广告的态度（如认知和评价）是一回事，但是在现实的行为中，往往表现出另一种意思，与态度不太一致。比方说，消费者常常觉得广告问题挺多，但现实生活中又特别相信广告；你问消费者广告有用吗？他常常回答你广告没有太多用处，但是在商业（购物）选择的时候又特别离不开广告、特别迷信广告。所以，我对消费者的广告观的看法，应该说消费者的广告观有时与他的广告行为（指的是广告对消费者的作用）是错位（的），常常言行不一。广告态度表示出来的广告印象是负面的、否定的判断或言辞比较多，有时对广告甚至是不屑的。但是在现实行为当中呢，对广告又特别迷信，依赖度较高。各个阶层都是如此。比方说，作为老年阶层，他们对广告呢，（不管是在）电视上、报纸上（看到广告）都是比较讨厌的（态度），但是在现实中他们又特别轻易相信广告。所以总体上来说，中国的消费者，我个人观察，对于广告这个话题常常是言行不一的。说出来都是不相信、轻视、否定的，但现实行为中又特别依赖广告、信赖广告。

课题组：您觉得这种现象的原因是什么呢？它只是一个暂时的现象吗？还是会朝更负面的方向发展呢？

丁俊杰：中国有句古话叫“听其言、观其行”。所以对于广告观，不仅要看他（消费者）说的是什么，更要看他（消费者）在广告的驱使下采取的行为，这是最重要的。第二，因为老百姓在行为上对广告的信赖和依赖性较大，所以我对广告的生存空间、未来的发展还是保持乐观态度的，说明广告确实有用，确实有价值。第三，为什么老百姓目前会对广告有些否定的说法呢？主要是我们广告的环境、广告的声誉，以及广告业自身的形象这几个因素驱使他（消费者）在认知广告的时候，负面的东西会多一些。比方说大家都说广告庸俗，那么他也就人云亦云。除了广告自身的问题以外呢，跟中国消费者的这种跟风（现象）比较有关系。实际上在现实生活中，他（消费者）在做消费抉择的时候呢，还是离不开广告的。

课题组：本次研究明确提出了“广告观”概念，简报中我们总结出国人广告观的大致特点（“广告观基本成型，整体呈现积极接触、理性判断、不断学习适应的观念”）。您感觉这一总体结论符合您平时的研究/观察吗？

丁俊杰：我对这项研究本身是支持的，并且（觉得）挺有价值和意义的。（它）至少在数量上，对中国人的广告观做了一个研究。但我个人建议呢，这只是研究的开始。最重要的不仅是表面上观察，（因为）现在我们对中国人的广告观观察到了一些现象，更需要（的是）洞察中国人的广告观念背后的东西。现在是观察层面，下一步研究我希望(它能)进入洞察层面。这样既可以对广告业界有一个指导(作用)，对我们广告业宏观的发展也有一个积极的促进作用。

我觉得对于总体上来讲，(这次研究的总结)跟我的观察大概是差不多。但有个核心的问题我们研究得还不是很细致。比方说我看了你们这个问题(设置)上，把“虚假广告”列为一类问题。但是因为广告是需要一些创意的，是需要一些艺术手段来表现的，所以广告和产品的传播，“虚”是必然的。但是把“虚”和“假”放在一起，我觉得就混淆了矛盾的实质。所以我个人认为呢，(本研究)大体的发现是对的，但是如果能进一步(区分)到底哪些是虚广告、哪些是假广告；对虚广告我们应该怎么看、对假广告我们应该怎么看，那我觉得就有意义了。因为假广告是绝对不允许有的，绝对不允许存在的。但是“虚广告”我觉得是可以(存在)的。你说一个酒的广告(口号叫)“梦之蓝”，你说它有什么意义呢？它就是虚的，但它不是假的。像那些房地产广告、汽车广告，用“梦”啊、“睿智”啊，都是带有虚的概念，我觉得这些广告都是很好的广告。但是(如果)你把“虚”“假”广告放在一类，我觉得就(不恰当了)。社会上是这么认为的，但我们专业人士也这么来研究(的话)，我觉得就有欠科学。所以在总体上我是肯定(这个研究)的，但是在细节上(离成熟的研究)还是有差距，就举这个“虚假广告”(为例)，我就有些看法。

研究要接地气，就是指的要能解决现实问题。我觉得，社会上许多人对广告有误解，跟我们学界和业界对一些模糊概念的运用有关。你们这项研究，除了架构要完整外，可否解决一些具体问题？如这次研究，或者下一次研究，能否把“虚广告”和“假广告”区别开来，能否研究出，由于二者的混淆，把惩罚假广告造成的消费者伤害之罚棍打在了“虚广告”的身上。

课题组：“虚”和“假”之间的界限好像特别难以界定。

丁俊杰：在这个研究当中，我们就应当(只提出)“假广告”。不能再叫“虚假广告”，我就(把它)叫做“假广告”。什么叫“虚假广告”呀？创意本来就是需要虚的，就是需要有概念的。艺术手段中“虚”和“实”是相对应的，但“真”和“假”是相对应的。假广告是不允许存在的，是因为我们需要真的东西。但是虚广告中，虚的表现手法和实的表现手法它都是对的。所以“虚假广告”这个概念本身是一种社会化的描述，而不是一种学术化的描述。我举这个例子是想说明，我们这个研究刚刚起步，我认为下一步应该更准确、更科学一些，不能随着社会上一些对广告的误解，我们也这么来看(广告)。

课题组：本次研究发现，国人一方面认可广告的功能作用，另一方面信赖度、好感度却依然走低，您对此有何看法？是什么原因导致中国人对广告的信赖度和好感度始终偏低？您自己对广告的信赖度、好感度如果打分，分别打几分？(5分满分)

丁俊杰：关于广告的好感度，我觉得是从两个层面(来谈)。一个是从宏观的、综合的角度来讲，对一些大媒体做的广告，我的好感度是在90%以上的。我觉得中国搞市场经济，提出"走出去"(战略)，要把企业做大做强，广告功不可没，没有广告就没有真正的市场经济。所以我有个理论是说，广告体系不完善的市场经济体系是破碎的，是不完整的。那么反过来讲，我对这些基层的、低端媒体做的广告，好感度应该说60分不到，只能说一半一半。所以对中国的广告总体来讲我是打90分以上，对一些大媒体(上的广告)、企业形象广告、品牌广告，我要打80分以上，对于一些促销广告和中小品牌、低端市场的广告，我只能打个50分。

导致中国人对广告的信誉度和好感度始终偏低的原因是多方面的：首先，是广告业自身的问题，的确有许多不良广告存在；第二，中国广告诞生之于民间，草根性决定了缺乏顶层设计，这样，广告对于市场之外的意义往往被忽略了，如广告对社会的意义，对经济的意义，对文化的意义。比方说，晋江的一个企业，在中央电视台做了广告，不仅把产品卖向全国，其实也宣传了晋江，这些都没有被我们关注，大家只是看到了广告帮着企业在推销，看不到广告的关联意义和价值。我曾经说过，你知道牙膏广告让多少农村人有了刷牙的卫生习惯吗？广告的衍生价值被忽略了，也是导致信赖度低的一个原因。第三，舆论对广告的导向有问题，尤其是一些主流媒体，很少从正面宣传广告的价值和作用。第四，监管力量不够，行业进入门槛低，导致行业鱼龙混杂。第五，非常重要的一点，行业的职业尊严缺乏，专业理想缺乏，导致自信心不足。自己都不相信自己，如何让别人信赖你呢？

课题组：中小品牌的广告和高端广告，您认为的区别在哪里呢？是因为它不规范吗？还是创意不够呢？还是其他的原因吗？

丁俊杰：一个是不规范，有违规、打擦边球这样一种现象。第二，专业化程度不高。第三，品质不够高，也就是说庸俗化的东西多一些。（它）跟社会公德、社会的主流价值观、社会的良好风气，跟正能量相比，有许多不符合要求的东西。我指的是这个意思。

课题组：中国城市居民一方面认可广告作为购物信息的作用，享受广告的工具性以及娱乐性，但另一方面保持较高的回避态度（如认同"禁止插播广告是必要的"），您怎么看待这种广告行为？您自己会主动回避广告吗？理由？

丁俊杰：我不会（回避），因为我自己是研究广告的。这里面显示出一个核心的问题，就是广告在人们的日常生活当中确实是有效，广告对人们的日常生活确实有帮助，广告对人们的日常行为确实有指导，广告对消费者来讲确实是一种满足需求和需要的有效手段。通过他们的行为和依赖就可以看出广告是有用、有效、有需求的。但是为什么会有这种"说"、"做"两码事的背离呢？这种背离的出现，我个人认为，说好听一点就是"一叶障目，不见泰山"。有的人只看到了广告的负面效应，没有看到广告的本质功能，所以出现了以偏概全的言辞。

第二，可以看出中国人当下的主流社会心态是有一种比较严重的跟风现象。有人说广告不好，有人说广告是欺骗社会的，马上就会有人跟风认同。

第三，在客观上讲，广告业的确存在良莠不齐、鱼目混杂的现象。（这）导致了在人们对广告业有需要有需求的情况之下，有人趁机利用这种东西欺骗消费者、误导消费者。这个（现象）确实存在。你比方说，很多假的医疗广告、假的产品广告、误导老年人的广告等等。这样一些东西确实存在。

前两点说它以偏概全也好、跟风评判也好，都是有现实基础的。那么对于这第三点就需要广告业有一个规矩，对这种不良东西的根治应该有一个严惩的尺度和措施。不要让这种害群之马的东西害别人，也害这个行业，（因为）得利的是这种（不规范的）企业和广告服务商。所以有的时候我们看到很多广告误导消费者、欺骗消费者，获利的确实是少部分人，但由于我们惩戒力度不够，这种现象却屡禁不止。

课题组：本次研究发现，国人对公益广告和虚假广告问题表现比较敏感，普遍对"公益广告能促进社会公德提升以及虚假广告会破坏社会诚信"这一观点表示认同。对此您怎么看？

丁俊杰:首先呢,这个发现非常有价值、非常有意义、非常好,我非常认同。

公益广告说法上的赞同呢,我觉得是有它的时代背景的。第一,现在(的时代)是大家都叫"微时代"、碎片化时代、流动性高的时代。这个时代的特点是什么呢?就是你跟他(消费者)长篇大论地沟通,他已经没有这个(沟通的)环境和心态了。大家在坐车的过程当中,在走路的过程当中,在等车的片刻,他时间被切割成很碎很碎的,吃饭都是匆匆忙忙的,交朋友都没有像以前那样慢慢聊几个小时。我们在进入一个碎片化时代、一个微时代,公益广告适应了这个时代。因为公益广告这种短小精悍、一语中的特点确实能做到(令人赞同)。为什么人家赞同?就是这种传播形式符合了这种时代需求。

第二,为什么在改善道德方面大家评价很高呢?因为过去中国传统的所谓的道德教育都是一种说教式的、长篇大论式的。那么公益广告呢,恰恰是有这两个方面(的优势):一方面,它避免了长篇大论这种冗长的形式,在这个时代背景之下它满足了人民这种碎片化的需求;另一方面,公益广告跟传统说教式的广告最大的(差别)特点就是——当然是说真的好的公益广告——说教味少,用一种艺术的创作手法,用一种消费者需求的观点,站在受众的角度,用沟通的形式完成了一种对话。所以我们常讲广告不是独白,广告更不是对抗,广告是一种对话。公益广告的这种对话的方式,放低了我们传播者过去那种居高临下的(姿态),(不再是)告诉你往东往西,而是一种平等的、对话的、沟通的形式,所以它自然会得到人们的认可。还有一点呢,现在我们都说人们都很急躁。在人的性子都很急的情况下,公益广告确实是可以做到一语中的。央视曾经播过一个公益广告就是讲父亲的。那条广告是说父亲,一个失忆老人,因为他是老年痴呆症患者,失去记忆了,所以家里的钥匙啊、各种东西呀,找不到,连自己的亲人都会瞬间不认识。但是他在餐桌上呢,吃着吃着突然把剩下的饺子直接拿起装在自己衣兜里,儿子就说,"哎爸,爸,你怎么这样啊?"他说"我儿子就爱吃这个"。后来它(广告)就说,他什么都忘了,但是没有忘记爱自己的孩子。有一个流浪的小孩,很小就离家出走十几年,看到这个广告以后呢,瞬间就感悟到了什么,结束了十几年的流浪,回到了自己父母的身边。这种瞬间击打人心的力量确实是很强。你跟那个流浪了十几年的孩子讲一个道理,读一个长篇大论的文章,或者上一堂课,都不可能(改变他)。而这个公益广告直击人心的力量,那是

(其他东西)没法比的。所以这个评判是实事求是的。

但是“虚假广告”这一块呢,我认为掩盖了矛盾的实质。其实老百姓痛恨的是假广告,消费者对虚广告并没有那么大的怨恨,虚广告也没那么大的危害。有一些企业形象广告本身就是虚的。但是把“虚”“假”放在一起的时候呢,我觉得是偷换了概念。我明白你们研究的实质是指的假广告,但是当你用“虚假广告”这个概念的时候,我就不敢肯定。所以我希望得到的结论是老百姓对公益广告的高度认同和对假广告的深恶痛绝以及(假广告)对广告的伤害。我认为这是对的。但是把虚广告给带上的话,这是不符合广告创作的基本规律的。因为在广告创作当中,我个人认为,产品广告和促销广告中实广告是比较多的;企业形象广告和品牌形象广告(当中),我认为虚广告的幅度是非常多的,并且有些优秀的广告就得是虚的。

至于说假广告破坏了社会的诚信体系,我认为这是看到了事情的表面。因为是整个社会的诚信体系出了问题,在广告业中的表现呢就是假广告的出现,而不是说假广告破坏了诚信体系。应该说是中国的社会诚信体系出了问题,在各个领域当中有所体现,在企业的经营和广告传播界也有体现。如果说社会的诚信体系没有问题,广告业中的假广告也不会这么泛滥。所以我觉得它是一个本末之间的关系,不要颠倒本末,不要把棒子打在广告界。不是广告界造成诚信体系的颠倒和失缺,而是因为社会诚信体系出了问题,所以在广告当中才会有大行其道的假广告。

课题组:数据显示:一线城市受众的广告观更积极、理性;二线城市受众的广告回避态度最强;华南地区受众的广告观最积极,西北地区受众最消极,南北受众的广告观表现差异明显。您感觉这一城市地域差异结论符合您平时的研究/观察吗?

丁俊杰:符合我的观察研究,符合我一贯的观点,就是说广告体系不健全,市场经济体系不可能完整。广告体系不完善,市场经济体系也是破碎不全的。那么进一步来讲,越是经济发达地区,越是开放地区,对广告的依赖程度越大;越是经济落后地区,对广告的依赖程度越小。那么也就是说,过去我们常说的一句话:广告是一个地区、一个社会在经济生活、政治生活、文化生活上的晴雨表,实际上在这(研究结果)里面就有体现,这是我的判断。其实广告就是一个窗口,跟当地的经济、社会、文化发展是密切相关的，透过广告是可以触摸到经济、文化发展的一些脉络的。

第二，实际上对于广告观的差异，我们也会从广告本身检讨。广告越科学，广告越符合规律，广告越规范，（广告观）在一个区域的发展会越健康；反之，那些急功近利的广告，它在当地获得的信任或者是发展只能是瞬间的。为什么有些二线城市或者是经济不发达地区，人们（对广告）的态度是相对消极的，信任度是低的，就是这些地区有些所谓的实效广告，是急功近利的，是不讲究（广告）规律、不讲究美感，甚至有假广告的存在，赚到钱就赶紧跑的心态。这是一个恶性循环的关系；反过来讲，这个地区的广告业，或者是企业的发展的持续性也不会太好。

关于南北差异，我觉得是这样的。应该说随着中国改革开放的发展，从区域上来讲，中国越往南，人们的开放程度、对市场经济的依赖程度越大一些；越往北，相对来讲，计划经济的色彩会越浓一些。比方说当年国有企业的改革，南方面对的难题就小得多，而越往北，像哈尔滨、沈阳，（遇到的）压力就越大。为什么呢？因为某种程度上来讲，计划经济体制的影响（在北方）会更深一些。包括我们说“沿海开放”，沿海开放主要指的是南部地区，而不是说北方。北方更强调的是沿边，就是沿边境地区。那么“沿海”和“沿边”是两个概念。我们说沿边是后方，而沿海是一种“先走一步”的概念。所以南北区域的差异我也能够感受得到，市场经济开放程度高一些的地区，广告的发展的确比开放程度低、开放时间短、发展程度差的地区要好一些。

至于华南地区的广告观最为积极的原因呢，因为中国广告业发展的最大特点就是媒介的依赖程度是最高的，但是中国媒介最集中的是北京、上海。但是中国广告业发展的三个中心，除了北京上海以外就是广州。但广州的媒介发展程度跟其他省市差不多，那么为什么广告业发展程度比较高一些呢？就是跟它的广告本身，包括百姓的认同和区域本身改革开放的发展（程度）是有关系的。

课题组：您对本研究中的其他研究结果有什么看法和建议吗？

丁俊杰：我是觉得这个广告观的研究，不能说是填补了空白，而是把过去三十年广告发展中对广告的各种看法，零零散散、说东说西的看法（做了一个汇总），你们这个研究开了一个好头。就是把（这些看法）规范化、归纳化，从研究的角度、量化的角度，把人们对于广告的观念进行了梳理和研究。我觉得这具有一定的填补空白的价值和作用。但是对于广告观的研究，做一次两次是起不了什么作用的。你做不做我都知道是这样的一个结果，它最宝贵的东西(价值)，我觉得是要延续着做，要比照着做。第二，我觉得广告观的研究，除了学术研究以外，更重要的是透过这个研究对广告业的认识和发展有一个积极的促进作用，让我们对广告业的认识和评价有一个准确的依据。我觉得这个是非常重要的。第三，我觉得不能仅仅就广告谈广告，应该把广告观放在一个地区的经济、文化、社会发展的大背景下来进行研究，我认为会更有价值。就广告而广告，就广告看广告，就广告说广告，我认为有的时候反而说不清。

黄合水

国人广告观呈消极接触、感性趋向、被动学习适应的特征

职位:厦门大学新闻传播学院常务副院长、博士生导师,厦门大学品牌与广告研究中心主任,中国广告教育研究会副会长,中央电视台广告经营管理中心策略顾问,《现代广告》杂志主编,《广告学报》常务副主编,《广告研究》副主任编委,《厦门大学学报》编委

研究方向:广告、品牌、媒介、心理

主要作为:广告学院奖的发起人,普通高等教育"十五"国家级规划教材《广告心理学》主编,广告学科唯一入选教育部推荐"研究生教学用书"《广告调研技巧》主编;还著有《广告五字诀》《品牌学概论》《品牌经典研究案例》《广告经典研究案例》

专家访谈

课题组:请您谈谈作为一位广告专家/学者/业界资深人士,您这么多年来观察到的城市居民广告观变化的一些特点或者大体趋势。

黄合水:改革开放以来,中国广告"从没有到有,从有到多"。在"没有到有"的过程中,人们对各种各样的广告会好奇,因为好奇而关注,因为好奇而记忆深刻。而现在进入"从有到多"的阶段,各种不同形式的广告越来越多,许多广告又很难回避,如户外广告,(受众)被迫看见,久而久之,人们就慢慢变得麻木了。

"广告观"是一个词,跟人生观、价值观相类似。做研究中需要一个概念来概括,重要的是能说清楚你的研究问题。而判定这个概念是否合理,要从找到

它的不合理之处开始，如果没有不合理，那就是可以用它概括你们的研究。

课题组：近年来新媒体发展迅猛，但本次数据显示新媒体广告的接触率却较为普通（没有我们预计的那么突出），电视依然占据第一。您怎么看待这一现象？

黄合水：电视虽然高度集中，但新媒体发展很快。新媒体之前，人们的很多时间用在电视上，形成一个共同的场，人们通过电视得到的是同样的信息，同样的信息来源会使受众感到电视媒体的影响力很大。但互联网太细碎，来源不一样，信息也不一样，受众会因关注点不同而获得不同的信息。例如，有人关注国家大事，有人关注王菲离婚事件，这样使人们很难感受到新媒体在传播某一信息的高度影响力。另外互联网的公共信息可信度太低，尤其是大事件的信息可信度低，这方面还是传统报道比较具有优势。假如有人发布美国已经攻打叙利亚的信息，若在互联网上，就会有怀疑；若在传统媒体上，就会比较可信。这也是人们认为传统媒体影响比较大的原因。广告也同样，互联网上谁都可以随便发布，但是可信度低。不被信任便很难产生影响。

课题组：在广告接触的地区差异上，数据显示华南和西北地区表现出独特的广告接触行为。您在日常研究/工作中是否有留意到？您觉得这种现象背后的原因可能是什么？（华南地区：电视媒体偏好强烈，9种媒体昨日接触率比全国其他地区低，户外媒体广告、分众媒体广告注意力偏低；西北地区：电视常规广告接触率全国最低，13种媒体昨日接触率高于全国其他地区。）

黄合水：这个结论不好解释，实际上相对来说西北地区的总体广告量较少，户外广告也应该较少，而华南地区户外广告比较发达。这个数据结论比较不符合常理，你们最好访问下当地的习惯，才能获得解释。至于华南地区电视媒体偏好强烈，可能与广东地区观众较多观看翡翠台之类的香港媒体有关；华南地区央视影响力比较弱，但香港的粤语台在这个地区受到观众的欢迎。

课题组：本次研究明确提出了"广告观"概念，简报中我们总结出国人广告观的大致特点（"广告观基本成型，整体呈现积极接触、理性判断、不断学习适应的观念"）您感觉这一总体结论符合您平时的研究/观察吗？

黄合水：首先，我认为受众对于广告应该是消极接触，即便对新媒体，受众也不会主动积极地接触，包括一些新的广告形式，比如旗帜广告，主动点击率并不高。但如果把电子商务的广告算进去，接触的机会就多了，比如在淘宝网，每个店铺的商品信息展示其实就是广告，那就意味着淘商品之前首先要接触广告。

其次，应该也不是越来越理性。随着经济增长，人们的消费就会越来越感性。消费最根本上受到经济发展水平的影响，消费者有钱了就不会斤斤计较，会考虑得越来越少，觉得便宜被骗了也无所谓，那么对于广告信息也就不会特别理性地对待。

再次，学习是主动的，而广告是一个被动学习过程。广告观念的形成应该是一种适应的过程，"我"不喜欢也就只能这样了，"我"只能习惯，只能是一个自然而然的适应过程。

课题组：本次研究发现，国人一方面认可广告的功能作用，另一方面信赖度、好感度却依然走低，您对此有何看法？是什么原因导致中国人对广告的信赖度和好感度始终偏低？您自己对广告的信赖度、好感度如果打分，分别打几分？（5分满分）

黄合水：广告的社会功能大家都知道，但知道并认可并不代表会喜欢，就好像中国人都知道遵守交通规则，但都在破坏交通规则，有些好事是需要付出的，明明不喜欢但是也知道没有又不行。另外广告的信赖度、好感度也受到社会诚信问题的影响，法律只能管住最严重的问题，并不能管得住擦边球。做广告总是会多吹嘘一点，做的不合适但不一定犯法；只要不犯法，一些坑蒙拐骗还是会存在，总是被欺骗当然不会有好感。所以大家会对虚假的广告很反感，信任受到了破坏又何谈好感。

我是研究广告的，会不会不太准确？我现在广告看太多就麻木了，不讨厌也不喜欢，看多了觉得都没太大差别，如果是5分满分，打2分。

课题组：中国城市居民一方面认可广告作为购物信息的作用，享受广告的工具性以及娱乐性，但另一方面保持较高的回避态度（如认同"禁止插播广告是必要的"）。您怎么看待这种广告行为？你自己会主动回避广告吗？理由？

黄合水：广告的确太多了，如果我是管理者，会砍掉很多广告。现在到处都是广告，高速公路旁、路边立柱、城市里到处都是，这样实际上广告效果也不好。人们一天看300条广告，却只能记住三五个；如果只看到30个，那单个广告的效果会更好。广告单一成本提高，单一效果也会提高，环境也会更美化。所以广告产业要发展，关键是质量上的提升。

课题组：您平时会主动回避一些广告吗？
黄合水：会，一上网到处跳出广告会去关闭掉。广告会在需要的时候看，但我不太购物也就不太需要看广告，研究广告的时候才会看。另外朋友之间转发的广告我会看，如果是自己的话，应该不会看。

课题组：本次研究发现，国人对公益广告和虚假广告问题表现比较敏感：普遍对"公益广告能促进社会公德提升以及虚假广告会破坏社会诚信"这一观点表示认同。对此您怎么看？
黄合水：中国人人格有两重性，公益广告效果其实不是特别大，广告的本来目的是利己，广告主不会太愿意做公益广告，有时政府做公益广告，企业也会来一起来做，但并不是真的喜欢做，只是表面上要装作喜欢。对于虚假广告的监管，我们的广告法是1994年的，太老了，条例上能判定的只是一些明显虚假欺骗的信息。但现在有些广告做得比较模糊，比如保健品的广告，法律上并没办法判断是否属于虚假欺骗，实际产品有些人用了说有用。有些人觉得没多大用，这种很难判定广告是否虚假。

课题组：数据显示：一线城市受众的广告观更积极、理性；二线城市受众的广告回避态度最强；华南地区受众的广告观最积极，西北地区受众最消极，南北受众的广告观表现差异明显。您感觉这一城市地域差异结论符合您平时的研究/观察吗？（如有不一样，请展开。）
黄合水：广告主要还是受经济影响，经济落后地区，广告业处于起步阶段，受众对广告会很新奇，就像上大学，第一年很兴奋，第二年、三年就进入了平常心了。同样，对于经济发达的地区，再好看的广告人们的兴奋感、好奇感的阶段已经过去，最终进入平常心成熟看待广告的稳定期；而相对不太发达的地区随着广告的增多，从起始的好奇期进入比较反感的时期，再之后也会进入平常心的阶段。

课题组：您对简报中的其他研究结果有什么看法和建议吗？
黄合水：这个广告观概念的模型中，广告态度比较好理解，已经形成共识。至于广告意识，这种属于意识形态的概念比较抽象，很难理清楚，行为、情感、认知都是心理学层面的，不太容易确定。

首先，模型中显示广告观上升到广告意识，两者应该是从属关系，那么和广告观同层的应该还有其他维度共同构成广告意识，如果没有，那广告意识和广告观就是一样的了。其次，广告观也应该包含几个层面，广告态度在1994年的文献中已经都有相关研究，模型中广告态度单独上升到广告观，在中国可行，西方的话肯定行不通，直接广告态度就可以了，你们做的实际上也都是广告态度的测量。再者，简报中讲广告意识是模糊的，动态变化的、混沌的就没法测，用一个静态指标去测，能测得准吗？

课题组：我们研究中广告观还包括有关广告素养等其他的维度。

黄合水：那广告素养、广告态度、广告观之间又是什么构成关系？你们最好要做因子分析。没有经过详细推敲，概念越多越难做，这个概念结构需要更加清楚。广告观是否就是广告态度，如果包括它，一定要论述清楚层级关系，是交叉的、并列的？还是从属关系？这个工作难度比较大，但是如果说不清楚的话，乍一看很有道理，但经不起推敲，很难自圆其说。

金定海

广告理性在慢慢养成

职位：上海师范大学人文与传播学院副院长、博士生导师，中国广告协会学术委员会主任，中国商务广告协会副会长，央视广告策略顾问，《国际广告》编委会副主任，《IAI 中国广告作品年鉴》编委会副主任；《中国广告》杂志专家委员会委员

研究方向：广告创意、传播文化

主要作为：著有《广告创意学》《上海广告业“十一五”发展战略研究》；参与主编《IAI 中国广告作品年鉴》，任“中国广告协会学院奖”及“金犊奖”评委；曾获首届中国广告业年度“十大广告学人”称号、中国广告 25 年突出贡献大奖及中国广告 30 年突出贡献人物称号

专家访谈

课题组：我们的研究提出了广告观的概念，请问您是怎么看的呢？

金定海：很有价值。首先要看清一个事实，即社会普遍存在广告意识。有广告行为，必然有广告意识；有广告意识，就必然会有以一定价值观为导向的广告观。广告意识是一个更为基础的概念，广告观是在这个基础上形成的一定价值形态的总观念，对广告态度、广告的行为、广告选择等环节产生制约和影响。这个调查在过去好像没有好好展开过，所以说，这是一个具有开创性的工作。因为从消费者的意识形态角度来讲，在我们经验当中，是有对广告的一种判断，专业的（判断）和不专业的（判断），社会的（判断）和行业的（判断），会有很多不一样的理解。有的企业通过打广告产生了积极的效应，为他的企业带来利润和品牌影响，这些企业对广告就会有很多比较正面的理解。但是有很多老百姓，在电视机前受到视听干扰，他们就会有很多负面的表达。如果不做深入的研究，我们在经验层面上对广告有很多混乱的和矛盾的理解，我们很难在宏观上把握社会的广告意识。到底这个社会的广告观是怎样的呢？广告意识是怎样的呢？实际上是一个黑洞，我们走不进去。如果没有这样的一种深入的量化的工作，没有这样深入的细分的一些广告价值指标，就很难测量出这个社会城市居民的广告意识、广告观。那么这次研究至少初步地形成了广告观的测量指标和一些初步地结论。当然这些结论还是有待于进一步地去分析，去把更有价值的东西挖掘出来，这我感觉是更为有意思的，但我们至少有一个初步的判断。

课题组：近年来新媒体发展迅猛，但本次数据显示新媒体广告的接触率却较为普通（没有我们预计的那么突出），电视依然占据第一。您怎么看待这一现象？

金定海：你们调查的年龄层次是怎样？

课题组：我们的年龄段分布是从 15 岁到 55 岁。

金定海：这个人群比是怎样？

课题组：人群比的话，占比最低一个年龄段是 17.4%；占比最高的是 35—44 岁，是 22.3%。所以每一个年龄段基本是均匀分布的。

金定海：这个 35 岁到 55 岁的占比相对比较高，这个比例比下面一段要高，所以这一段走近电视的可能就比下一段走近电视的可能要高，这是我们经验当中已经有的。而且这个数据，不仅仅是你们有，其他的数据也证明了，就是说在 35 岁以上，到 55 岁，甚至更高一点，都基本以接触电视为主。那么低一层的年龄段对电视也有接触，只是更多的以网络为主。因为他们比较年轻，他们寻求的是媒体的更私人的性质。电视媒体，我认为这还是一个家庭当中的大众媒体。电视媒体是家庭当中的大众媒体，而电脑、网络、手机是家庭当中的个人媒体、私人媒体。比如说电脑，现在家庭有条件的话也不会是两个人一台电脑，也都是一人一台电脑，所以他们更多是愿意在自己的电脑上看视频。但是从广告的角度来讲，网络视频的接触度和影响深度远不如家庭当中的电视广告的接触度和影响深度。

课题组:在广告接触的地区差异上,数据显示华南和西北地区表现出独特的广告接触行为。您在日常研究/工作中是否有留意到?您觉得这种现象背后的原因可能是什么?(华南地区:电视媒体偏好强烈,9 种媒体昨日接触率比全国其他地区低;户外媒体广告、分众媒体广告注意力偏低;西北地区:电视常规广告接触率全国最低,13 种媒体昨日接触率上高于全国其他地区。)

金定海:从我的经验来讲,各大型城市的主流的收视群体对电视是比较青睐,这个和电视对这些消费群体的拉动也有关系。比如像你说的,华南、华东,这些城市的电视内容的生产,应该说品质、新鲜度、创新度都不错。前两天我在上海文广开会,说他们比较注意卫星频道、上星频道,比较注意栏目的创新度,比如《中国好声音》啊《中国梦之声》,打出品牌栏目,这些收视率是很棒的。在地面频道中,在一些经济实力比较雄厚的电视台,它也比较能够制造接地气的话题和内容。所以这些对这个群体来说是比较好的。相对来说,在那些经济实力比较弱的区域,这些电视台在这些方面的能力(内容生产能力)也相对来说弱一点,所以也容易在内容上形不成这样的聚焦点,导致这种(接触)的涣散。我是这么来分析的。

课题组:本次研究明确提出了"广告观"概念,简报中我们总结出国人广告观的大致特点("广告观基本成型,整体呈现积极接触、理性判断、不断学习适应的观念")。您感觉这一总体结论符合您平时的研究/观察吗?

金定海:我同意。这两年官方舆论对广告的批评少一点了,前些年真的很多。尤其是大众媒体,在帮忙传播一些似是而非的观点。现在试想一下,媒体没有广告行吗?当然有些广告是存在一些问题,尤其是那些三四线城市,那些偏远城市,它的广告管理是很混乱的,是很乏力的,(虚假)药品的广告、(应该被)禁播的广告在大城市是没有可能(播出的),在那边还是有可能播出。所以那边的老百姓,如果对广告有批评,我感觉到也不奇怪,这个和当地媒体对广告的操控、管理是有关的。但是你看央视,你看北上广(的电视台),包括江苏台、浙江台,那种打擦边球的广告做法几乎很少,(广告环境)比较规范,广告管理很严格。所以这就取消了过去那种(评判),对广告的客观批评慢慢也建立了。这种广告,尽管有点骚扰人,但是你很难说它是违法,很难说它是误导,不像前些年,这是一点。

第二点，这几年来，政府对广告、广告业确实有正面扶持，也为人们对广告态度的改变起到了一定的作用。媒体上铺天盖地的、一边倒的谩骂少了，那么人们就开始恢复广告理性，从自己的角度去思考：广告到底有没有用？到底在哪里对我们有价值的引导？就产生了相对来说比较正面的（态度）。他会想，我买一个什么车，我是看了广告的；我买一个什么手机，我也是看了广告的；我买一个什么抽油烟机，我也是看了广告的。所以这就比较正面。至少我认为现在有一种广告的理性开始慢慢在养成了，当然这也要有一个过程。

课题组：本次研究发现，国人一方面认可广告的功能作用，另一方面信赖度、好感度却依然走低，您对此有何看法？是什么原因导致中国人对广告的信赖度和好感度始终偏低？您自己对广告的信赖度、好感度如果打分分别打几分？（5分满分）

金定海：这个我也同意，认为广告是被需要的，实际上是一种正常的广告理性的反映。但是喜好度和那个信赖度，这个（反映出）我们广告生产过程当中存在的一个致命的问题，就是我们现在的客户不太重视广告的创意，不太重视广告受众的容忍度的研究。同样是一个好的创意的广告，你播100次一天，谁不烦？铺天盖地地过分地骚扰人们的视听，当然（导致）反感，所以喜好度就下降，容忍度就下降。还有，确实我们现在很多的广告主不太重视广告创意，他认为我的信息就是要直白，直白再加上他的频率太高，那么就造成了（受众）对广告的那种不喜欢。这个是很自然的。所以这种数据出来以后，在解读过程当中就要把这种内容发掘出来。

课题组：中国城市居民一方面认可广告作为购物信息的作用，享受广告的工具性以及娱乐性，但另一方面保持较高的回避态度（如认同“禁止插播广告是必要的”）。您怎么看待这种广告行为？您自己会主动回避广告吗？理由？

金定海：那当然了，这个市场环境还不是那么（成熟）。他的广告回避来自于哪里？可能来自于商场，来自于某些不规范的促销。你这个来源也要分析一下。它是来源于什么？是来自于大众媒体吧？还是来自于怎样的一种（渠道），甚至某些终端？非法的广告促销也还是蛮普遍的，这也会带来广告的回避。其实这种促销的影响是蛮恶劣的，一旦你上了当，对广告肯定也没有好感，所以这种

(广告回避态度态势)当中,可能也会有一些个体性的表达。相对来说,他结合自己个体的一些经验对广告的,有一些过分的表达,我认为这个也是存在的。

课题组:本次研究发现,国人对公益广告和虚假广告问题表现比较敏感,普遍对"公益广告能促进社会公德提升以及虚假广告会破坏社会诚信"这一观点表示认同。对此您怎么看?

金定海:虚假广告当然了,应该是人人喊打,在社会普遍诚信不够的这个前提当中,你还在制造这种虚假的不诚信的东西,当然对社会有很大的破坏力。但是我们该怎么看呢?它是主流吗?我相信不会是主流的,虚假广告不会是主流。虚假广告的管理应该在加强。应该说虚假广告在哪个时代都会有,美国没有吗?也有,但是它违规的成本高,相对来说人们比较警惕而已。美国也有很多,不是说只是在我们这边有,好像其他的地方没有。但是我们要认清楚我们现在对广告的规范力度还不够,广告的全民素质还比较落后,这点应该还是能够理解到的。目前来说,全民性的这种理解必须要有一段时间的培养。还有呢,就是虚假广告的认定,是不是由消费者来认定?还是有专门的专业机构来认定?这也是一个很重要的问题。尽管有一些广告做得有点烂,但是老百姓是很难批评的,然后他们会归之为广告虚假。这也是一种表达,他说不出广告太多专业的问题,他就说广告就是假的,这个在中国的老百姓、消费者当中,也是蛮根深蒂固的一种观念。他们不像我们这些专业的人(广告学者),你不可能让老百姓说专业的话,他们说不出广告什么其他的东西,就感觉到这就是假的。老百姓说一句"假的"很简单,但确实对广告伤害很大,这样社会就渐渐地形成了对广告的总认识、总态度,形成了广告的普遍意识。所以这些问题也要分开来考虑,研究的价值也在于此。

倪　宁

国人广告观处在不断跟进、不断调整、逐渐成熟的过程

职位：中国人民大学新闻学院执行院长、教授、博士生导师，学校文化科技园管委会副主任，教育部新闻传播类专业教学指导委员会副主任

研究方向：新闻业务、广告传播

主要作为：《广告学教程》《广告新天地》《广告传播学》(合著)、学术论文数十篇；《新闻教学实践的组织与管理》《报纸编辑学课程教学法研究》等；曾获北京市优秀教学成果奖获奖、2004年全国"十大广告学人"之一

专家访谈

课题组：请您谈谈作为一个广告专家/学者/业界资深人士，您这么多年来观察到城市居民广告观变化的一些特点或者大体趋势。

倪宁：我认为你们课题组进行这一项广告观的调查是一件很好的事情，因为它能够为制定好的广告战略和策略提供依据，对更好地了解广告市场也是非常必要的。同时对广告从业人员、广告管理人员都会有很大的帮助。

就我的观察而言，城市居民广告意识变化并不是很大。从接触、接受、认识等方面来看，本质上变化不是太大。被动为主，主动接触的比较少。广告接触主要还是以强制接触为主，然后再到普通接触。并没有形成主动接触、了解信息、形成认知的一般完整过程。同时有的城市居民还会产生企业（厂家）"只有卖不出去的商品才做广告"或"做广告越多越靠不住"的偏消极观念。

课题组：近年来新媒体发展迅猛，但本次数据显示新媒体广告的接触率却较为普通（没有我们预计的那么突出），电视依然占据第一。您怎么看待这一现象？

倪宁：我认为目前还正是一个转接时期。今年（2013年）6月，有一家调查研究中心发表了一份报告，其中提到电视观众从70%降到30%，这个调查数据受到了学界、业界的质疑。这个数据是有的，但指的是开机率，这是和收视率不同的概念，不能以此判断电视媒体的下滑。我认为电视观众目前仍然还是主流，由于其一些独特的传播特点，使其广告收入仍然处于领先。后来的一些调查分析也能够证明这一点。

但是，必须看到，新媒体对电视威胁很大。微博、微信等新的传播方式出现，利用其技术方式达到了集聚内容的目的，吸引了很多的用户；同时又培育了新的受众群，有的用户甚至只接触新媒体，通过网络来获得信息，如通过视频网站收看电视剧等。我前一阵子曾提过电视不能再舒服地躺在安乐椅上，应该有危机意识。电视广告在经营方式上需要有所创新，需要与互联网"联姻"，将自身的优势与互联网的优势进行整合。同时还得敢于让利，在广告额一定的情况下，不同的媒体针对自身的优势和特点去获取自己的份额。这一块"蛋糕"的分割，有可能重新组合。

课题组：在广告接触的地区差异上，数据显示华南和西北地区表现出独特的广告接触行为。您在日常研究/工作中是否有留意到？您觉得这种现象背后的原因可能是什么？（华南地区：电视媒体偏好强烈，9种媒体昨日接触率比全国其他地区低，户外媒体广告、分众媒体广告注意力偏低；西北地区：电视常规广告接触率全国最低，13种媒体昨日接触率高于全国其他地区。）

倪宁：首先，对于华南方面，我认为有两方面原因：第一，华南区域的广电改革发展得比较早，同时步伐也比较快，得到观众的认可，也形成了一定的媒体接触习惯，所以该区域的居民更加依赖电视；第二，华南区域的商业氛围比较浓重，重视商业和效率，在接触媒体时，所以可能更愿意选择电视这种相对轻松的媒体来作为获取相关信息的渠道。

其次，对于西北地区电视媒体偏好不强、分众媒体接触较高的现象，也可能出于两方面原因：一方面原因可能是因为西北地区的电视媒体发展水平较弱，其自行产制的电视节目不多，质量一般，没有形成有规模的观众群；另一方面，

这些年国家对这里在文化基础设施方面特别是网络设施的建设投入较大，发展速度比较快，使得人们接触一些新媒体有了条件。

课题组：本次研究明确提出了"广告观"概念，简报中我们总结出国人广告观的大致特点（"广告观基本成型，整体呈现积极接触、理性判断、不断学习适应的观念"）。您感觉这一总体结论符合您平时的研究/观察吗？

倪宁：我认为"积极接触"这一项不是太符合，居民一般还是以普通接触为主，主动接触或搜集广告信息的概率不太高。"理性判断以及不断学习适应"这一项我认为是较为符合的，应该是"不断跟进、不断调整、逐渐成熟的过程"（倪宁个人对中国城市居民广告观的看法）。

课题组：本次研究发现，国人一方面认可广告的功能作用，另一方面信赖度、好感度却依然走低。您对此有何看法？是什么原因导致中国人对广告的信赖度和好感度始终偏低？您自己对广告的信赖度、好感度如果打分，分别打几分？（5 分满分）

倪宁：我认为这样的调查结果，一方面是广告运作的总体环境造成的，受到国家体制大环境以及社会等因素的束缚，我国广告业质的提高较为缓慢。但还需要检讨的是，我们广告业也"自己糟蹋自己"。我国广告业的专业水准相对较低，同时自律能力也不强，所呈现在社会包括媒体上面的、市场里面的广告作品不甚理想，广告效果平平。结果给社会大众带来的印象肯定是不理想的。但也要看到，广告的发展历史上，能够产生高的好感度、信赖度的情况不多，所以要有约束、要规范。在这一点上，我国做得还相对薄弱。

我给广告信赖度、好感度打 3.5 分吧（5 分制），不算特别优秀，及格还是可以的。

课题组：中国城市居民一方面认可广告作为购物信息的作用，享受广告的工具性以及娱乐性，但另一方面保持较高的回避态度（如认同"禁止插播广告是必要的"）。您怎么看待这种广告行为？您自己会主动回避广告吗？理由？

倪宁：电视的广告时间一直有"厕所时间"的别称，很多人都会主动回避广告，这很正常。就算在美国或（我国）台湾，他们也是会回避广告的，插播时间一长，观众就不可能完整地看完广告。

我自己也会主动回避广告，虽然有时候因为研究的原因耐着性子看下去，但大多数是赶紧跳开、换台。回避广告，其主要原因应该是插播时间过长、广告数量过多。大家在收看某一节目，特别是电视剧，谁都喜欢观看是流畅的，不被打扰。所以，国外很多电视台都对插播广告有一定的规定和约束，每次插播的时间有规定，每次插播的广告条数也有规定，既是对观众的爱护，实际上也是对广告客户利益的保护。

课题组：本次研究发现，国人对公益广告和虚假广告问题表现比较敏感，普遍对"公益广告能促进社会公德提升以及虚假广告会破坏社会诚信"这一观点表示认同。对此您怎么看？

倪宁：公益广告对社会的益处有很多，我就不多展开说了，中央电视台的何海明一直非常重视对公益广告的投入，这一点是非常难能可贵的。公益广告具有和普通广告一样的特性，其中一个是可以重复，通过重复播放来传递相关信息。这种信息和社会大众、普通老百姓的公共利益相关联，其传播效果会是很明显的。比如遵守交通规则，运用广告的形式，以生动的画面、警醒的语调等等，提醒大家，比生硬地要求大众红灯停、绿灯行，要走斑马线等，效果会好很多。

但也要看到，我们现在的公益广告有时受到过多政府的干预，把政府的一些行政意志以及宣传口号等强行安排在公益广告中，这样的做法容易拉低公益广告的水平，也造成观众对公益广告不好的印象。

虚假广告破坏社会诚信这是必然的。虚假广告现在存在的问题是，如何去定义虚假广告。有一些广告采用的是渲染或夸张的手法，打了法律的擦边球而逃避责任，只有明显欺诈或无中生有的虚假广告才会真正被处罚。所以，首先我们应该在概念上搞清楚虚假广告，同时加强、细化相关的法规建设，形成一个学术研究、法律规制、严格整治的链条。什么是严格整治？严格整治的含义就是要对违规广告主进行严厉处罚，让它的违法成本高于它通过违法获得利益的成本。我们现时的一些处罚太轻了，变相鼓励一些造假者跃跃欲试。

课题组：数据显示：一线城市广告观更积极、理性；二线城市广告回避态度最强；华南地区广告观最积极，西北地区最消极，南北广告观表现差异明显。您感觉这一城市地域差异结论符合您平时的研究/观察吗？

倪宁：经济发展好的区域对广告接触比较频繁，他们已经很自如地生活在广告的世界中，所以广告观会积极理性一些。二三线城市还处在一个转接阶段中，相对比较弱。这是符合规律的。

课题组：您对简报中的其他研究结果有什么看法和建议吗？

倪宁：本次研究主要针对的是一二三线城市，但是伴随城镇化的改革，农村或一些四线城市将成为广告的蓝海，所以后续的广告观调研也要注意这块居民广告观状态的变化，这是值得研究的。

另外，目前喜欢提“大数据时代”，可以借鉴一些在线网络等方式去调研广告观，可以增加现场调查环节，但是成本会相对较高。

舒咏平

人们对广告是不可能积极接触的

职位：华中科技大学品牌传播研究中心主任，新闻与信息传播学院教授、博士生导师，兼任中国广告教育研究会副会长、中国广告协会学术委员会委员

研究方向：广告与品牌传播

主要作为：先后就读于安徽师范大学、南京大学；著有《新媒体与广告互动传播》《广告传播与公共信任——广告公信力研究》《广告创意思维》《新媒体广告》《品牌传播论》等著作，曾在《中国社会科学》《中国广告》《现代广告》《现代传播》《新闻大学》《广告研究》等报刊上发表论文，常在国际学术会议及全国各地作品牌战略、企业文化、旅游策划、广告创意、品牌传播方面的报告，主持"广告社会效果与公信力研究"、"新媒体环境下品牌传播研究"、"新媒体广告传播研究"等多项省部级课题，提出的"广告已经由广告主主导的'信息邂逅'模式走向消费者主导的'搜索满足'模式"（载《"信息邂逅"与"搜索满足"》）、"新媒体环境下广告互动传播成为主流"（载《新媒体与广告互动传播》）、"广告传播选择的不是混沌的媒体，而是精准的广告载具"（载《广告投放新思维：载具导向》）等观点在理论界与实务界均产生了广泛影响

专家访谈

课题组：请您谈谈作为一个广告专家/学者/业界资深人士，您这么多年来观察

到城市居民广告观变化的一些特点或者大体趋势。

舒咏平：这次研究的样本是很不错的，"广告观"这个概念的提法也还不错，以前我做过城市和农村居民广告差异的对比：广告对城市的作用是大于农村的，广告对于农村(居民)的作用明显不足，现在的城市居民的广告观是比较理性的。

课题组：近年来新媒体发展迅猛，但本次数据显示新媒体广告的接触率却较为普通（没有我们预计的那么突出)，电视依然占据第一。您怎么看待这一现象？

舒咏平：我觉得(出现这种现象)是因为你们在设计题目的时候，所设定的答题概念已经给老百姓暗示是电视广告，然后大众认知的广告就是电视广告，所以电视广告的接触率一定是最高的。并且在设计问卷的时候，又把电视广告放在了第一位来测试，这就更加影响了数据的走向。

把新媒体和电视放在一起是没有办法准确测出新媒体的广告接触情况的，它们是两个不同的概念，新媒体广告不像电视广告那么明显，新媒体广告它是一个广义的概念，是一种广义的广告呈现形式，不能和电视广告对等。现在业界都已经知道了，这种方法是不可行的，所以这里对新媒体测定的方法是没有什么作用的，根本测不出新媒体广告真正的接触数据。要测试新媒体的数据，需要更加具体的说明，只区分网页广告、网络视频广告等是不可行的，还要用其他方法。

课题组：在广告接触的地区差异上，数据显示华南和西北地区表现出独特的广告接触行为。您在日常研究/工作中是否有留意到？您觉得这种现象背后的原因可能是什么？（华南地区：电视媒体偏好强烈，9 种媒体昨日接触率比全国其他地区低，户外媒体广告、分众媒体广告注意力偏低；西北地区：电视常规广告接触率全国最低，13 种媒体昨日接触率上高于全国其他地区。）

舒咏平：有注意到。华南这边我比较了解，华南地区商业化很浓，人情味很淡，广告作用比较强；而西北地区人情味较浓，轻商，口碑就很重要，人与人之间的信任度强于华南地区。并且从生活习惯上，华南地区的居民一般都喜欢除客厅外，在卧室再装一个电视，在卧室看电视，看电视的时间相对较多；而西北地区一般都喜欢一家人在客厅看电视，卧室不装电视，所以看电视的时间相对就会少一点(所以在华南地区电视媒体偏好强烈)。

再者华南地区比较繁华，(人们)在街上看到太多商业广告了，很烦，所以

(人们对户外媒体广告、分众媒体广告)注意力就偏低;而西北就相反,街上的商业广告相对少,注意力反而更高,不过西北地区的具体情况我也不是很了解。

不过在这个地区差异上,要除开新媒体,新媒体和这些其他媒体都不太一样,和刚才说的一样,你们对新媒体的测量方法不能调查出真实的情况。

课题组:本次研究明确提出了"广告观"概念,简报中我们总结出国人广告观的大致特点("广告观基本成型,整体呈现积极接触、理性判断、不断学习适应的观念")。您感觉这一总体结论符合您平时的研究/观察吗?

舒咏平::不完全同意,像"积极接触、不断适应"的观点我是不太同意的。因为人们对于广告不可能积极接触,都是被动的,要主动去搜索才是积极接触,最多只能说是开放性地接触。因为广告破坏了人们接收信息的节奏,只要不抵触就算可以的了,不断学习就更是谈不上了。(国人的广告观)只能说是理性判断而已,这个地方你们应该要再斟酌用词。

课题组:本次研究发现,国人一方面认可广告的功能作用,另一方面信赖度、好感度却依然 走低,您对此有何看法?是什么原因导致中国人对广告的信赖度和好感度始终偏低?您自己对广告的信赖度、好感度如果打分,分别打几分?(5分满分)

舒咏平:这不冲突,因为广告的强制性破坏了人们对信息的接收,使人们接收信息的节奏被打断,好感度就肯定低,但广告也确实有一定的告知作用,所以(国人既认可广告的功能作用,好感度又走低)。人们对于广告是抱以一种复杂的心态的。而且现在的广告,1000 个广告里面,大概有 3-5 个是完全夸大的虚假广告,这也影响(人们对广告的信赖度和好感度)。不过在虚假广告的问题上,以后的把关肯定会越来越严的。

自己对广告的信赖度、好感度打分:打 3 分。

课题组:中国城市居民一方面认可广告作为购物信息的作用,享受广告的工具性以及娱乐性,但另一方面保持较高的回避态度(如认同"禁止插播广告是必要的")。您怎么看待这种广告行为?您自己会主动回避广告吗?理由?

舒咏平:因为居民的消费能力是有限的,人们对广告的注意力不可能会高,会觉得(广告)很烦,并且在实现三网融合之后,电视广告最终就肯定是要消亡的。

因为广告越来越多，(观众对广告就越来越厌烦)，观众经济条件越来越好后，为了不看广告，观众就会去看付费频道，付一点费用就可以看更好的节目，而且没有什么广告，大家也能承受。并且付费节目为了吸引观众，就肯定不会插太多广告，这样长久下去，像 CCTV 这样的频道就会逐渐消亡。而新媒体的广告是根据人们的需要，人们去主动搜集信息，态度就会是积极的。并且以后(新媒体的)终端技术肯定会继续更新，在更新后，新媒体广告就会发展得越来越好。

课题组：本次研究发现，国人对公益广告和虚假广告问题表现比较敏感。普遍对"公益广告能促进社会公德提升以及虚假广告会破坏社会诚信"这一观点表示认同。对此您怎么看？

舒咏平：是的，虚假广告的出现，是各方的责任。虚假广告长久存在肯定是不行的，会有很大的负面影响，以后相关部门对广告的把关肯定会更严的，虚假广告要控制。公益广告以后会增多，广告主都很喜欢公益广告，公众相对都会比较喜欢一些。

课题组：数据显示：一线城市受众的广告观更积极、理性；二线城市受众的广告回避态度最强；华南地区受众的广告观最积极，西北地区受众最消极，南北受众的广告观表现差异明显。您感觉这一城市地域差异结论符合您平时的研究/观察吗？

舒咏平：符合的。

课题组：您对本研究的其他研究结果有什么看法和建议吗？

舒咏平：人们现在的广告观就是一种开放的心态，人们看待广告已经越来越理性了。

吴予敏

并不只有理性的广告观才是成熟的

职位:深圳大学传播学院院长、教授、博士生导师,深圳大学传媒与文化发展研究中心主任,中国传播学会副理事长、常务理事,中国广告教育研究会副会长,中国中外文艺理论学会理事

研究方向:传播学、美学、中国文化思想

主要作为:1989 年毕业于中国社会科学院研究生院文学系,获文学博士学位,在上世纪 90 年代重点研究了传播理论的知识形态、全球化与传播、广告文化、媒介权力等方面内容,完成了深圳市广告业发展规划、内地与香港广告业发展的比较研究等课题;在广告方面,著有《现代广告营销》一书,主编《深圳广告 26 年》

专家访谈

课题组:请您谈谈作为一个广告专家/学者/业界资深人士,您这么多年来观察到城市居民广告观变化的一些特点或者大体趋势。

吴予敏:第一,现在城市居民广告可能更多地依赖电子商务,比如他们更多地选择在网上商城进行商品的购买,在网络上搜集信息。第二,城市商圈在城市发展的过程中发展得比较快,扩大得比较快,并且发展很集中。这样围绕城市商圈的户外广告就发展得比较好,比如 LED 屏、灯箱等特色的广告就比较能够吸引消费者的关注。第三,城市电影院线广告的强制性较高,传播效果较好,这些电影院线广告对于特定人群的传播作用较好。第四，城市中的楼宇、交通广告（即地铁广告）的传播效果也有明显的提升，移动终端对消费者时间及空间上的强制性就有了比较好的传播效果。第五，电视广告保持了其收视率，但现在电视广告效果多样，可能一些热点节目及主流频道的贴片广告收视效果更好，而插入节目中间很长的广告传播效果不是很好。受到较大影响的广告就是报纸广告，因为现在看报纸的人越来越少了。

课题组：近年来新媒体发展迅猛，但本次数据显示新媒体广告的接触率却较为普通（没有我们预计的那么突出），电视依然占据第一。您怎么看待这一现象？

吴予敏：从调查角度来看，涉及调查对象和调查方法，你们是问卷式的调查，就很可能造成调查对象和调查方法不一致，比如电视的收视率是问卷的方式得到的数据，但网上的调查同样通过问卷就不行了。网上的广告接触情况就必须要通过网络的实际点击情况来进行调查，（比如他网上的购买及支付行为来进行调查），你们的调查对象和调查方法不统一，数据就不一定能说明问题，对同一个对象发问卷，问其是否有看电视广告、网页广告及报纸广告等，他很可能填写的是电视广告和网页广告，但再发一个人，他如果不上网，他就会只填了电视广告。但是你想要准确地调查网络广告，就不应该采用问卷的方式，就应该直接用网络的数据来说话。特别是网络广告强制性很高，如果网络视频广告的点击率高，那么它的前面必然有15秒左右的网页视频广告，但如果他不想看广告，就必须是VIP会员才可以；但如果他不是，他又想看这个网页视频，就必须得看这个15秒的广告。采用点击率等方法来调查网络广告才是正确的方法。

课题组：在广告接触的地区差异上，数据显示华南和西北地区表现出独特的广告接触行为。您在日常研究/工作中是否有留意到？您觉得这种现象背后的原因可能是什么？（华南地区：电视媒体偏好强烈，9种媒体昨日接触率比全国其他地区低，户外媒体广告、分众媒体广告注意力偏低；西北地区：电视常规广告接触率全国最低，13种媒体昨日接触率上高于全国其他地区。）

吴予敏：这个涉及你们是怎么调查的，比如抽样是怎么抽样？调查对象是怎么锁定的，以及样本量有多少？

课题组:我们这个调查是第一次做,这一次是和央视—索福瑞公司合作做的搭车调查。

吴予敏:因为央视－索福瑞的调研对象本来就是电视收视人群,那么调查的重点就肯定是电视的收视情况,又怎么来调查网络广告的收视情况,除非和像腾讯这样的网络商合作,得到网络的数据,不然用电视广告的调查方法(问卷)来调查网络广告,我觉得就肯定是不能说明问题的。因为这个抽样的问题,在什么范围抽样,抽样哪些人群都很关键。

我认为网络的调查应该是(基于)客观属性来呈现的,比如有多少网民、网民的上机时间、上了哪些网站、网站中有哪些广告、对各类广告的点击观看时间等,根据这些客观的数据来进行调查。又比如从电子商务来调查,从网民在网上购物来进行测量。我们假定网民只要在网上购买了商品,他就接触了至少一次网络广告,因为商品在网上呈现了他的品牌、产品造型或款式,这就是广告,并不是一定要出现广告语、广告创意才是广告。

所以在网络广告的调查上,央视－索福瑞的调查说明不了问题,按这种调查对象、调查方法得到的数据就不可靠,它只能说明电视广告的情况。

而电视广告的情况,如果说在华南地区比较好,或者在西北低了,这也要看抽样的情况,你们得到的这个数据我觉得不是一个很奇特的现象。华南地区的户外和分众媒体较低,这不可能啊。比如像广州,很繁华,各种商业广场,人流量很高,它的户外接触率怎么可能低呢;广州的楼宇那么密集,楼宇里面统统都有电视、电梯,它的分众媒体接触怎么会低?所以一定就是抽样出了问题。要是抽样抽到大学城或者是工厂区那些地方,这些地方都没什么东西,那肯定就把接触率拖下来了。你们调查的媒体,比如分众媒体,它是什么性质的?你们就应该按它的特性来进行调查,这样才能说明。比如分众媒体,抽样就全部选城市的中心区来比较,这样才会合理,不能一个城市抽城市中心,另一个城市就可能选到郊区去了,这就不合理了。你们这样粗放式的抽样,不能说明任何问题。

课题组:本次研究明确提出了"广告观"概念,简报中我们总结出国人广告观的大致特点("广 告观基本成型,整体呈现积极接触、理性判断、不断学习适应的观念")。您感觉这一总体结论符合您平时的研究/观察吗?

吴予敏:这个不好说,因为从广告诉求来说,理性并不是广告诉求的全部,广告不是为了培育消费者获得一种理性消费,理性只是一个广告诉求的形式,(除此以外)还有感性诉求、幽默诉求等,不能说只有理性诉求的消费者才是成熟的、正面的,所以我们很难说中国人的广告观正在趋于理性诉求。这是未必的,因为如果真的理性了,那么中央电视台还播脑白金广告、送礼的广告做什么?这些就不是理性诉求。对于现在的中国广告来说,现在的(广告制作水平)确是有很大的进步了,它(指广告)的创意和制作水平都有很大的提高。对广告信息的监控也还算比较见效,比如食品、医疗用品等的监管对中国广告还是起到了正面的作用,这是可以肯定的。但说到广告观的问题,中国的广告传播还没有(造成)一种逆反的情绪,广告对民众消费行为的影响也还是比较明显的。

课题组:本次研究发现,国人一方面认可广告的功能作用,另一方面信赖度、好感度却依然走低,您对此有何看法?是什么原因导致中国人对广告的信赖度和好感度始终偏低?

吴予敏:信赖度比较低是和舆论环境有关,广告本身是没有错误的,也没有违法,但如果产品出了问题,人们就会对广告产生不信任。相关部门对食品、医药品等的监管还是比较有效的。中国人的舆论环境不单是理性,甚至是有点批判的、质疑的态度,民众觉得食品不安全,假货这些事情,对整个社会的诚信都有很大的影响,所以连带影响到了广告。广告本身和民众信不信广告是两回事了。

课题组:您自己对广告的信赖度、好感度如果打分,分别打几分?(5 分满分)

吴予敏:都是 3 分吧。

课题组:中国城市居民一方面认可广告作为购物信息的作用,享受广告的工具性以及娱乐性,但另一方面保持较高的回避态度(如认同"禁止插播广告是必要的")。您怎么看待这种广告行为?您自己会主动回避广告吗?理由?

吴予敏:广告通常是在电视剧中插片或者贴片,并且持续时间长,会中断人们的娱乐欣赏,所以人们都很反感插播广告。还有就是中国传媒环境的一个问题,公共性的广告行为和商业性的广告行为是完全不同的,只有在中国才把这两种广告形式混在一起,这就有严重的问题。因为如果是商业的传播,这在一定程度上就应该扼制，因为民众在看电视的时候已经付费了，缴纳了电视费用，没有理由还要接受商业广告，所以像电视剧中就不应该出现任何贴片的。但如果是不收费的公共电视，那么就可以播出一定的广告，但这里面如果公共电视是国家财政支持的，那么就应该播公益广告，不应该播商业广告。所以这就是我们国家的电视体制问题，打着公共电视的旗号，但又从事商业活动，不得不做电视广告。但广告播多了，老百姓又有意见，然后政府又出面干涉扼制，一旦扼制，那么广告商投资拍的电视剧怎么回本？所以现在这个电视剧市场和广告环境是（处在）一个扭曲粗暴的行政干预的过程，这个过程发展到最后就成了四不像了，整个（广告市场）就是一个混沌的状态，这对商业广告的运营风险很大，问题也就很多了。

课题组：本次研究发现，国人对公益广告和虚假广告问题表现比较敏感，普遍对“公益广告能促进社会公德提升以及虚假广告会破坏社会诚信”这一观点表示认同。对此您怎么看？

吴予敏：公益广告和虚假广告不是一个对比项。因为虚假广告是对所有广告的一个挑战，虚假广告是过度夸大的，（出现了）不该在广告里出现的违规违法的信息。我们国家在虚假广告的查处上，虽然已经有了很大的发展，但还是不够，尤其是中央电视台对于烈性酒的广告，它是放在公共电视的位置来播的，这在全世界就算是资本主义国家都是没有的，这是我们国家电视台的责任。所以对于虚假广告不断地查处扼制是应该坚持做下去的。

但对于人们是否喜欢公益广告，有些公益广告它其实做的就不是广告，是一个压缩的宣传片，比如过年回家，是一个温馨的宣传片，很短，人们就愿意接受。

课题组：数据显示：一线城市受众的广告观更积极、理性；二线城市受众的广告回避态度最强；华南地区受众的广告观最积极，西北地区受众最消极，南北受众的广告观表现差异明显。您感觉这一城市地域差异结论符合您平时的研究/观察吗？

吴予敏：也有可能，这和市场经济环境有关。一线城市居民经济水平较高，广告观相对比较好。比如汽车、保健品广告，居民的消费能力高，做这些广告效果就会好。如果消费能力很低，那么做了，但人们就可能觉得这些东西离他很遥远，而产生逆反的情绪,这是有可能的。广告观的问题,完全应该是和市场经济环境、居民消费能力成正比的。

课题组:那么出现二线城市广告回避态度最强,是什么原因造成的呢?

吴予敏:这个不好解释,因为我刚才表明了我的观点:广告观和经济水平、居民消费能力是成正比的。你们出现二线城市这种突出的回避现象,这和之前我说的是不是你们的抽样对调查有影响。我同意你们一线城市广告观更积极、理性的结论,但是二线城市广告回避态度最强,强于三线城市,这个我就有点怀疑了。你们华南广告观积极、西北消极我也是同意的,这就是和市场经济环境、居民消费能力有关的,华南经济环境较好,西北较差。

杨先顺

国人对待广告更加宽容,密集投放加重广告反感度

职位:暨南大学新闻与传播学院教授、学院党委书记兼副院长,广告学专业博士研究生导师,暨南大学广东省特色专业之广告学专业负责人,中山大学逻辑与认知研究所博士毕业,现任中国广告协会学术委员会委员,中国广告教育研究会常务理事,中国高等教育学会广告教育专业委员会常务理事,曾担任金长城国际广告有限公司策划顾问,中国国际广告节中国公益广告"黄河奖"评委,"艾菲奖"华南区评审副主席、全国终审评委,全国大学广告艺术大赛广东赛区评委,中国大学生广告艺术节学院奖评委,《南方都市报》"责任中国"公益广告大赛评委,广东省优秀广告作品奖评委等

研究方向:广告学和逻辑学,从事逻辑学、广告文案写作、广告传播理论研究等课程的教学工作,擅长广告学与语言哲学、语用学、叙事学的交叉研究

主要作为:2010年获第六届广东省教学成果奖一等奖,2011年获评为暨南大学教学名师,曾主持多项省部级课题和横向课题,发表学术论文40多篇,著有《广告文案写作原理与技巧》一书,曾指导学生获得2010年上海世博会志愿者主题口号征集一等奖(采用奖)、第九届中国大学生广告艺术节学院奖金奖和荣誉大奖、第二十届时报金犊奖银犊奖、广东省"挑战杯"科技竞赛二等奖、第二届全国大学生公共关系策划大赛铜奖等

专家访谈

课题组:请您谈谈作为一个广告专家/学者/业界资深人士,您这么多年来观察到城市居民广告观变化的一些特点或者大体趋势。

杨先顺:在计划经济时代是没有广告的,改革开放后,大家在刚开始的时候还不太能接受广告,而随着改革开放的深入,人们开始越来越接受广告。我记得刚开始的时候李默然代言了一个广告还引起了很大的争议,后来大家也就都慢慢接受了广告。但大家对广告还是有一些看法,这里面就包括广告文化批判学者的一些观点:以为广告是把人们培养成一种消费的机器,炫耀物质的消费等这样消费主义的批评;还有老百姓对广告的评价是广告里面不真实的情况较多,虚假广告较多;另外像现在的网络广告整体干扰性较大、强制性更强,弹出式等广告对网民干扰较大。这就让我们反思,随着技术的不断进步,广告创作的观念也要有改变,不能把传统广告的强制性传播带到新媒体来。

课题组:近年来新媒体发展迅猛,但本次数据显示新媒体广告的接触率却较为普通(没有我们预计的那么突出),电视依然占据第一。您怎么看待这一现象?

杨先顺:因为新媒体主要是年轻人接触,而一些年纪大的人就可能还是关注传统媒体,比如像电视。

课题组:在广告接触的地区差异上,数据显示华南和西北地区表现出独特的广告接触行为。您在日常研究/工作中是否有留意到?您觉得这种现象背后的原因可能是什么?(华南地区:电视媒体偏好强烈,9种媒体昨日接触率比全国其他地区低,户外媒体广告、分众媒体广告注意力偏低;西北地区:电视常规广告接触率全国最低,13种媒体昨日接触率上高于全国其他地区。)

杨先顺:我觉得你们对户外广告的调查有点偏差,因为前两年广东政府对户外广告进行了一定的整顿。近两年广东政府是在鼓励户外广告发展的,我感觉广州这边户外广告的时尚感还是比较好的,所以华南的户外广告接触情况不应该低。

课题组:我们调查媒体接触分"昨日接触"和"曾接触"两个部分,华南地区的户外广告曾接触情况其实还挺高,但昨日接触情况就很低了,似乎户外广告很难引起人们的记忆。您觉得原因是什么呢?

杨先顺：可能因为像电视广告，画面动感性比较强，给人们留下的印象就比较深；而户外广告的画面动感性是没有办法和电视广告相比的，就比较难引起人们的记忆吧。所以人们提到广告（媒体）最先想到的可能就是电视了。

课题组：本次研究明确提出了“广告观”概念，简报中我们总结出国人广告观的大致特点（“广告观基本成型，整体呈现积极接触、理性判断、不断学习适应的观念”），您感觉这一总体结论符合您平时的研究/观察吗？

杨先顺：你们广告观概念的提取还比较清晰，测量（广告观）的量表还可以，基本上还算可以反映人们对广告的看法吧。至于你们总结的（国人）广告观特点，大体上是可以的，因为现在人们对广告的看法还是比以前更加的宽容、更加能够接受了。但如果节目广告时间太长，人们反倒是利用节目中的广告时间去稍做休息。

课题组：本次研究发现，国人一方面认可广告的功能作用，另一方面信赖度、好感度却依然走低，您对此有何看法？是什么原因导致中国人对广告的信赖度和好感度始终偏低？您自己对广告的信赖度、好感度如果打分，分别打几分？（5分满分）

杨先顺：打分的话，大概好感度可以打个及格分，3分，信赖度的话就可以4分吧，大部分还是可以信赖的。至于人们对广告的这种看法，与中国广告的大环境还是有关的。我国广告的大环境制约了广告的创意，因为客户比较追求广告的实效性，而忽略了广告的创意性、艺术性（所以我国广告创意性就要差一点）。如果能相对兼顾（创意性和实效性），那效果可能就会好一点。

课题组：中国城市居民一方面认可广告作为购物信息的作用，享受广告的工具性以及娱乐性，但另一方面保持较高的回避态度（如认同“禁止插播广告是必要的”）。您怎么看待这种广告行为？您自己会主动回避广告吗？理由？

杨先顺：这还是和刚才说的问题有关，因为现在广告的制作水平比较差，如果我们的广告像国外获奖的广告一样有比较高的娱乐性或者艺术性，人们就可能更喜欢看广告。而且现在广告比较密集性地投放，也增加了人们的反感。

课题组：本次研究发现，国人对公益广告和虚假广告问题表现比较敏感，普遍对“公益广告能促进社会公德提升以及虚假广告会破坏社会诚信”这一观点表示认同。对此您怎么看？

杨先顺：公益广告的确是对社会风气的塑造很有好处，但我们国家的公益广告中真正有创意的精品还是比较少，反正大家看公益广告一般也不会有太大反感。而虚假广告问题就比较严重，尤其是像电视购物的、街头报纸专刊等，这些广告虚假的成分就比较多。

课题组：数据显示：一线城市广告观更积极、理性；二线城市广告回避态度最强；华南地区广告观最积极，西北地区最消极，南北广告观表现差异明显。您感觉这一城市地域差异结论符合您平时的研究/观察吗？

杨先顺：比较符合吧。华南地区，特别是广州，商业化气息较重，广告可能会给人们一种时尚的感觉，所以人们会比较容易接受。

课题组：您对本研究的其他研究结果有什么看法和建议吗？

杨先顺：就是你们得出结论后，最好能再给出一些建议，来改善居民的广告观或广告素质等。另外也希望你们的研究能更加深入。

课题组：您对改善居民广告观有什么建议吗？

杨先顺：那可能要从文化语境来考虑了，比如在中小学教育中增加一些广告素养教育的内容吧，让青少年从小就知道哪些广告是好的、哪些是坏的，知道怎么识别虚假广告等。像现在提倡的媒介教育，可能就包含一些这样的内容。

张惠辛

国人广告观并未形成，处在不断成长的过程

职位：《中国广告》杂志社社长、主编，中国广告协会学术委员会委员，中国企业联合会广工委专家委员会委员，《中国 CIS 年签》编委会主任，国内外多所高校广告、营销专业兼职教授

主要作为：1990 年研究生毕业后进入广告策划界，成为国内最早的策划人之一，曾主持并执笔国内重大策划项目十余个；也是国内最早从事策划专业研究的学者之一，著有《价值过亿——人性策划的故事》《4A 杰出人性创意 96 例》《品牌定位方法》等广告研究专著八本，策划与主编了国内首部《中国广告案例年鉴》《中国户外广告年鉴》与《中国影视广告年鉴》，任中国首部《中国品牌 CIS 年鉴》编委会主任，并发表广告、营销与品牌方面相关论文一百多篇

专家访谈

课题组：请您谈谈作为一个广告专家/学者/业界资深人士，您这么多年来观察到城市居民广告观变化的一些特点或者大体趋势。

张惠辛：这个调查基本反映了我近几年的观察和直觉：第一，广告的信赖度一直在下降；第二，逃避广告一直在上升；第三，收视率的测量水分比较大，不能反映广告到达率。一看广告大家就换台就走开了，建议要有一个专门的广告收视率测量（指标）。

课题组:近年来新媒体发展迅猛,但本次数据显示新媒体广告的接触率却较为普通(没有我们预计的那么突出),电视依然占据第一。您怎么看待这一现象?

张惠辛:电视仍是第一,这几年的确现状还是这样,但是互联网的到达率越来越高,包括像手机这样的移动互联网也越来越普及。补充一点,就是电视虽然是第一,但是电视本身就在分化,例如像百事通还有IPTV这样的媒体形式都在争夺电视份额。这几年的调查也显示,电视的开机率越来越低,下降非常快。今后几年互联网的份额会逐步接近电视。

课题组:在广告接触的地区差异上,数据显示华南和西北地区表现出独特的广告接触行为。您在日常研究/工作中是否有留意到?您觉得这种现象背后的原因可能是什么?(华南地区:电视媒体偏好强烈,9种媒体昨日接触率比全国其他地区低,户外媒体广告、分众媒体广告注意力偏低;西北地区:电视常规广告接触率全国最低,13种媒体昨日接触率上高于全国其他地区。)

张惠辛:华南地区的确在我的观察中是这样,电视媒体有非常强的影响力,因为这个地区更加开放,会接受一些境外的电视媒体,而且娱乐生活多元,所以新媒体的依赖程度反而会低。而在西北,你会看到新媒体刚进入乡村城镇,年轻人更喜欢,依赖程度也会高。

课题组:本次研究明确提出了"广告观"概念,简报中我们总结出国人广告观的大致特点("广告观基本成型,整体呈现积极接触、理性判断、不断学习适应的观念")。您感觉这一总体结论符合您平时的研究/观察吗?

张惠辛:从我的观察,并没有完全形成,人们的观念仍停留在"广告是骗人的",与预计的广告观还是有距离的,但是的确是不断成长的过程。

课题组:本次研究发现,国人一方面认可广告的功能作用,另一方面信赖度、好感度却依然走低,您对此有何看法?是什么原因导致中国人对广告的信赖度和好感度始终偏低?您自己对广告的信赖度、好感度如果打分,分别打几分?(5分满分)

张惠辛:经历了长期虚假广告的泛滥、无品牌时期,人们对广告一直存在偏见,把广告人当成骗子,这种是比较幼稚的广告观,从而导致了没有什么好感度。如果打分的话,我打2.8分。

课题组：中国城市居民一方面认可广告作为购物信息的作用，享受广告的工具性以及娱乐性，但另一方面保持较高的回避态度（如认同“禁止插播广告是必要的”）。您怎么看待这种广告行为？您自己会主动回避广告吗？理由？

张惠辛：有很多广告是反美感的，人们对虚假广告有天然的反感，这和不信任有很大关系。而且人们对广告也没什么期待。例如在西方，广告大片都是很受人期待的，这也是社会心理造成的。

课题组：本次研究发现，国人对公益广告和虚假广告问题表现比较敏感，普遍对“公益广告能促进社会公德提升以及虚假广告会破坏社会诚信”这一观点表示认同。对此您怎么看？

张惠辛：商业广告过度泛滥导致了人们的反感，国人还是很赞成公益广告的形式和包装，因为这种广告形式能与消费者更好地沟通，有良知的一面，比较贴合国情，也承载了为广告正名的责任，是一种正能量。而虚假广告，我们的法律上存在很多问题，例如立法规范上存在漏洞，总是运动式地治理，就是一个地方的工商局治理一段时间，就少一点，不治理就泛滥。法律的漏洞和粗糙使其对虚假广告的治理还没有到达核心的层面。

课题组：数据显示：一线城市广告观更积极、理性；二线城市广告回避态度最强；华南地区广告观最积极，西北地区最消极，南北广告观表现差异明显。您感觉这一城市地域差异结论符合您平时的研究/观察吗？

张惠辛：这个也比较符合我的观察经验。但是回避广告并不等于广告观就落后，因为广告大量重复，人们回避是正常的现象。总之，广告观的测量应该还有更加严密的标准。

图书在版编目(CIP)数据

中国城市居民广告观研究/黄升民,陈素白,康瑾主编.—北京:中国传媒大学出版社,2014.1
ISBN 978-7-5657-0881-7

Ⅰ.①中…　Ⅱ.①黄…　②陈…　③康…　Ⅲ.①广告业—研究—中国
Ⅳ.①F713.8

中国版本图书馆 CIP 数据核字（2013）第 309649 号

中国城市居民广告观研究

主　　编　黄升民　陈素白　康　瑾
责任编辑　欣　雯
责任印制　阳金洲
出 版 人　蔡　翔

出版发行　中国传媒大学出版社
社　　址　北京市朝阳区定福庄东街 1 号　邮编:100024
电　　话　86—10—65450528　65450532　传真:65779405
网　　址　http://www.cucp.com.cn
经　　销　全国新华书店

印　　刷　北京中科印刷有限公司
开　　本　787×1092mm　1/16
印　　张　15.25
版　　次　2014 年 6 月第 1 版　　2014 年 6 月第 1 次印刷

书　　号　ISBN 978-7-5657-0881-7/J・0881　**定　　价**　56.00 元